As She Chose

As She Chose

A MEMOIR

OLIVER CHRISTEN

First published in Australia in 2026 by Oliver Christen

A catalogue record for this book is available from the National Library of Australia

ISBN: 978-1-7640678-4-3 (Paperback)
ISBN: 978-1-7640678-5-0 (eBook)

Haftungsausschluss
This book is a memoir and recounts the author's personal experience,
Dieses Buch schildert die persönlichen Erfahrungen des Autors. Es dient nicht als Anleitung oder Handbuch für medizinische Versorgung, Schmerzbehandlung oder Entscheidungen am Lebensende. Die beschriebenen Ereignisse, Entscheidungen und medizinischen Massnahmen waren einzigartig für die Situation des Autors und erfolgten unter Aufsicht qualifizierter medizinischer Fachkräfte.

Persönliche Umstände können stark variieren, und Gesetze sowie medizinische Praktiken im Bereich der Versorgung am Lebensende unterscheiden sich nach Land und Rechtsgebiet. Der Autor sowie der Verlag geben keine medizinische oder rechtliche Beratung. Leserinnen und Leser sollten für ihre individuellen Anliegen qualifizierte Fachkräfte konsultieren. Jegliche Nutzung der Inhalte dieses Buches erfolgt auf eigene Verantwortung.

Editing and Proofreading Erika Broschek
Translation Oliver Christen
Cover and text design by Seymour Design, seymourdesign.net
Typeset in Odile Book 12/19pt
Cover images by Adobe Stock
Printed by IngramSpark

Dieses Buch ist für alle,
die bis zum Ende ein erfülltes Leben führen möchten.

Für all jene, die in Würde und nach ihren eigenen
Vorstellungen gehen möchten,

und für all jene, die einen geliebten Menschen mit
Feingefühl und Liebe begleiten möchten.

Du bist nicht allein.

PROLOG

Es ist Sonntag, ein kalter, ruhiger Wintermorgen im Januar.. Ich packe meine Koffer langsam und bedächtig, als würde mich diese Tätigkeit beruhigen. Ich begebe mich auf eine Reise voller Unbekanntem, ohne Karte und nur mit meiner Intuition als Kompass. Ich habe mich vorbereitet und alles zusammengetragen, was ich brauchen könnte - Fakten, Werkzeuge, Mut -, aber der Weg, der vor mir liegt, ist von Unsicherheit umhüllt. Ich bin mir nicht sicher, wie lange ich weg sein werde, was mich erwartet und wie sich diese Reise entwickeln wird. Ich habe jedoch das innere Vertrauen, dass ich jedem Moment mit Empathie begegnen werde, dass Antworten kommen werden, wenn sie gebraucht werden, und dass ich diesen Weg nicht alleine gehen werde.

„Hüte dich davor, über einen Menschen zu urteilen,

bevor du nicht eine Meile in seinen Mokassins gelaufen bist.“

MARY T LATHRAP

KEIN PUSCHEN MEHR

Ich wusste, dass Mama schon eine Weile darüber nachgedacht hatte, auch wenn sie es nicht laut ausgesprochen hatte. Es zeigte sich daran, dass sie sich weniger bewegte, leiser sprach und mit einer Entschlossenheit aus dem Fenster schaute, die ich zuvor noch nie gesehen hatte. Und dann, an einem Montag im Dezember, schrieb sie es endlich auf.

Ich fand die E-Mails einige Wochen nach Mamas Tod, versteckt in ihrem Posteingang. Ich hatte ihren Computer geöffnet, um mit der langweiligen, aber notwendigen Aufgabe zu beginnen, Dinge zu sortieren, nach offenen Unterhaltungen, Kontakten, Fotos und wichtigen Dokumenten zu suchen. Ich suchte nach nichts weiter als logistischen Informationen. Aber da war es: ein persönlicher Austausch zwischen Mama und meiner Schwester, etwas mehr als zwei Monate vor ihrem Tod.

Ich las den Austausch und war verblüfft von seiner Klarheit und Überzeugungskraft. Ich speicherte ihn, nicht weil ich mich an den Schmerz erinnern wollte, sondern weil ich mich an ihre Stimme erinnern wollte - ihre echte Stimme, ungefiltert, ohne Angst.

MONTAG 5. DEZEMBER

Natürlich habe ich schon eine Weile darüber nachgedacht. Was würde ein Herzschrittmacher bringen? Ich habe erlebt, wie der Herzschrittmacher deinem Vater das Sterben erschwert hat, und jetzt sehe ich es bei meinem 98-jährigen Nachbarn! Mein Herz und ich wollen nicht mehr. Ich hatte ein wundervolles Leben und habe genug Operationen hinter mir. Die heutige kalte, profitorientierte Medizin, die den Menschen nicht mehr sieht und überlastet ist, geht mir auf die Nerven, ebenso wie die Welt- und Klimasituation. Selbst mit einem Herzschrittmacher wird sich die Durchblutung meiner Beine nicht verbessern. Ich fühle mich oft überflüssig und allein, trotz der häufigen liebevollen Hilfe meiner Kinder und Enkelkinder. Ich fühle mich immer weniger belastbar. Ein Pflegeheim kommt für mich nicht in Frage, auch hier habe ich nur negative Beispiele. Bitte hilf mir, damit ich gehen kann!!!! Ich möchte das schon so lange, aber ich habe immer wieder versucht, eine Lösung zu finden, um meine Gesundheitssituation zu verbessern, und musste dabei viele negative Erfahrungen mit Ärzten machen, die ich lieber nicht gehabt hätte. Ich habe mein Testament gemacht, was ich für Exit geschrieben habe, gilt weiterhin. Die Hilflosigkeit, die ich oft empfinde, macht mir Angst. Es tut mir leid.

Meine Schwester antwortete, wie sie es immer tat, mit Beständigkeit. Eine Mischung aus Besorgnis und Mitgefühl, auf der Suche nach Klarheit, ohne Druck eine Perspektive bietend.

> *Ich hoffe, dass Deine Bitte „Bitte hilf mir, damit ich gehen kann" nicht an mich persönlich gerichtet ist, sondern an die höhere Instanz. Denn Du weisst, dass ich Dir nicht helfen kann/darf. Die einzige Möglichkeit wäre, über Exit zu gehen, und dafür ist eine Vorabprüfung erforderlich.*

Meine Schwester, eine Ärztin mit einer florierenden Praxis, teilte Mamas Interesse an medizinischen Themen und war oft ihre Anlaufstelle, wenn es um Gesundheitsfragen ging. In der oben genannten E-Mail wollte sie klarstellen, dass sie Mama nicht auf eine Art und Weise helfen konnte, die einer Sterbehilfe gleichkam. Stattdessen verwies sie sie auf die offiziellen, etablierten Möglichkeiten, die in der Schweiz zur Verfügung stehen, drückte gleichzeitig ihr Verständnis aus und plädierte liebevoll dafür, dass Mama ihre Entscheidung noch einmal überdenken sollte.

> *Ich kann sehr gut verstehen, dass Du Dich einsam und allein fühlst. Aber ich bin mir nicht sicher, ob Du wirklich schon bereit bist, diesen Weg zu wählen. Du berichtest, dass Du zwischen den Episoden auch Phasen hast, in denen Du recht*

gut laufen kannst. Du nimmst immer gerne am Leben Deiner Enkelkinder teil und geniesst es, von ihren Erlebnissen zu hören. Erst gestern sagtest Du, dass Du so viel tun möchtest, aber nicht mehr könntest …

Es stimmt, dass ein Herzschrittmacher den Tod hinauszögern würde. Was würde das bringen?

- *Wenn es die Pausen im Herzschlag sind, die zu dem plötzlichen Kraftverlust und dem Gefühl der Ohnmacht führen, könnte dies verhindert werden. Die Ungewissheit, wann ein solches Ereignis eintreten würde, wäre nicht mehr da, da es dann nicht mehr passieren würde, also vielleicht etwas weniger Angst?*
- *Präsynkopale und synkopale Ereignisse können zu dummen Verletzungen führen, wie sie Papa erlitten hat, die dann zu Einschränkungen im Alltag führen können. Es könnte sogar passieren, dass Du unterwegs zusammenbrichst und ein Passant Wiederbelebungsmassnahmen einleitet, die Du eigentlich gar nicht willst.*
- *Du hättest noch etwas Zeit, um die Entwicklung Deiner Enkelkinder mitzuverfolgen und Zeit mit ihnen zu verbringen.*

Aber nur Du kannst entscheiden, was für Dich das Richtige ist. Ich kann Dich nur unterstützen.

Am nächsten Morgen schrieb Mama erneut. Jetzt ruhiger. Entschlossen.

Das hilft mir, das Gefühl zu haben, dass ich auf dem Weg, den ich gehen möchte, verständnisvolle Unterstützung habe. Ich werde mich heute mit dem Sterbebegleiter in Verbindung setzen, der mir von Exit zugewiesen wurde. Es ist nicht leicht, einen Weg zu gehen, über den viele Menschen die Nase rümpfen. Aber ich kann mich nicht mehr weiter puschen.

Ich würde sehr gerne weiterhin den Weg meiner Enkelkinder begleiten, aber ich bin froh und glücklich, dass ich ihnen auf ihrem Weg helfen und sie begleiten durfte, was vielen anderen Menschen nicht vergönnt ist. Die Ermitage [ein englischer Garten in der Nähe ihres Hauses] und die Begegnungen mit vielen Menschen dort haben mir viel gegeben, ebenso wie der Garten rund um das Haus.

Aber ich habe nicht mehr die Kraft dazu. Seit einigen Monaten gehe ich auf wackeligen Beinen. Meistens bin ich schwindelig und schleppe mich voran, immer in der Hoffnung, dass doch noch ein Wunder geschieht. Ich möchte nicht mehr Unmengen von Tabletten mit ihren Nebenwirkungen einnehmen, nicht mehr mit der Angst einkaufen gehen, irgendwo zusammenzubrechen und von einem mitfühlenden Bürger aufgegriffen, in die Notaufnahme gebracht und einer Maschine ausgesetzt zu werden, die letztendlich nichts bewirkt. Wenn ich ein 24-Stunden-EKG habe und nichts passiert, werde ich als Simulantin oder Hysterikerin beurteilt, oder wenn mein Blutdruck nicht so ist, wie er sein sollte, als jemand, der alles besser weiss, und seit Jahren ist das Erste, worauf ich bei jeder neuen Untersuchung untersucht werde, meine „beginnende Demenz".

Mir ist klar, dass ich das nicht mehr kann und auch nicht mehr will, und ich bin mir bewusst, dass ich bei einem Anfall wie gestern irgendwo hinfallen, mich schwer verletzen und dann an einem Ort landen könnte, an dem ich nicht sein möchte. Ich bitte dich nur, mich bei Exit zu unterstützen. Gestern war schrecklich, deshalb habe ich um 19 Uhr 1½ Temesta genommen und konnte wenigstens ein paar Stunden schlafen.

Ich las diese Zeilen immer wieder. Es war ihr letzter Akt der Stärke - mit offenen Augen ihren Weg zu wählen. In ihrem Tonfall lag nichts Übereiltes. Keine Verzweiflung. Nur eine Frau, die ihren Körper kannte, die genug ertragen hatte, die gehen wollte, bevor die Demütigung unerträglich wurde.

Ein paar Tage nach dem Versand dieser E-Mail - obwohl ich zu diesem Zeitpunkt noch nichts davon wusste - sassen Mama und ich uns an ihrem Esstisch gegenüber. Sie sah müde aus, aber präsent. „Die Zeit ist gekommen", sagte sie, die Hände um ihre Teetasse gelegt und die Augen voller Emotionen. „Ich bin bereit, EXIT anzurufen. Ich habe mit deiner Schwester gesprochen, und sie unterstützt mich. Aber es ist mir wichtig, dass ihr alle meine Beweggründe versteht und meine Entscheidung unterstützt."

Das war keine spontane Entscheidung. Meine Mutter war

seit über fünfzehn Jahren Mitglied bei EXIT. Sie hatte immer gesagt, dass sie wissen würde, wann die Zeit gekommen sei - dass sie gehen wolle, solange sie noch die Möglichkeit habe, selbst zu entscheiden. Was mir in diesem Moment am meisten auffiel, war nicht die Bitte selbst, sondern die unterschwellige Angst, die dahintersteckte. Die Tränen in ihren Augen. Die Frage, die sie aus Tapferkeit nicht aussprechen konnte: *Wirst du mir helfen?*

•••••

Die Wurzeln von Mamas Gedanken über ihr Lebensende reichen höchstwahrscheinlich zurück zu einer Erfahrung, die sie mit Michel, ihrem Zwillingsbruder, gemacht hatte. Michel war immer ein Energiebündel - brillant, unberechenbar und unmöglich zu fassen. In der Schule war er einer der charismatischsten und begabtesten Schüler, aber auch der faulste. Er war ein Unruhestifter, der Dinge in Gang brachte - meist Dinge, die ihn in Schwierigkeiten brachten. Alle mochten ihn. Er brachte Energie, Unfug und ein Gespür für Unruhe in jeden Raum, den er betrat.

Derselbe Funke machte ihn zu Hause zu einer Herausforderung. Er geriet mit all seinen Geschwistern aneinander, widersetzte sich Autoritäten und stellte seine Eltern mit einer Flut von Provokationen auf die Probe, die nach dem damaligen Erziehungsstil meist mit harter

Disziplin bestraft wurden. Als Teenager hatte meine Mutter oft Mitleid mit ihm. Sie versuchte, ihm mit Mitgefühl und Unterstützung zu helfen, aber er reagierte darauf mit Lügen und bestahl sie. Dennoch wurde sie in späteren Jahren, als sie verstand, was ihn geprägt hatte, milder. Sie kamen sich näher, und sie besuchte ihn oft.

Michel wurde Mitte vierzig mit Blasenkrebs diagnostiziert. Er kämpfte lange Zeit dagegen an, unterzog sich Chemotherapien, probierte alternative Behandlungsmethoden aus, aber nichts half. Die Ärzte schlugen experimentelle Methoden vor, aber die Ergebnisse waren ungewiss. Er weigerte sich, als Versuchskaninchen für die Wissenschaft zur Verfügung zu stehen und sich den erforderlichen Versuchen und Irrtümern auszusetzen. Er hatte viel gelesen: medizinische Studien, Fallgeschichten, Patientenberichte und fand das Thema faszinierend, auch wenn er keine Patentlösung fand. Obwohl es ihm nicht gut ging, hielt er seine Krankheit geheim. Es gab nur wenige Menschen, denen er vertraute und denen er sich anvertraute. Meine Mutter war eine von ihnen.

Aus welchem Grund auch immer, mit seinen anderen Geschwistern und Eltern sprach er nicht viel darüber. Vielleicht war es das alte Familienmotto, das ihm noch immer im Kopf herumgeisterte: „In dieser Familie gibt es keine Krankheiten; Mach nicht so ein Theater.“ Vielleicht fürchtete er sich vor Vorurteilen und wollte sich keine

Vorträge darüber anhören, was er tun oder lassen sollte. Vielleicht wollte er sie nicht mit seinem Leiden belasten oder als Aufmerksamkeitssucher gelten. Vielleicht fehlte ihm einfach die Kraft oder die Fähigkeit, darüber zu sprechen. Oder lag es an den nicht so engen Beziehungen? Obwohl sie nur dreissig Minuten entfernt wohnten, besuchten weder seine Eltern noch sein jüngster Bruder ihn häufig. Aber auch er selbst besuchte sie nur selten. Meine Mutter, die das Autofahren hasste und die deutschen Autobahnen fürchtete, fuhr stundenlang, um bei ihm zu sein, wenn auch nicht sehr oft. Wenn sie das tat, versuchte sie, diese Besuche mit einem Besuch bei ihren Eltern zu verbinden, um die Reise sinnvoll zu nutzen. Das war zwar verständlich, kam aber bei ihrem Zwillingsbruder nicht immer gut an. Er freute sich zwar, sie zu sehen, sagte aber auch: „Du kommst nicht wirklich, um mich zu besuchen, du schaust nur auf dem Weg zu ihnen kurz vorbei."

Bei einem Besuch bat Michel meine Mutter, ihm das Buch „Diktate über Sterben und Tod" von Peter Noll zu schicken - ein kontroverses Werk, das damals nur in der Schweiz erhältlich war. Mit 56 Jahren war Noll, ein bekannter Zürcher Professor für Strafrecht, ebenfalls an fortgeschrittenem Blasenkrebs erkrankt. Er wollte seine Freiheit nicht Stück für Stück an die medizinische Maschinerie verlieren, lehnte invasive und möglicherweise lebensverlängernde Behandlungen ab und schrieb offen über die Realitäten der

Entscheidung für einen selbstbestimmten Weg in den Tod. Aus seiner Sicht war „der todkranke Mensch, der sich dem medizinischen Apparat ergeben hat, wirklich hilflos, weil die Hilfe, die er erhält, kalt ist".

Die Kernbotschaft in Nolls Buch ist, den Tod und das Sterben als natürlichen Teil des Lebens zu akzeptieren, damit umzugehen wie mit jeder anderen Veränderung im Leben und das Thema nicht mit leeren Phrasen zu verdrängen oder abzutun. Für Noll ist das Sterben wie das Leben eine persönliche Erfahrung, die es zu meistern gilt. Man solle es ernst nehmen, darüber nachdenken und darüber sprechen, solange man noch lebt, denn es präge die Art und Weise, wie man lebt, und ermutige einen, jeden Moment bewusst und zielgerichtet zu leben.

Michel sah sich selbst in Noll wieder. Nachdem er das Buch gelesen hatte, schrieb er meiner Mutter: „Dass [Noll] dem Automatismus der Medizintechnik entkommen will - das kann ich vollkommen verstehen." In Bezug auf die Option einer Blasenentfernung fügte er hinzu: „Nur um vielleicht noch ein paar Monate oder Jahre als biologischer Krüppel zu leben? Nein, danke."

Michels Frau sagte immer, er sei „sehr agil und potent" gewesen und könne sich einfach nicht vorstellen, mit den Folgen einer solchen Operation zu leben: einer Operation ohne garantiertes Ergebnis, die sein Leben um ein paar Jahre verlängern würde ... vielleicht ... ein paar Jahre mit fragwürdiger Lebensqualität, ein Leben ohne Vitalität. Also entschied sich Michel wie Peter Noll gegen die Operation. Er wollte seinem Schicksal selbstbestimmt begegnen. Ausserdem wäre es ohnehin zu spät für die Operation gewesen. Der Krebs hatte bereits begonnen, sich auszubreiten.

Als Mamas und Michels fünfzigster Geburtstag näher rückte, plante Mama ein Familientreffen, eine Feier, um ihre verstreute Familie aus allen Ecken Deutschlands und der Schweiz zusammenzubringen. Michel reagierte auf die Einladung mit Realismus, gemischt mit Hoffnung: „Wenn das Schicksal uns wohlgesonnen ist, werden wir da sein. Ich bin immer optimistisch, aber ich glaube nicht, dass es bis dahin klappen wird. Trotzdem, viel Spass und geniesst es."

Bei ihrem letzten Besuch bei ihm tat Mama etwas, von dem sie hoffte, dass es keinen Zweifel daran lassen würde, dass sie ihn liebte: Sie kam nur, um ihn zu sehen. Keine Umwege. Keine Eltern. Nur Michel. Er war dankbar, aber immer noch misstrauisch. Er folgte ihr in seinem Auto bis zur Autobahn, nur um sicherzugehen, dass sie nicht doch noch zum Haus ihrer Eltern fuhr. Das tat sie aber nicht.

Zu diesem Zeitpunkt hatte sich der Krebs bereits auf Michels Magen ausgebreitet und dann auf seine Lunge übergegriffen. Obwohl ihm das Sprechen schwerfiel, erzählte er meiner Mutter, dass er es vermisse, mit ihrem jüngsten Bruder Schach zu spielen, und bat sie, ihm eine letzte Partie zu ermöglichen. Sie versuchte, den Bruder zu kontaktieren, aber seine Frau nahm den Anruf entgegen und bezweifelte, dass Michel wirklich so krank war, wie er behauptete. „Leider ist er zu sehr mit seiner Praxis beschäftigt“, erklärte sie. Die Partie fand nie statt.

Schliesslich erfuhren ihre Eltern, dass Mama Michel besucht hatte, ohne sie zu sehen. Sie waren verärgert. Für sie war das respektlos. Sie wollten nichts von der Liebe hören, die hinter dieser Entscheidung stand. Sie glaubten nicht, dass Michel wirklich im Sterben lag, und beschuldigten ihn erneut, sein Leiden zu übertreiben, um Aufmerksamkeit zu erregen.

Aber dieses Mal tat er das nicht.

Michel starb nur wenige Wochen vor seinem fünfzigsten Geburtstag. Die Nachricht traf seine Eltern hart. Erst dann fanden sie das Exemplar von Peter Nolls Buch. Sie erfuhren, dass meine Mutter es ihm geschickt hatte, und waren wütend. Als Ärzte waren sie der Meinung, dass alles getan werden sollte, um sein Leben zu verlängern - unabhängig von der späteren Lebensqualität oder den Leiden. Seine Entscheidung und Mamas implizierte Unterstützung dafür waren für sie unverständlich. Trauer verwandelte sich in Schuldzuweisungen. In ihren Augen war meine Mutter für seinen Tod verantwortlich.

Es war grausam und zutiefst verletzend. Mama hatte ihren Bruder verloren. Nun verlor sie auch noch ihre Eltern, die sich nicht nur emotional von ihr zurückzogen, sondern auch ihre Teilnahme an ihrem fünfzigsten Geburtstag absagten und ihre Geschwister dazu drängten, es ihnen gleichzutun. Einige hörten darauf, andere nicht.

Mamas Beziehung zu ihren Eltern erstarrte in diesem Jahr. Eine emotionale Eiszeit breitete sich zwischen ihnen aus. Es dauerte sieben lange Jahre stiller Heilung, bis die Eiszeit zu Ende ging. Mama arbeitete schliesslich ihre Trauer und ihren Schmerz auf, fand ihren Weg zur Vergebung und öffnete ihr Herz wieder, um ihren Eltern in ihren letzten Lebensjahren Fürsorge und Nähe zu schenken.

Aber etwas hatte sich verändert. Mamas Erfahrung mit Michel - die Art, wie er starb, der Mut seiner Entscheidungen - hinterliess tiefe Spuren bei ihr. Zwillinge teilen oft mehr als nur ihren Geburtstag. Es gibt eine zelluläre Nähe, ein instinktives Verständnis, ein Leben lang gespiegelte Emotionen. Und obwohl sie weitermachte wie immer, begann etwas in ihr weicher zu werden. Es war eine stille Neukalibrierung der Zeitachse ihres Lebens. Ich stelle mir vor, dass sie nicht nur über den Verlust von ihm nachdachte, sondern auch über den Verlust der Zeit selbst: Was blieb, was wirklich zählte und wie sie ihre eigene Geschichte enden lassen wollte. Damals sagte sie mir nicht viel, vielleicht wollte sie mich schützen, während ich weit weg war, aber später wurde mir klar, dass dies der Moment war, in dem sie begann, anders über den Tod zu denken - nicht als etwas

Abstraktes, sondern als etwas Reales, Persönliches und Unvermeidliches. Und obwohl sie nicht laut darüber sprach, glaube ich, dass es etwas in ihr ausgelöst hatte: eine neue Art von Neugier, eine stille Vorbereitung.

Daraus entwickelte sich der Wunsch, diese Welt zu verlassen, solange sie noch die geistige Fähigkeit hatte, diese Entscheidung zu treffen, und bevor es zu spät war. Für sie bedeutete Lebensqualität, einen Sinn und eine Verantwortung zu haben, körperlich und geistig gesund zu sein und unabhängig leben zu können: spazieren gehen, einkaufen, kochen und weiterhin die Dinge tun, die sie liebte und die ihr Freude bereiteten.

•••••

Lange bevor wir die Worte hatten, um es zu beschreiben, zeigte uns Mama, wie ein aktives, gesundes Leben aussieht. Nicht, dass wir damals besonders darauf geachtet hätten, aber sie lebte uns still und leise vor, was es bedeutet, in einem Körper zu leben, den man respektiert. Sie achtete sehr darauf, was in ihn hineinkam und wie er sich durch die Welt bewegte.

Sie achtete bewusst auf ihre Ernährung und war stets bemüht, uns mit sauberer Energie zu versorgen. Alkohol gab es nur selten. Vielleicht trank sie bei besonderen Anlässen ein Glas, um mit Papa anzustossen, aber ansonsten begleiteten

Kräutertees und Wasser ihre selbstgekochten Mahlzeiten. Sie rauchte nie, und als meine Schwester geboren wurde, bat sie meinen Vater - der damals Kettenraucher war - als Geschenk für sie mit dem Rauchen aufzuhören. Er tat es tatsächlich. Er hörte von heute auf morgen auf. Später wurde er zu einem der lautstärksten Anti-Raucher überhaupt, ein Beweis dafür, dass der richtige Grund alles verändern kann.

Mamas Philosophie war einfach: In einem gesunden Körper lebt ein gesunder Geist. Für sie war Bewegung genauso wichtig wie Essen oder Ausruhen. Sie war eine echte Sportbegeisterte und schon von klein auf athletisch - sie war stark in Leichtathletik, vor allem im 100-Meter-Sprint und im Weitsprung. Sie liebte es zu tanzen und in Seen und Flüssen zu schwimmen, und im Winter fuhr sie mit Leichtigkeit und Kraft Ski.

Als wir älter wurden, definierte Mama für uns neu, wie Altern aussehen kann. Sie bestieg Berge, wanderte stundenlang und schwamm regelmässig. Mit achtundsechzig fuhr sie noch Mountainbike - bis eine Unfallverletzung sie zwang, kürzer zu treten. Im Sommer nahm sie an verschiedenen Lauf- und Nordic-Walking-Wettbewerben teil, um ihre Fitness zu verbessern, und im Winter besuchte sie mit meiner Schwester Langlauf-Trainingslager in Norwegen, um ihre technischen Fähigkeiten zu verbessern. Sie absolvierte mehrmals den Engadin Skimarathon, ein 42 km langes Langlaufrennen. Die lokale Zeitung widmete ihr einen Artikel und feierte sie als älteste Teilnehmerin, die das Rennen absolviert hatte.

Auch als sie mit dem Wettkampfsport aufhörte, blieb Mama in Bewegung. Sie machte weiterhin ihre täglichen Spaziergänge durch den Ermitage-Garten, auch wenn sie keine Lust dazu hatte, einfach weil es für sie wichtig war. Sich zu bewegen war für sie nicht nur eine Möglichkeit, fit, stark und beweglich zu bleiben, sondern auch eine Möglichkeit, mit ihren körperlichen Schmerzen umzugehen, ihren Körper mit Sauerstoff zu versorgen und die Durchblutung ihrer Beine anzuregen. Diese täglichen Spaziergänge gaben ihr Halt und Energie. Sie waren der Schlüssel zu innerer Ruhe, zum Atmen, zur Verbindung mit der Natur und zu gelegentlichen spontanen Gesprächen mit Menschen, denen sie unterwegs begegnete. Ob es regnete oder schneite, sie ging. Einige Leute im Dorf nannten sie liebevoll ihr „Idol" und sagten, sie wollten später einmal so sein wie sie.

Mamas Engagement für ihre geistige Fitness war ebenso stark. Sie las ständig in mehreren Sprachen, um mental beweglich zu bleiben. Sie nahm an Sprachkursen teil, löste Kreuzworträtsel und Sudokus und lernte in ihren späteren Jahren Gedichte auswendig - nicht, um jemanden zu beeindrucken, sondern um ihren Geist wach zu halten, aktiv zu bleiben und präsent zu sein.

Sie bewegte sich nie aus Gründen des Aussehens oder der Eitelkeit - es ging ihr nicht darum, der Jugend hinterher zu jagen. Sie bewegte sich, weil sie sich dadurch lebendig fühlte, weil es sie mit der Welt verband und weil es sie daran erinnerte, wozu sie fähig war. Auch wenn ihr Körper alterte, ihr Geist tat dies nie. Sie ging bewusst durchs Leben. Sie glaubte, dass Vitalität etwas ist, das man kultiviert - einen Schritt nach dem anderen, einen Atemzug nach dem anderen, eine Anstrengung nach der anderen. Sie zeigte uns, dass Gesundheit nichts mit Perfektion zu tun hat, sondern mit Präsenz. Dass es nicht nur um Muskeln oder Gedächtnis geht, um stark zu bleiben, sondern darum, jedem Tag mit Neugier, Widerstandsfähigkeit und Grazie zu begegnen.

Auf ihre eigene ruhige, beharrliche Art zeigte uns Mama, wie man fit bleibt, nicht nur für den Sport und schon schon gar nicht zur Schau, sondern fit fürs Leben.

•••••

Mama hatte gesehen, wie andere Menschen, darunter auch ihre Eltern und ehemalige Nachbarn, mit der Zeit immer mehr abbauten, wie sie ihre geistigen Fähigkeiten und ihr Gedächtnis verloren. Ein Arzttermin folgte dem nächsten, eine Behandlung der anderen. Sie nahmen Unmengen von Medikamenten ein, darunter auch solche, die die Nebenwirkungen der ursprünglichen Medikamente behandelten und die wiederum andere Nebenwirkungen mit sich brachten. Und so lebten sie weit über die Zeit hinaus, in der sie das hatten, was sie als Lebensqualität bezeichnen würden. Sie wollte nicht in einer solchen Situation enden: machtlos, dement, handlungsunfähig. Sie hatte auch den Weg meines Vaters miterlebt und gesehen, wie sich sein Zustand im Laufe der Jahre verschlechtert hatte.

Es begann wie jeder andere Tag. Papa war auf dem Heimtrainer und folgte seiner üblichen Routine, als er plötzlich einen heftigen Schlag gegen die Brust spürte. Geschockt hörte er sofort auf und legte sich hin.

Unten bemerkte Mama die ungewöhnliche Stille. Irgendetwas stimmte nicht. Sie ging nach oben, um nachzusehen und fand ihn auf dem Bett liegend vor. Nach nur wenigen Fragen wusste sie instinktiv, dass dies nichts Geringfügiges war. Sie sagte ihm, er solle sich nicht vom Fleck rühren, und rief ohne zu zögern den Krankenwagen.

Mein Vater landete auf der Intensivstation. Er hatte eine Aortenruptur: eine Erkrankung, die für neun von zehn Menschen tödlich ist. Es war Mamas schnelle Reaktion, ihre Intuition und ihre Klarheit in diesem kritischen Moment, die ihm das Leben rettete. Es war nicht das Ende, aber es war ein Wendepunkt - einer, der zu ernst war, um ihn zu ignorieren.

Die Zeit, die mein Vater nach seinem Aortenriss auf der Intensivstation verbrachte, veränderte etwas in meiner Mutter. Bis dahin hatte sie alles zusammengehalten und mit ihrer gewohnten ruhigen Entschlossenheit den Alltag gemeistert. Sie lebten immer noch im Familienhaus, hoch oben auf einem Hügel, umgeben von Wald, mit einem herrlichen Garten und einem weiten Blick über das Tal. Es war ein Zufluchtsort, friedlich und ruhig, ein Ort voller Erinnerungen, Lachen und verstreichender Jahreszeiten. Aber es war ein grosses Haus für nur zwei Personen.

Mama liebte den Garten, daran bestand kein Zweifel. Er war ihr Meisterwerk - eine lebendige, atmende Leinwand, die sie seit Jahrzehnten gepflegt hatte. Aber ohne Papas Hilfe wurde die Pflege immer überwältigender. Alles erforderte Anstrengung. Ausserdem gab es steile Stufen, die von der Garage zur Haustür führten, was bedeutete, dass jede Einkaufstüte von Hand hinuntergetragen werden musste.

Spaziergänge vom Haus aus begannen sanft, gingen aber schnell bergauf. Wege, die einst belebend gewesen waren, fühlten sich nun herausfordernd an. Einkaufen, Ausflüge, alles, was mit Geselligkeit zu tun hatte - für alles brauchte man ein Auto. Mein Vater war immer der Hauptfahrer gewesen. Meine Mutter hatte zwar einen Führerschein, fühlte sich aber hinter dem Steuer nie sonderlich sicher. Und mit zunehmendem Alter wurde ihr Unbehagen nur noch grösser. Der Gedanke, all das alleine bewältigen zu müssen, nagte an ihr. Sie sprach nicht dramatisch darüber, sondern ganz sachlich. Leise. Aber ich konnte die Berechnung in ihrer Stimme hören.

Mama begann, sich Fragen zu stellen. Wie lange kann ich das noch durchhalten? Was, wenn ich es nicht mehr schaffe?

Was, wenn wieder etwas passiert?

Als Papa endlich aus der Intensivstation auf die Normalstation verlegt wurde, ergriff Mama die Initiative. „Ich fange besser an, unsere Leben zu vereinfachen“, sagte sie, „solange ich noch etwas Energie habe.“ Damals fand ich das etwas überstürzt, vielleicht sogar übertrieben, aber sie war entschlossen. In ihrer Stimme lag keine Angst oder Traurigkeit, nur Klarheit. Sie wusste, was auf uns zukommen würde, auch wenn keiner von uns es ahnte.

Mama begann, Jahrzehnte ihres Lebens zu sortieren: sorgfältig ausgewählte Gegenstände, geerbte Stücke, Andenken, altes Spielzeug. Dinge, von denen man sich einst aus sentimentalen Gründen nicht trennen konnte, wurden nun in Kisten für Secondhand-Läden und Wohltätigkeitsorganisationen sortiert oder an Familienmitglieder weitergegeben. Wir Kinder wurden dazu angehalten, alles auszumisten, was noch uns gehörte - Kleidung, Bücher, längst vergessene Schätze auf dem Dachboden - und wurden gebeten, beim Online-Verkauf einiger Dinge zu helfen.

Dann kam die eigentliche Ankündigung: Sie wollte in eine Dachgeschosswohnung im Herzen des Dorfes ziehen, etwas Kleineres, etwas näher zu Geschäften und Restaurants, etwas in unmittelbarer Nähe von öffentlichen Verkehrsmitteln und nur einen kurzen Fussweg von allem entfernt. Eine Wohnung mit Aufzug, ohne Treppen, ohne

Hügel und ohne Notwendigkeit, Auto zu fahren. Ein Ort, an dem das Leben einfacher und die täglichen Routinen weniger von Kraft oder Mobilität abhängig wären. Ein Ort, an dem sie nach ihren eigenen Vorstellungen alt werden könnte.

Mein Vater war nicht begeistert. Er war noch nicht bereit dafür. Für ihn war das Haus auf dem Hügel mehr als nur ein Zuhause, es war sein Rückzugsort, seine Oase. Die Aussicht, die Privatsphäre, der Garten - das war sein Paradies. Er klammerte sich daran fest und verstand nicht, wie viel unsichtbare Arbeit Mama hinter den Kulissen geleistet hatte, um alles am Laufen zu halten. Sie erledigte die Arbeit, wenn er unterwegs war, damit sie, wenn er zurückkam, gemeinsam den Raum geniessen konnten. Ihr Schweigen darüber, was es sie kostete, war ihr Geschenk an ihn.

Aber selbst Mama hatte mit dem Gedanken zu kämpfen, den Garten aufzugeben. Sie hatte jedes Blumenbeet gepflanzt, jede Hecke geschnitten, diesen Raum mit ihren Händen gestaltet. Dennoch war die Entscheidung klar: Komfort und Bequemlichkeit für die kommenden Jahre oder das Festhalten an einer Schönheit, die nur noch schwieriger zu erhalten sein würde.

Es war an der Zeit.

Schweren Herzens gab Papa nach. Und ein Jahr später zogen sie aus dem Familienhaus in einen Wohnblock, den sie vor vielen Jahren gebaut hatten. Ihr neues Zuhause war eine gemütliche Maisonette-Wohnung im obersten Stockwerk des Gebäudes, die sowohl mit dem Aufzug als auch über eine Treppe erreichbar war. Es war genau das, was Mama wollte.

Papa trauerte um den Verlust seines Rückzugsortes. Aber was er damals nicht wusste - was keiner von uns wissen konnte - war, wie dankbar er einige Jahre später für diese schwierige Entscheidung sein würde.

Und als sich die alten Türen hinter ihnen schlossen, begann still und leise eine neue Lebensphase. Eine, die ihre eigenen Herausforderungen mit sich bringen würde und unerwartete Geschenke.

•••••

Spaziergänge durch die Ermitage waren für meine Eltern zu einer Art Ritual geworden - eine tägliche Übung in Achtsamkeit, Einfachheit und gemeinsamem Frieden. Seite an Seite betraten sie den Englischen Garten durch ein unscheinbares Tor und tauchten in eine Welt ein, in der die Zeit still zu stehen schien. Sie bevorzugten die sanften, ebenen Wege, die sich entlang des Baches schlängelten und die ruhigen Teiche umgaben. Diese Wege, beschattet von hoch aufragenden Bäumen und gedämpft durch das Rascheln der Blätter, boten eine friedliche Zuflucht. Das Plätschern des Baches und die Stille der Teiche bildeten eine ruhige Kulisse für ihre Gespräche und ihre stille Zweisamkeit.

Die Ermitage war ein Ort, den sie beide schätzten: ein

Ort, an dem Gespräche ganz natürlich kamen und gingen und an dem sie einfach schweigend spazieren gehen konnten, umgeben von der Stille der Natur und der sanften Schönheit einer sorgfältig gepflegten Wildnis. Aber eines Tages, als sie sich auf den Heimweg machten und sich dem Eingang näherten - gleich hinter der letzten Kurve, wo der Kiesweg auf die Strasse trifft -, passierte es. Papa stolperte. Und dann brach er zusammen. Keine Vorwarnung, kein Schrei, nur ein plötzlicher Sturz und eine unheimliche Stille. Er lag regungslos auf dem Weg, die Augen geschlossen, sein Atem flach und unregelmässig. Für einen Moment befürchtete Mama, dass er tot sei.

Der Instinkt setze die Panik ausser Kraft. Sie rannte zu dem kleinen Haus am Parkeingang, wo, wie sie wusste, der örtliche Polizist wohnte. Sie hämmerte gegen die Tür. Als er öffnete, bedurfte ihre Dringlichkeit keiner Erklärung. Sie eilten mit Decken zurück und deckten Papa sorgfältig zu, um ihn warm zu halten, bis der Krankenwagen eintraf.

Wieder einmal überlebte er. Mama hatte schnell gehandelt. Aber dieses einschneidende Erlebnis veränderte sie. Das Bild, wie er dort lag - so still, so blass - liess sie nicht los. Es war wie eine Art Spuk. Ein leises, beharrliches Flüstern, dass sich das Leben in einem Augenblick ändern kann.

Die Ärzte, die Papa behandelten, diagnostizierten Herzrhythmusstörungen - gefährlich, unvorhersehbar und möglicherweise tödlich, wenn sie nicht behandelt würden.

Sie verschrieben Blutverdünner, um das Risiko eines Schlaganfalls zu verringern. Was sie aber bei Ihrer Diagnose übersehen hatten, war eine innere Kopfverletzung.

Ein paar Wochen später kam Papa in unser Unternehmen, um mit einem Mitarbeiter zu sprechen, der in den Ruhestand ging. Ich bemerkte sofort, dass etwas nicht stimmte. Er lief nicht normal. Er stützte sich an den Wänden ab und glitt an ihnen entlang, um das Gleichgewicht zu halten. Alarmiert schickte ich ihn nach Hause zu Mama. Sie zögerte nicht. Was sie sah, waren klassische Anzeichen einer einseitigen Lähmung. Sie brachte ihn schnellstmöglich ins Krankenhaus. Dort entdeckten sie die Wahrheit.

Die zuvor unbemerkte Kopfverletzung in Kombination mit den neu verschriebenen Blutverdünnern hatte ein subdurales Hämatom verursacht. Die Hälfte seines Schädels hatte sich mit Blut gefüllt und das drückte auf sein Gehirn. Eine Notoperation war erforderlich, um das Blut abzuleiten.

Während dieser Operation starb mein Vater.

Aber sie holten ihn zurück. Trotz seiner Patientenverfügung, trotz seiner klaren Anweisung, dass er keine aussergewöhnlichen Massnahmen wünschte, belebten sie ihn wieder. Am nächsten Tag wurde ihm auch noch ein Herzschrittmacher eingesetzt. Eine weitere Intervention. Eine weitere Sicherheitsmassnahme. Eine weitere Grenzüberschreitung. Es gab keine Diskussion, nur das Protokoll.

Von diesem Zeitpunkt an änderte sich alles - nicht nur in seinem Körper, sondern auch in der Stille zwischen uns. Ein Mann, der immer an seiner Unabhängigkeit festgehalten hatte, hatte nun eine Maschine, die den Rhythmus seines Herzens bestimmte.

Für Mama, die alles miterlebte - den Zusammenbruch, die Wiederbelebung, den Herzschrittmacher - war es ernüchternd. Es ging nicht nur darum, was passiert war, sondern auch darum, was noch vor ihnen liegen könnte. Als sie sah, wie Papa die Kontrolle über den Verlauf seiner Schicksals verlor, begann sie, über ihr eigenes nachzudenken. Wie viel Mitspracherecht haben wir wirklich, fragte sie sich, wenn Systeme unsere Wünsche im Namen der Lebenserhaltung ausser Kraft setzen?

Und als sie neben ihm sass, während er sich erholte, fasste sie einen Entschluss: Sie würde nicht zulassen, dass ihr dasselbe passierte.

Mit dem Herzschrittmacher kehrte mein Vater nach Hause zurück und nahm langsam wieder Teile seines Alltags auf. Er konnte wieder kurze Spaziergänge machen, Besorgungen erledigen und alltägliche Aufgaben bewältigen, ohne sich zu viele Sorgen um seine Herzrhythmusstörungen machen zu müssen. Mit der Zeit wurde er jedoch schneller müde, ihm wurde schwindelig und er fühlte sich unsicher auf den Beinen. Die Spaziergänge wurden kürzer. Oft kehrte er um, bevor er überhaupt den Eingang zur Ermitage erreicht hatte.

Er konnte sich noch unterhalten und nach aussen hin schien alles in Ordnung zu sein. Die meisten Menschen, die mit ihm sprachen - am Telefon oder persönlich - hatten keine Ahnung, wie gebrechlich er geworden war. Sein schwächer werdender Zustand wurde durch seine schiere Willenskraft überdeckt. Aber die Anzeichen waren da: Er nahm nicht mehr an Besprechungen teil (und bat mich, ihn zu vertreten), gab das Autofahren auf und verbrachte die meiste Zeit zu Hause.

An seinem Schreibtisch war er so entschlossen wie eh und je: Er sortierte Dokumente, hinterliess Anweisungen und versuchte, offene Angelegenheiten zu regeln. Aber die Belastung für seinen Körper wurde zu gross. Seine Beine, schwer und geschwollen von Flüssigkeit, machten ihm das Gehen zunehmend mühsamer. Als er es nicht mehr schaffte, zwischen den Zimmern hin und her zu gehen, begann er, sich auf seinem Bürostuhl durch das Haus zu rollen.

Auch in Papas Lungen sammelte sich Flüssigkeit an, was ihm das Atmen erschwerte und ihm einen erholsamen Schlaf raubte. Es war ein langsamer, unaufhaltsamer Abwärtstrend. Diejenigen, die mehr als ein paar Minuten mit ihm verbrachten, bemerkten es allmählich - wie er während längerer Gespräche langsam nachliess. Manchmal schlossen sich seine Augen mitten im Satz, sein Kopf nickte, als wäre der Schlaf unangekündigt über ihn gekommen. Dann riss er sich mit einem plötzlichen Ruck wieder zusammen und versuchte, bei Bewusstsein zu bleiben. Das beunruhigte meine Mutter. Sie beobachtete ihn mit stiller Sorge, aus Angst, er könnte zu weit abrutschen, aus Angst, er könnte von seinem Stuhl fallen, wenn sie gerade nicht hinsah.

Mama blieb in seiner Nähe und kümmerte sich mit unerschütterlicher Hingabe um ihn. Aber das hatte seinen Preis. Wenn sie zum Einkaufen ging oder einen kurzen Spaziergang machte, überkam sie eine Welle der Angst. Was würde sie vorfinden, wenn sie zurückkam? War er gestürzt? Atmete er noch? Nachts weckte sie das leiseste Geräusch. Mehr als einmal äusserte sie, wie unnatürlich es sich anfühlte - dass der Herzschrittmacher, obwohl er das Leben verlängern sollte, den Tod erschwerte. Er hielt sein Herz am Schlagen, auch wenn der Rest seines Körpers bereit war, loszulassen. Er zwang den Körper, auf alternativen Wegen seine Funktion einzustellen, die alle viel unangenehmer schienen als ein versagendes Herz. Sie schwor sich im Stillen: Sie würde sich niemals selbst einen einsetzen lassen.

Schliesslich bemerkte Mama Anzeichen dafür, dass sein Herz auch sonst nicht mehr richtig funktionierte. Tests bestätigten ihre Vermutung. Mein Vater hoffte auf eine chirurgische Lösung - ähnlich wie bei der Operation, der sich Mama unterzogen hatte, um eine defekte Herzklappe zu ersetzen. Aber die Ärzte sagten ihm, dass sie nichts mehr tun könnten. Die Komplikationen aufgrund seiner früheren Verletzungen wären zu komplex. Die Risiken wären zu hoch. Die Erfolgsaussichten zu gering.

Es war das erste Mal, dass Mama keine Lösung anbieten konnte. Sie hatte immer einen anderen Weg, eine andere Option gefunden. Jetzt gab es keine mehr. Dieser Tag traf ihn hart - und wir alle spürten die Veränderung. Ich erinnere mich, dass ich meine Schwester anrief und sagte: „Wenn du Papa noch etwas sagen möchtest, solltest du es bald tun.“ Ich spürte, dass seine Zeit gekommen war.

Papas Zustand verschlechterte sich weiter. Er war nur noch ab und zu bei Bewusstsein und seine Nickerchen wurden länger und tiefer. Eines Tages, als Mama gerade nicht hinsah, fiel er von seinem Stuhl und konnte nicht mehr aufstehen. Das war schon einmal passiert, und jedes Mal hatte Mama es geschafft, ihm wieder aufzuhelfen. Aber dieses Mal nicht. Schliesslich gab er nach und erlaubte ihr, einen Krankenwagen zu rufen, aber nur unter der Bedingung, dass sie den Ärzten klipp und klar sagte, sie sollten nicht eingreifen. Keine weiteren Tests. Keine weiteren Behandlungen. Er hatte genug.

Wir alle besuchten ihn im Krankenhaus, um uns zu verabschieden. Am Morgen sass er aufrecht da, sprach mit seiner gewohnten Klarheit und erkundigte sich nach allen. Aber nach dem Mittagessen kam eine Veränderung. Er war schwächer - er driftete immer wieder in die Bewusstlosigkeit ab und fragte, ob es noch irgendwelche unbeantworteten Fragen gäbe, die er noch klären müsse. Das war nicht der Fall. Für meine Kinder war es schwer, den starken Kontrast zu seinem Zustand am Morgen zu sehen.

Als wir an diesem Nachmittag den Raum verliessen, wussten wir alle, ohne es laut aussprechen zu müssen, dass dies das letzte Mal sein würde, dass die Kinder ihn sehen würden. Als wir auf den Flur traten, bildeten wir instinktiv einen Kreis um Mama. Wir schlangen unsere Arme umeinander und rückten eng zusammen. Eine Gruppenumarmung - wortlos, aber voller Gefühle. Tränen flossen reichlich, sowohl bei den Kindern als auch bei uns. Es war ein Moment der Zusammengehörigkeit, der geteilten Trauer, die wir in diesem Raum zwischen Abschied und Loslassen achtsam bewahrten.

Zwei Tage später kehrte ich mit Mama zurück, weil wir beide wussten, dass dies vielleicht unser letzter Besuch sein würde. Wir sassen einen Moment lang still vor seinem Zimmer. Dann wandte sie sich mir zu. „Ist es nicht schwer für dich, ihn so zu sehen?"

„Nein", antwortete ich leise, „denn ich sehe nicht mehr den Körper. Ich konzentriere mich nur auf sein Licht - ich zeige ihm das Licht und helfe ihm zu spüren, dass es in Ordnung ist, darauf zuzugehen und es selbst zu werden."

Wir betraten sein Zimmer, setzten uns zu beiden Seiten von ihm und hielten seine Hände. Er war nicht mehr ansprechbar. Sein Körper war unruhig, seine Brust hob und senkte sich mit tiefen, unregelmässigen, angestrengten Atemzügen und gab gelegentlich seltsame Geräusche von sich - als würde er darum kämpfen, zu bleiben oder zu gehen.

Wir meditierten gemeinsam. Über das Licht. Über den Frieden. Zuerst synchronisierten wir unseren Atem mit seinem, dann begannen wir, unsere eigene Atmung zu verlangsamen, um ihn dazu einzuladen, unserem Beispiel zu folgen, und führten ihn sanft zur Ruhe. Wir hielten seine Hände und füllten diesen Raum mit jedem wortlosen Wunsch: Es ist okay, loszulassen. Du kannst ins Licht gehen. Du bist jetzt in Sicherheit. Mit der Zeit liess die Unruhe nach. Sein Atem wurde ruhiger. Etwas in ihm gab sich geschlagen.

Auf dem Rückweg zu Mamas Wohnung trafen wir eine Freundin von mir, die uns auf die starke Verbindung und Energie aufmerksam machte, die sie zwischen uns wahrnahm.

Am nächsten Morgen, als ich bei einem Kundengespräch war, kam der Anruf. Papa war in den frühen Morgenstunden friedlich im Schlaf verstorben. Am Ende bekam er, was er sich insgeheim gewünscht hatte: so lange wie möglich zu Hause zu bleiben, von weiteren Eingriffen verschont zu bleiben und mit einem Gefühl des Friedens zu gehen. Und es war meine Mutter, die das möglich gemacht hat. Sie trug die Last dieses letzten Kapitels - körperlich, emotional, spirituell - mit aussergewöhnlichem Feingefühl. Sie vertrat seine Wünsche, als er sie nicht mehr äussern konnte. Sie bewahrte ihn vor Eingriffen, die er nicht mehr wollte. Sie behielt ihn in der Wohnung, die er liebte, bis sein Körper aufgab. Und selbst dann sorgte sie dafür, dass seine letzten Tage ruhig und frei von unnötigen Interventionen waren. In diesen letzten Stunden kämpfte sie nicht gegen seinen Tod - sie blieb einfach an seiner Seite, unterstützte ihn und liess ihn mit Liebe gehen. Es war das letzte Geschenk, das sie ihm machte, und vielleicht das grösste.

•••••

Der Tod meines Vaters hinterliess eine grosse Leere und eine unermessliche, ungewohnte Stille. Nicht nur in der Wohnung, sondern auch im Leben meiner Mutter. Eine Leere, deren Ausmass sie nicht erwartet hatte.

Es war nicht leicht für sie, wieder Fuss zu fassen. Meine oberste Priorität war ihr Seelenfrieden. Angesichts ihrer Vorgeschichte mit Bluthochdruck war Stress nicht nur unangenehm, sondern auch lebensgefährlich. Ich wollte alles aus dem Weg räumen, was sie verunsichern könnte. Erst wenn sie sich wirklich sicher fühlte, war es möglich darüber zu sprechen, wie es weitergehen sollte.

Eine der grössten Sorgen meiner Mutter war die finanzielle Situation. Sie wollte sicher sein, dass sie in der Wohnung bleiben konnte, die sie liebgewonnen hatte, und dass sie alle Rechnungen bezahlen konnte. Sie hatte sich nie um Steuern oder Ausgaben gekümmert. Das war immer die Aufgabe meines Vaters gewesen. Der Gedanke, alles von

Grund auf neu lernen zu müssen, beunruhigte sie zutiefst. Also übernahm ich das. „Du musst dir darüber keine Sorgen machen“, versicherte ich ihr. „Ich kümmere mich darum.“

Die grösste Quelle der Anspannung war jedoch der anhaltende Rechtsstreit mit einem der Mieter des Wohnblocks, der sich schon seit Jahren hinzog. Obwohl Papa eindeutig im Recht war, konnten es sich die Mieter durch eine Rechtsschutzversicherung leisten, den Konflikt endlos in die Länge zu ziehen. Für Mama löste jede Begegnung mit ihnen einen Schub der Angst und Frustration aus. Der Zustand des Gartens, für dessen Pflege die Mieter verantwortlich waren, der Geruch von Zigarren in einer Nichtraucherwohnung, die eisige Stille im Flur - das alles war zu viel für sie. Ich wusste, dass wir, selbst wenn wir vor Gericht gewinnen würden, etwas viel Wichtigeres verlieren würden: ihren Seelenfrieden.

Also traf ich eine Entscheidung. Ich wandte mich mit einer klaren Botschaft an die Mieter: „Meine Mutter hat gerade ihren Mann verloren. Das ist schon schwer genug. Wir möchten, dass sie ihre verbleibenden Jahre in Ruhe geniessen kann. Was muss geschehen, damit Sie so schnell wie möglich ausziehen?“

Es war kostspielig - aber ich war überzeugt, dass ein schmerzhaftes Ende besser war als endloser Schmerz.

Innerhalb von vier Monaten waren sie weg. Und auch die anderen Nachbarn waren erleichtert. Die Vernachlässigung im Garten war uns bewusst, aber die Schäden, die sie in der Wohnung hinterlassen hatten, waren schockierend, wenn auch nicht überraschend. Sie leugneten alles und weigerten sich, irgendetwas zu bezahlen. Ich wusste, dass eine juristische Verfolgung uns nur wieder in die Dunkelheit zurückziehen würde. Also liess ich es sein und konzentrierte mich statt dessen darauf, den Raum zu heilen.

Wir renovierten die Wohnung grundlegend. Ich wollte einen Mieter finden, dessen Energie zu der Harmonie passte, die wir im Haus schaffen wollten. Und ich hatte eine Idee - eine, die Mamas Augen zum Leuchten brachte.

Mama hatte schon immer davon geträumt, Sonnenkollektoren auf dem Haus anzubringen - etwas, in das Papa nicht mehr investieren wollte. Ich dachte mir, wenn die Arbeiter schon Lärm machten, um die untere Wohnung zu renovieren, könnten wir genauso gut das veraltete Heizsystem ersetzen und gleichzeitig Sonnenkollektoren anbringen. Mama war begeistert. Für sie war das nicht nur praktisch, sondern auch visionär. Es war ihr Beitrag zu einer besseren Zukunft. Die Leute hielten sie auf der Strasse an, um sie danach zu fragen, und sie strahlte vor Stolz.

Mama durchlebte täglich eine Mischung aus verschiedenen Emotionen. Die Freude, dass Papa loslassen konnte und nicht mehr leiden musste, und die Dankbarkeit, dass sie ihn bis zum Ende unterstützen und für ihn da sein konnte, aber auch Trauer über ihren Verlust. Es war nicht nur der Verlust ihres

Lebenspartners, sondern auch der Verlust ihrer Routine, ihrer Identität, all der kleinen, unsichtbaren Rollen, die sie jahrelang jeden Tag gespielt hatte. Sie erkannte, wie sehr ihr Leben um seine Bedürfnisse herum organisiert war: sich um ihn zu kümmern, ihn zu unterstützen und nach seinem Tagesablauf, seinem Zeitplan zu leben. Plötzlich war all diese Verantwortung weg.

Die Trauer kam also in Wellen. Dann aber auch etwas anderes: Freiraum.

Zum ersten Mal seit Jahren konnte Mama essen, was sie wollte und wann sie wollte, und sie konnte still dasitzen, ohne sich Gedanken darüber zu machen, was im Nebenzimmer passieren könnte. Es gab keinen Zeitplan, den sie einhalten musste, keine ständige Alarmbereitschaft. Ich konnte die Erleichterung in ihrem Körper spüren und versuchte, meine Besuche diesem Rhythmus anzupassen - ohne mich aufzudrängen, sondern mich einfach ihrer Energie anzupassen: Mittagessen, wenn sie Lust darauf hatte; einfache Mahlzeiten zu Hause oder auswärts; manchmal sogar Essen zum Mitnehmen. Es war mir wichtig, dass sie sich in meiner Gegenwart wohl und nicht verpflichtet fühlte.

Mama konnte nun spazieren gehen, ohne sich Gedanken darüber machen zu müssen, was sie vorfinden würde, wenn sie nach Hause kam. Sie schlief etwas besser, weil sie sich keine Sorgen mehr machen musste, dass Papa mitten in der Nacht stürzen könnte und sie unternahm manchmal

Tagesausflüge hierhin und dorthin, die sie zuvor nicht gemacht hätte, weil es für Papa zu anstrengend gewesen wäre.

Das ganze Jahr über liebte sie ihre täglichen ein- bis zweistündigen Spaziergänge in der Ermitage. Sie bewunderte die frischen Blätter, die den kargen Wald im Frühling wieder zum Leben erweckten, untermalt vom fröhlichen Gesang der Vögel; die Vielfalt der Blumen auf den Wiesen; das sich verändernde Laub im Herbst; neblige Morgen und die Farben des Sonnenaufgangs; die Stille und Gelassenheit des Teiches; das beruhigende Plätschern des Baches; die seltenen Vögel, die sie manchmal entdeckte, und das Wiedersehen mit ihrer Lieblingskatze. Hin und wieder überkam sie eine Welle der Emotionen, wenn sie etwas sah oder hörte, das sie an meinen Vater erinnerte. Dann suchte sie sich eine Bank und setzte sich, während Erinnerungen an ihr vorbeizogen und sie mit Dankbarkeit erfüllten für das Leben, und die Erfahrungen, die sie geteilt hatten. Seine Gegenwart war in diesem Wald für immer spürbar.

Auf ihren Spaziergängen oder bei Kaffee und Kuchen lernte sie auch neue Leute kennen, schloss neue Freundschaften und führte anregende Gespräche.

Dennoch fehlte ihr eine Zeit lang etwas. Sie hatte jetzt zwar Zeit, aber was ihr - noch - fehlte, war ein Lebenssinn. Mama hatte immer ein Ziel gehabt. Seit ich mich erinnern konnte, war sie zielstrebig durchs Leben gegangen.

Als Mama jung war, wollte sie Patienten im Krankenhaus

die bestmögliche Pflege bieten - bis sie merkte, dass sie das völlig auslaugte. Danach blühte sie in der klinischen Forschung auf, wo sie daran arbeitete, ein Heilmittel für Krebs zu finden. Es war ein Beruf, den sie liebte, den sie aber für Papa und die Familiengründung aufgab. Jahre später kam in einem Brief, den sie mir anlässlich der Abschlussfeier meiner Schwester als Ärztin schrieb, ein Hauch von leisem Bedauern zum Vorschein: „Ich hoffe, sie heiratet nicht sofort wie ich und gibt ihren Beruf auf."

Es war ein einfacher Satz, aber er sagte so viel aus.

Dennoch widmete sich Mama mit ganzer Kraft allem, was sie tat. Sie schuf ein Zuhause, kochte für uns und sorgte dafür, dass die Mahlzeiten jeden Tag zur gleichen Zeit auf dem Tisch standen. Das Haus war immer sauber, und Gäste wurden herzlich empfangen. Sie unterstützte ihre Enkelkinder auf ihrem Weg zum Erwachsensein und half Papa in seinem Geschäft - nicht nur mit Putzen, Waschen und Gärtnern oder bei der Buchhaltung, die sie hasste, sondern mit etwas Tieferem: ihrer Intuition, ihrem Urteilsvermögen, ihrer Fähigkeit, Menschen zu lesen. Sie half bei der Auswahl von Mitarbeitern, bot Perspektiven und war sein Sparringspartner in Zeiten der Unsicherheit.

Mama bildete Krankenschwestern aus und gab ihr Wissen und, was noch wichtiger war, ihre Menschlichkeit weiter. Sie lehrte sie, den Menschen hinter der Krankheit zu sehen. Auch Jahre später schrieben ihr ehemalige Schülerinnen noch

Briefe, um ihr zu danken.

Sie engagierte sich ehrenamtlich für eine Hotline, die "Dargebotene Hand", um dem Land etwas zurückzugeben, das ihr einst so viel gegeben hatte. Das öffnete auch ihren Horizont, inspirierte sie und half ihr, die leise Frustration darüber zu lindern, dass sie nicht mehr unterrichtete und sich an ein leereres Zuhause gewöhnen musste.

Und dann, in den letzten Lebensjahren meines Vaters, hatte sich ihr Leben auf eine zentrale Aufgabe beschränkt: sich um ihn zu kümmern - medizinische Berichte zu lesen, sie in verständliche Sprache zu übersetzen, Wunden zu versorgen, ihn hochzuheben, wenn er gestürzt war. Sie war sein Schutzengel, bis sie körperlich nicht mehr dazu in der Lage war.

Als mein Vater starb, hörte all das auf. Und ich konnte die Frage in ihren Augen sehen: Was nun?

Zu Hause hatte Mama es geliebt, sich um den Garten zu kümmern. Die Dachgeschosswohnung, in der sie jetzt lebte, hatte keinen solchen Platz. Schlimmer noch, der Gemeinschaftsgarten war verwildert und vernachlässigt - eine weitere Wunde der Vormieter.

„Was wäre, wenn wir ihn umgestalten würden?", fragte ich. „Was wäre, wenn wir ihn in etwas verwandeln würden, das dir jedes Mal Freude bereitet, wenn du ihn ansiehst? Wir suchen Mieter für die Gartenwohnung, die nicht die Verantwortung für die Pflege übernehmen wollen, aber ihn wirklich schätzen, und du kümmerst dich darum, solange du die Energie dazu hast."

Mama fand die Idee grandios.

Wir beauftragten einen Gärtner mit der Gestaltung eines neuen Layouts und wählten gemeinsam die Pflanzen und Sträucher aus. Mama traf die endgültigen Entscheidungen. Es war ihr Garten.

Die Umgestaltung des Gartens war ein voller Erfolg. Jeden Tag verbrachte sie Stunden damit, ihn zu pflegen - zu düngen, zu giessen, Unkraut zu jäten, zu schneiden, den Rasen zu mähen. Sie kannte jede Pflanze wie eine Freundin und wusste genau, was sie brauchte, um zu gedeihen. Der Garten erstrahlte in leuchtenden Farben. Sie liebte es, die Früchte ihrer Arbeit zu sehen, und erhielt positives, bewunderndes Feedback von den Menschen um sie herum, die die Schönheit schätzten, die sie schuf. Sie freute sich daran, den Wechsel der Jahreszeiten zu beobachten und im Sommer ihre eigenen Beeren zu ernten. Der Garten wurde zu ihrem Zufluchtsort. Zu ihrer Leinwand. Zu ihrem Lebenszweck. Indem sie sich um ihn kümmerte, kultivierte sie nicht nur Blumen, sondern baute sich selbst wieder auf.

Es geschah nicht alles auf einmal, aber der Frieden kehrte zurück, weil die Voraussetzungen dafür sorgfältig geschaffen worden waren, eine wohl überlegte Entscheidung nach der anderen. Der Garten war nur der sichtbarste Teil. Da war die Ruhe, zu wissen, dass die Rechnungen bezahlt waren, die

Erleichterung, keine Schritte mehr auf der Treppe fürchten zu müssen, und der Stolz auf die Sonnenkollektoren, die auf dem Dach glänzten. Nach und nach hatte sich ihr Leben neu geordnet. Sinn fand sich in vielen Formen: in Gesprächen mit Menschen, die sie auf ihren täglichen Spaziergängen traf, in Geschichten ihrer Enkelkinder, in kleinen Zeichen, dass das Leben weiterging. Aber im Garten fand sie etwas, das einzig und allein ihr gehörte. Und in diesem Raum - frei von Angst, verwurzelt in Fürsorge - spürte sie, wie sie langsam, nach ihren eigenen Vorstellungen, ins Leben zurückkehrte.

•••••

Einige Zeit nach dem Tod meines Vaters begann meine Mutter zu befürchten, dass sie den Moment verpassen würde, in dem sie noch selbst über ihr Lebensende entscheiden konnte. Das hatte nichts mit einer Flucht vor der Zukunft zu tun, denn meine Mutter hatte trotz einer Reihe körperlicher Einschränkungen immer voll und ganz am Leben teilgenommen. Im Laufe des letzten Jahres erwähnte sie jedoch, dass sie sich weniger stark fühlte, insbesondere nachdem zwei weitere wichtige Menschen in ihrem Leben verstorben waren. Es war, als wäre ein Teil ihrer Lebensenergie mit ihnen verschwunden. Sie wurde schneller müde und sagte, dass sie nicht mehr in der Lage sei, das zu tun, was sie im Garten so gerne tat. Sie verlor zunehmend das

Gefühl und das Vertrauen in ihre Beine, litt unter Schwindel und kurzen Ohnmachtsanfällen und bemerkte mehrfach, dass ihr Herz unregelmässig schlug. Die Erinnerungen an die Erfahrungen ihres Ehemanns verfolgten sie. Sie hatte zunehmend Angst, zu stürzen, sich zu verletzen und in der "Mühle" Krankenhaus zu landen, wie sie es gerne nannte: einem Ort, an dem nur sehr wenige ihr tatsächlich zuhörten und sie verstanden.

Da meine Mutter Medizin studiert hatte, war es sehr interessant zu beobachten, wie sich ihre Ansichten über die Medizin gegen Ende ihres Lebens veränderten. Sie war der Meinung, dass die Medizin sich so stark spezialisiert hatte, dass Ärzte ihre Fähigkeit verloren hatten, einen Patienten ganzheitlich zu betrachten. Sie unterzogen Patienten allen nur erdenklichen Tests, obwohl nur sehr wenige davon tatsächlich notwendig waren. Jeder Spezialist versuchte, einen einzelnen Aspekt zu behandeln, ohne das Gesamtbild zu sehen. Es wurden Medikamente verschrieben, von denen sie wusste, dass ihr Körper negativ darauf reagieren würde, beispielsweise mit Kopfschmerzen oder Magenbeschwerden. Die einzige Lösung dafür war die Verschreibung weiterer Medikamente zur Behandlung der Nebenwirkungen, was dazu führte, dass sie einen Cocktail aus Medikamenten einnehmen musste, die sie weder brauchte noch wollte.

Sie war sich sicher, dass es einen besseren Weg geben musste.

•••••

Ich habe mich schon immer zu Geschichten von Menschen und Teams hingezogen gefühlt, die alle Widrigkeiten überwunden haben. Klassische Underdog-Geschichten. Teams mit Herz und Mut, die über eine Gruppe von Starspielern triumphieren. Sportler, die nach Verletzungen, die eigentlich das Ende ihrer Karriere hätten bedeuten müssen, stärker zurückkommen. Menschen, die nach einer Lähmung wieder laufen können, die sich von sogenannten unheilbaren Krankheiten erholen, die von lebensverändernden Unfällen zurückkommen, die trotz Armut, Traumata oder dem Gewicht der Kultur, in die sie hineingeboren wurden, erfolgreich sind. Menschen, die das scheinbar Unmögliche schaffen, auch wenn die ganze Welt ihnen sagt, dass sie es nicht können.

Ich sammle diese Geschichten.

Sie sind mehr als nur Inspiration, sie sind Ressourcen. Ich greife auf sie zurück, wenn ich an meine Grenzen stosse und ich teile sie mit anderen, wenn sie eine Erinnerung daran brauchen, was möglich ist: mit meinen Kindern, Freunden, Kunden. Wenn es für nur eine Person möglich ist, dann muss es auch für alle anderen möglich sein.

Ich war schon immer neugierig. Was zeichnet diese Menschen aus? Wie denken sie? Was denken, fühlen und tun sie anders? Ich sehe mir Interviews an, analysiere die verwendeten Sprachmuster und untersuche, wie sie ihre Geschichten erzählen. Wenn man genau hinhört, erkennt man die Denkweise hinter den Worten. Ich könnte wahrscheinlich ein ganzes Buch darüber schreiben.

In all den Geschichten über gesundheitliche Genesung tauchte immer wieder eine Überzeugung auf: Der Körper hat die Kraft, sich selbst zu heilen.

Zum ersten Mal begegnete mir diese Idee in den Werken von Louise Hay, die sich bekanntlich selbst von Krebs geheilt hat und das Buch „You Can Heal Your Life" (Du kannst dein Leben heilen) geschrieben hat. Ihre Geschichte fand bei mir grossen Anklang. Schon bevor ich ihr Buch gelesen hatte, begann ich meinen Körper als Boten zu betrachten - als intelligentes System, das stets versuchte, meine Aufmerksamkeit auf das zu lenken, was ich nicht sah. Wenn etwas wehtat, griff ich nicht als erstes zu Medikamenten, sondern wurde neugierig. Was wollte mir dieser Schmerz sagen? Wenn meine Schulter schmerzte, fragte ich mich: „Was kann ich nicht mehr ertragen?“ Wenn meine Knie schmerzten, fragte ich mich: „Wo bin ich zu fixiert, wo fehlt mir die Flexibilität, wenn es darum geht, voranzukommen?“

Die Antworten kamen nicht immer leicht. Manchmal dauerte es Tage, manchmal sogar länger. Und nein, es war nicht immer das Wundermittel. Aber bevor ich etwas anderes unternahm, stellte ich immer diese Fragen.

Louise Hays Buch ging noch einen Schritt weiter. Sie

erstellte eine ganze Karte, die körperliche Symptome mit emotionalen Mustern in Verbindung brachte. Ich schlage auch heute noch gelegentlich darin nach. Als ich dann auf Seitai stiess, war ich bereits darauf vorbereitet. Seitai basiert auf der Überzeugung, dass der Körper über eine angeborene Intelligenz verfügt - eine natürliche Heilkraft, die, wenn sie nicht blockiert ist, unbewusst daran arbeitet, den menschlichen Körper nach einer gewöhnlichen Krankheit oder Verletzung wieder in seinen normalen Zustand zu versetzen. Die Praxis zielt darauf ab, diese Heilkraft zu wecken, indem sie Hindernisse beseitigt und es dem Körper ermöglicht, sich aus eigener Kraft in Richtung Gesundheit zu bewegen.

Seitai entwickelte sich in einer Zeit grosser Umbrüche - der Zeit um den Zweiten Weltkrieg -, als Meister verschiedener traditioneller japanischer Heilmethoden zusammenkamen. Sie untersuchten und verfeinerten Techniken und behielten nur diejenigen bei, die durchwegs funktionierten. Was daraus entstand, war Seitai: präzise, effizient, zutiefst intuitiv.

Ein Seitai-Praktiker stellt keine Diagnose wie ein Arzt. Stattdessen hört er mit seinen Händen zu. Er tastet das Skelett, die Muskeln und die subtilen Verspannungen ab, die den Körper aus dem Gleichgewicht bringen. Und wenn er die Blockade findet - die Faktoren, die die Selbstheilungskräfte des Körpers schwächen -, wendet er gezielte Techniken an, um dem Körper zu helfen, das Festgefahrene zu lösen und sich daran zu erinnern, wie er sich selbst heilt.

Dr. Kuniaki Imoto, Begründer der Imoto-Seitai-Methode, verglich Seitai einmal mit Massage. „Bei der Massage", sagte er, „drückt der Therapeut gegen den verspannten Muskel, um ihn zu lockern. Aber wenn der Muskel aus einem bestimmten Grund verspannt ist, leistet er Widerstand und die Verspannung bleibt bestehen. Oft verspannt sich der Muskel nach einer Massage einfach wieder." Seitai funktioniert anders. Der Therapeut findet den genauen Punkt, der die Verspannung auslöst. Durch präzisen Druck, der mit jedem Atemzug des Patienten tiefer wird, kann sich der Muskel weiter zusammenziehen und seine Spannung vollständig entfalten. Dann, mit dem tiefen Ausatmen des Patienten, wird der Druck gelöst. Der Muskel, der sich so weit angespannt hat, bis er sich nicht mehr weiter anspannen kann, leistet keinen Widerstand mehr und entspannt sich auf natürliche Weise.

Seitai zu lernen ist sowohl physisch als auch intuitiv: Beobachtung von Körperhaltung, Ausrichtung und subtilen Veränderungen in Atmung oder Anspannung. Ich habe es nie als Beruf ausgeübt, aber es eröffnete mir eine weitere Perspektive zum Verständnis des Körpers. Ich betrachtete das Gelernte als ein Geschenk, das ich gelegentlich mit Freunden oder Familie teilte, sofern sie dafür offen waren. Meine Mutter liebte meine „Seitai-Behandlungen". Sie war fasziniert von der Therapie und schrieb mir einmal, nachdem sie selbst recherchiert hatte:

Seitai nutzt dieselben physiologischen Voraussetzungen wie Akupunktur. Was dort mit Nadeln erreicht wird, geschieht hier mit Händen und Achtsamkeit. Seitai ist überlegen, aber auch schwieriger, da es aktive Mitarbeit des Patienten erfordert und zu weiterer Entwicklung führt, wenn das Unterbewusstsein den Körper ebenfalls erreichen möchte. Man muss zunächst seine Sinne weit öffnen und sich sensibilisieren. Ich verstehe gut, wie es sich anfühlt, wenn man plötzlich etwas spürt, das vorher nicht da war.

Und dann, in der Art, wie nur eine Mutter schreiben kann, fügte sie hinzu:

Ich habe gespürt, dass du in dieser Richtung schon viel erreicht hast. Dein Motto ‚Nichts ist unmöglich' wird dir helfen und dich davor bewahren, dich selbst einzuschränken. Ungeahnte Fähigkeiten schlummern tatsächlich in uns und du bist auf dem Weg, sie zu erwecken. Ich werde Seitai von dir lernen, denn es braucht einen überzeugenden Lehrer, und du kannst mich überzeugen.

Mama war von manchen Aspekten der westlichen Medizin frustriert und suchte daher ständig nach alternativen Wegen. Ihre Suche führte sie tief in die Akupunktur, die sie mehrere Jahre lang in der Schweiz intensiv studierte. Sie reiste sogar nach China, um ihr Wissen und ihre Fähigkeiten noch weiter zu vertiefen. Dort lernte sie auch Qi Gong, eine alte chinesische Praxis, die Bewegung, Atmung und konzentrierte Intention vereint, um die Durchblutung zu fördern, Verspannungen zu lösen und die Lebensenergie des Körpers auszugleichen. Für Akupunkturstudentinnen wie meine Mutter war Qi Gong nicht nur eine körperliche Übung, sondern ein Weg, Energie zu spüren, die Sensibilität zu verfeinern und sich besser auf die Systeme einzustellen, die sie mit Nadeln behandeln lernten. Es half ihr, ihr Verständnis für den Energiefluss zu vertiefen und ihn wieder ins Gleichgewicht zu bringen. Später entdeckte sie auch Ayurveda, das alte indische Gesundheits- und Heilsystem, und besuchte einen Retreat in Indien mit ihrem zweitjüngsten Bruder Hans, der ihre Neugier teilte.

Mama war fasziniert davon, wie östliche Philosophien Prävention, Harmonie und den Respekt vor dem ganzen Menschen betonten. Keine Schnelllösungen. Kein Kampf gegen Symptome. Nur die Einladung, aufmerksam zuzuhören. Unsere Gespräche kreisten oft um diese Ideen. Sie fragte nach, neugierig, wie sich meine Überzeugungen entwickelt hatten, und manchmal lachten wir darüber, wie sehr wir übereinstimmten - durch eine Generation getrennt, aber von denselben Weisheitstraditionen angezogen. Rückblickend erkenne ich, dass unser gemeinsames Interesse an Heilung nicht nur den Körper betraf - es war der Weg, wie wir einander verstanden. Selbst als wir weit voneinander entfernt lebten, sprachen wir eine gemeinsame Sprache: das Vertrauen in etwas Tieferes, Unsichtbares, das aber stets im Verborgenen wirkte.

•••••

Als sich Mamas Gesundheitszustand verschlechterte, reduzierte sie nach und nach ihre geliebten täglichen Spaziergänge im Park und gab sie schliesslich ganz auf, aus Angst zu stürzen. Die Spaziergänge waren ihr immer eine grosse Quelle der Energie und Inspiration gewesen, doch mittlerweile fielen ihr selbst Einkaufen und Kochen schwer. Manchmal brauchte sie drei Anläufe, um eine Mahlzeit fertig zu kochen, auf die sie ohnehin kaum Appetit hatte. Mama wusste, dass ein Herzschrittmacher einen Teil des Problems lösen könnte, aber sie wusste auch, dass er ihre verbleibenden körperlichen Einschränkungen nicht im Geringsten verbessert hätte. Daher kam für sie jede weitere medizinische Hilfe zur Lebensverlängerung einfach nicht in Frage.

Auch der Gedanke an ein Pflegeheim erfüllte Mama mit stiller Angst. Viele ihrer Freunde und Nachbarn waren in Pflegeheime gezogen, und obwohl es einigen von ihnen anfangs gefiel, konnte sich Mama nicht vorstellen, diesen Weg selbst zu gehen. Für sie war es ein Symbol des Verfalls.

Sie hatte gesehen, was hinter diesen sorgfältig gestrichenen Mauern geschehen konnte. Eine Nachbarin, so lebensfroh und voller Geschichten, schien nach ihrem Einzug fast über Nacht zu verkümmern. Ihre Demenz, die vorher nur leicht und gelegentlich auftrat, schien sich dort zu beschleunigen, als würden die Wände selbst ihre Erinnerungen auslöschen. Sicher, manche fanden Trost in den Aktivitäten, den Gesprächen, den strukturierten Tagesabläufen, aber meine Mutter wusste, dass nichts das Leben ersetzen konnte, das sie liebte. Für sie fühlte sich ein Pflegeheim zu sehr wie ein Krankenhaus an: ein Ort, an dem man aufhörte, ein Mensch zu sein und zum Patienten wurde.

Meine Mutter hatte miterlebt, wie Medikamente sich immer weiter anhäuften, bis das ursprüngliche Selbst in Benommenheit verschwamm und der Lebensmut erlosch. Sie hatte zu viele Menschen gesehen, die geistig noch hellwach waren und wie Kinder behandelt wurden, nur weil ihre Haare weiss geworden waren. Eine gute Freundin war in ihrem Zimmer eingesperrt und ihr wurde vorgeschrieben, was sie tun durfte und was nicht. Der Kummer in ihrer Stimme hallte meiner Mutter noch lange in den Ohren. Für sie fühlte es sich an, als würde man ihr die Freiheit, die Unabhängigkeit, die Privatsphäre rauben. Sie hatte das Gefühl, es sei ein Weg, die Alten aus dem Blickfeld zu verbannen, damit der Rest der Welt ungestört weitermachen konnte. Sie hatte gesehen, wie ihre eigenen Eltern monatelang, ja jahrelang künstlich am

Leben erhalten wurden, weit über den Punkt hinaus, an dem das Leben noch jede wahre Freude bereithielt. Sie wusste mit unerschütterlicher Klarheit, dass sie das für sich selbst nicht wollte.

Für meine Mutter war die einzige Möglichkeit - und ihr Traum -, so lange wie möglich zu Hause zu leben und dort zu sterben. Gleichzeitig fürchtete sie, allein zu Hause zu sterben und dass niemand sie finden würde.

Die letzte Sorge war unbegründet, da ich meine Mutter die letzten Jahre lang ein- bis zweimal wöchentlich besucht hatte, nach dem Tod meines Vaters sogar noch häufiger. Zunehmend beschlich mich ein gewisses Unbehagen, wenn ich an ihrer Wohnung ankam, weil ich nie wusste, was mich erwarten würde. Ich war immer froh, wenn die Zeitung nicht mehr im Briefkasten lag, denn das bedeutete, dass sie schon wach war und lebte. In jenem Sommer, bemerkte ich, dass sie zunehmend schwächer wurde und hatte die Vorahnung, dass das kommende Weihnachtsfest ihr letztes sein würde.

Ich war zwar nicht überrascht, aber als meine Mutter sagte, sie sei bereit, EXIT anzurufen, war plötzlich das, worüber wir zuvor nur als Möglichkeit gesprochen hatten, Realität.

Ich sagte ihr, es sei ihre Entscheidung und ich würde sie in allem unterstützen, was sie für richtig hielt, fügte aber auch hinzu, dass EXIT für mich selbst keine Option sei. Ich wusste, dass der durch Medikamente herbeigeführte

Freitod für viele Menschen ein gangbarer Weg war und ich konnte nachvollziehen, dass es einen Weg zum selbstbestimmten Ende eines Lebens ermöglichte. Ich hatte zuvor mit Angehörigen von Menschen gesprochen, die sich für ein Lebensende mit EXIT entschieden hatten und mir war bewusst, dass EXIT diesen Übergang für die Angehörigen sehr erträglich gestaltete. Für mich war es jedoch immer noch ein assistierter Suizid, was sich für mich aus spiritueller Sicht nicht richtig anfühlte und deshalb definitiv nicht der richtige Weg für mich wäre, mein Leben zu beenden. Ich glaube, dass der Weg ins Leben durch die Geburt ein Prozess ist und dass es einen ähnlichen Weg geben muss, dieses Leben zu verlassen. Ich konnte mir nicht vorstellen, wie ein abrupter Lebensabschluss mit EXIT genügend Zeit und Raum geben sollte, das Leben abzuschliessen. Ich war und bin überzeugt, dass ein Leben, das von einem Tag auf den anderen endet, einem erfüllten Leben einfach nicht gerecht werden kann.

Meine Mutter sprach sehr emotional über den Tod und ich hatte das Gefühl, dass in ihr noch einiges ungelöst war, dass Dinge, abgeschlossen oder losgelassen werden mussten. Ich hatte dafür keinen Beweis. Es war einfach ein Bauchgefühl. Ausserdem gefiel mir nicht, dass bei EXIT, da es sich um einen Suizid handelt, die Polizei kommen muss, um zu bestätigen, dass es tatsächlich ein Tod ohne Fremdeinwirkung war. Meine Mutter erwiderte, dass genau das auch ihre Zweifel am EXIT-Verfahren seien. „Aber welche Alternativen habe ich denn?“, fragte sie. Ich hatte keine Antwort.

Im Allgemeinen glaube ich, dass man dass man an dem Tag, an dem man bereit ist, weil man losgelassen hat, was man loslassen musste, wenn man mit seinem Leben im Reinen ist, seinen Körper bewusst und natürlich verlassen kann und im Schlaf stirbt. Ich hatte auch gehört, dass Menschen, wenn sie bereit sind zu gehen oder zu krank zum Leben sind, die Nahrungs- und Flüssigkeitsaufnahme verweigern. So scheint es auch in der Natur zu funktionieren. Alte oder kranke Tiere ziehen sich an einen ruhigen Ort zurück, hören auf zu fressen und warten, bis ihr Körper seine Funktionen einstellt.

Appetitlosigkeit und Durst gehören meist zu den Anzeichen dafür, dass jemand im Sterben liegt. Genau so war es bei meinem Vater in seinen letzten Tagen. Der Grund für den Appetitverlust ist, dass der Körper zu schwach ist, die aufgenommene Nahrung zu verarbeiten. Die verbleibende Energie wird dorthin umverteilt, wo sie am dringendsten benötigt wird.

Meine Mutter erinnerte sich, dass ihre beiden Nachbarn am Ende ihres Lebens ein Sterbefasten eingelegt hatten: einen freiwilligen Verzicht auf Essen und Trinken, um den Sterbeprozess zu beschleunigen und selbstbestimmt zu sterben. Ein Sterbefasten dauert in der Regel zwischen sieben und einundzwanzig Tagen. Ich versicherte meiner Mutter, dass ich viel lieber an ihrer Seite bleiben und sie während dieses Fastens unterstützen würde, als sie innerhalb von dreissig Minuten von jemandem von EXIT begleiten zu lassen. „Wirklich? Würdest du das für mich tun?“, fragte sie etwas überrascht. „Aber sicher“, sagte ich. „Du hast es Papa ermöglicht, so lange wie möglich zu Hause zu bleiben. Das Mindeste, was ich tun kann, ist, dir zu ermöglichen, diese Welt in der Geborgenheit deines Zuhauses zu verlassen.“

Mama war sichtlich erleichtert, und wir beschlossen, uns über den Ablauf dieses Prozesses und die zu erwartenden Herausforderungen zu informieren. Wir wussten beide nicht, was auf uns zukommen würde. Mir war nicht klar, wie ich sie am besten unterstützen konnte, ausser einfach für sie da zu sein und den Arzt zu rufen, falls sie Schmerzmittel brauchte oder eine Krankenschwester zu rufen, die sie wusch und professionell pflegte.

Als ich nach dem Tod meiner Mutter ihren E-Mail-Verkehr mit meiner Schwester las, erinnerte ich mich an dieses Gespräch und mein Versprechen. Es wurde mir klar, dass es letztlich viele Gespräche waren, die einen Prozess des Loslassen, des Annäherns und des Findens eines eigenen Weges für ihre letzten Tage in Gang brachten.

Meine Antwort damals wie heute: *Absolut. Ich werde bei dir sein.*

WURZELN EINER STILLEN STÄRKE

Meine Mutter wurde 1937 in Dresden geboren. Ihre Eltern waren zwei junge Ärzte am Anfang ihres gemeinsamen Lebens. Sie hatten sich im Medizinstudium kennengelernt, zwischen Vorlesungen und den langen Schichten im Krankenhaus verliebten sie sich und heirateten nach ihren Praktika. Meine Grossmutter wurde bald darauf schwanger. Zu jener Zeit waren sie in einem Wettstreit unter Freunden, die ebenfalls ein Kind erwarteten: Ein Mädchen sollte einen Punkt zählen, ein Junge zwei. Ich bin mir nicht ganz sicher, was den Anstoss zu dieser Wette gab, aber so begann die Geschichte meiner Mutter - bereits Teil eines Spiel einer anderen Person.

Als Mama geboren wurde - sie war die Erstgeborene -, war die erste Reaktion ihrer Mutter Enttäuschung: Es war „nur“ ein Mädchen. Doch als ein zweites Baby kam - ein Zwillingsbruder -, wich ihre Enttäuschung dem Stolz.

Sie hatte den Wettstreit schliesslich gewonnen und mit einer Geburt drei Punkte erzielt. Vielleicht war es nur ein heiterer Scherz unter Freunden, aber die Geschichte wurde oft genug erzählt, um sich tief in das Herz meiner Mutter einzuprägen. Sie spürte den Stich der ersten Enttäuschung und trug ihn einen Grossteil ihres Lebens mit sich. Es flüsterte ihr auf subtile und zugleich scharfe Weise zu, dass Frauen nur halb so viel wert seien wie Männer und deshalb doppelt so viel leisten müssten, um mit ihnen mithalten zu können. Dieser Druck, sich zu beweisen, in den Augen ihrer Mutter zu genügen, liess sie nie ganz los, nicht einmal im Erwachsenenalter.

Es war eine turbulente Zeit, eine Familie zu gründen. 1938 wurde Österreich von Deutschland annektiert, und die dunkle Welle der Nationalsozialistischen Partei nahm Fahrt auf. Während seines gesamten Medizinstudiums wurde ihr Vater gedrängt, der Partei beizutreten, doch er weigerte sich - standhaft in seinen Werten, genau wie ihre Mutter. Frisch approbiert, erkannten sie die drohende Gefahr und wollten ihre Familie schützen. Um nicht in einen Krieg eingezogen zu werden, an den sie nicht glaubten, beschlossen sie, so schnell wie möglich eine eigene Praxis zu eröffnen. Doch auch dieser Weg war mit Hindernissen verbunden.

In Dresden wurde meinem Grossvater gesagt, dass er und seine Frau keine bestehende Praxis übernehmen dürften, wenn er nicht der Partei beitrete. Doch er liess sich nicht bestechen. Trotz des Drucks blieb er standhaft. Schliesslich blieb nur noch Hermsdorf als Option: ein abgelegenes Dorf im Erzgebirge nahe der tschechischen Grenze, wo es bisher keinem Arzt gelungen war, eine Praxis zu etablieren. Das Regime hatte es zur „Notfallzone“ erklärt: ein Gebiet, das zu klein und zu schwer zugänglich war, um Interesse zu wecken. Doch für meine Grosseltern war es eine Chance. Sie ergriffen sie und verliessen Dresden - und ihre Familien -, um in diesem verborgenen Winkel der Welt ihre erste Arztpraxis zu eröffnen. Es war ein gewaltiges Unterfangen und sollte sich als eine ihrer prägendsten Herausforderungen erweisen.

Da Hermsdorf mit seinen nur tausend Einwohnern im Vergleich zu Dresden ein winziges Dorf war, wussten meine Grosseltern, dass sie, um mit ihrem Vorhaben Erfolg zu haben und ihre wachsende Familie zu ernähren, nicht nur die Dorfbewohner, sondern auch die Menschen der umliegenden Dörfer versorgen mussten.

Hermsdorf liegt eingebettet zwischen bewaldeten Hügeln, aus denen die Wilde Weisseritz und die Gimmlitz entspringen. Die Landschaft mit ihren sanft abfallenden Feldern, steilen Wiesen und den umliegenden, üppigen Wäldern voller Bäche ist atemberaubend. Die Winter waren jedoch hart, und die Strassen zu den Nachbardörfern kurvenreich und oft unpassierbar. Ab einer Höhe von 650 Metern sinken die Temperaturen rapide, und es konnten bis zu drei Meter Schnee fallen. Für Kinder war es ein

Wunderland - sie sprangen aus dem Fenster im ersten Stock in Schneewehen, rasten mit dem Schlitten die Hügel hinunter und liefen Schlittschuh auf dem zugefrorenen Teich. Doch für Ärzte, die Patienten in den umliegenden Dörfern aufsuchten und deren einziges Transportmittel ein Pferdeschlitten waren, stellten das raue Wetter und die tückischen Strassenverhältnisse eine grosse Herausforderung dar. Das erste Zuhause und die erste Praxis meiner Grosseltern waren bescheidene Räumlichkeiten über dem Dorfpostamt. Mit zwei Neugeborenen und einer spartanisch ausgestatteten Klinik hatten sie kaum Komfort oder Unterstützung. Meine Grossmutter behandelte Patienten in der Praxis, während mein Grossvater durch die Gegend reiste und Hausbesuche machte. Spezialisierungen waren hier nicht möglich, und da das nächste Krankenhaus 40 km entfernt lag, konnten sie auch keine gewöhnlichen Ärzte sein. Sie mussten auf alle Eventualitäten vorbereitet sein: komplizierte Geburten, Knochenbrüche, Infektionskrankheiten und später Kriegsverletzungen. Meine Grossmutter war pragmatisch und ungemein kompetent. Ihre bodenständige, unkomplizierte und praktische Art, Krankheiten zu behandeln, brachte ihr schnell einen fast legendären Ruf ein. Ihre Patienten liebten sie. Sie wurde in vielerlei Hinsicht zum Rückgrat ihrer ländlichen Gemeinde.

Die Praxis florierte, und 1939 konnten meine Grosseltern ihr erstes Haus bauen: das Doktorhaus, wie es noch heute genannt wird. Es liegt an einem Hang nahe der Kirche und unweit der Schule, der Post und des Dorfteichs und wurde im traditionellen regionalen Stil errichtet: dunkles Fachwerk im Obergeschoss, weiss verputzte Wände im Erdgeschoss, kleinteilige Fenster, ein schiefergedecktes Satteldach und eine gewölbte Holztür in der Mitte. Es bot Platz für die Arztpraxis, eine Garage, einen Stall für Pferde und im Obergeschoss für das Personal und die wachsende Familie. Hinter dem Haus grenzte ein Garten an landwirtschaftliche Flächen. Sie pachteten ein Stück Land von den benachbarten Bauern und bauten dort Gemüse, Beeren, Obst und Kartoffeln an. Sie hielten Hühner für Eier und Ziegen für Milch. Sie stellten fast alles selbst her - von den Lebensmitteln, die sie assen, bis hin zu den Kleidern, die sie trugen.

Zwischen 1939 und 1944 bekamen meine Grosseltern drei weitere Söhne. Das Leben war ausgefüllt. Mein Grossvater behandelte weiterhin ambulante Patienten in der Gegend; meine Grossmutter führte die Praxis und den Haushalt. Manchmal, im Laufe des Tages, versuchten die Kinder, Patienten am Betreten des Hauses zu hindern, in der Hoffnung, einen kurzen Moment allein mit ihrer Mutter zu verbringen. Doch es gab immer etwas zu tun. Neben ihrer medizinischen Arbeit nähte meine Grossmutter Kleidung und strickte Wollpullover und Socken - manchmal aus Hunde- oder Schafwolle - und hielt alles mit unermüdlicher Effizienz am Laufen.

Meine Grosseltern hatten zwar einige Haushaltshilfen, die im Haus wohnten und sich um Garten, Tiere und Haushalt kümmerten, aber von den Kindern wurde schon früh erwartet, dass sie mithalfen, zunächst nur zu Hause, später auch in der Praxis. Meine Mutter, als Älteste und einzige Tochter, spürte die Verantwortung am stärksten, obwohl ihre Brüder heute bestätigen würden, dass auch sie mithelfen mussten. Sie kümmerte sich um ihre Brüder, kochte und übernahm alle anfallenden Arbeiten.

Die Familie lebte insgesamt dreizehn Jahre im Doktorhaus mit einer kurzen Unterbrechung am Kriegsende. Es war ein einfaches Landleben. Die Kinder trugen selbstgenähte Kleidung, die von Geschwister zu Geschwister weitergegeben wurde. Spielzeug gab es nur wenig, meist aus Holz geschnitzt, und Spiele wurden spontan erfunden. Sie spielten mit den Nachbarskindern im Garten hinter dem Haus, streiften durch die Wälder, schwammen im Sommer im örtlichen Freibad und liefen im Winter auf dem zugefrorenen Teich Schlittschuh. Da beide Eltern berufstätig waren, genossen sie viel Freiheiten und waren recht frech und schelmisch. Gelegentlich - besonders der Zwillingsbruder meiner Mama - gerieten sie mit den Dorfbewohnern in Schwierigkeiten.

Ihre Pferde dienten als Transportmittel und Spielkameraden zugleich und zogen Karren oder Schlitten mit Kindern in die umliegenden Dörfer. Der Familienhund, ein majestätischer Neufundländer, war ein sanfter Beschützer und ein beliebter Spielkamerad, der gewissen Leuten im Dorf bis heute bekannt ist. Sogar die Familienkatze Mietz hatte ihre Aufgabe - sie hielt die Mäuse fern und holte Mama, zur Freude aller, manchmal von der Schule ab.

Diese Jahre prägten meine Mutter zutiefst: Sie entwickelte eine stille, innere Stärke, geboren aus der Notwendigkeit, genährt von Verantwortung, die sie ihr ganzes Leben lang begleitete. Sie lernte früh, durchzuhalten, ohne Klagen weiterzumachen und das Notwendige zu tun, auch wenn es niemand sah. Sie lernte auch, dass Liebe an Bedingungen geknüpft sein kann, dass man sich Anerkennung verdienen muss und dass Mädchen kämpfen müssen, um etwas zu bedeuten.

Doch unter all dem lag auch ein Fundament aus Können, Kompetenz und Stolz - Eigenschaften, die ihren Lebensweg und mit der Zeit auch meinen prägen sollten.

In vielerlei Hinsicht war es ein Segen für die Familie, in einem so kleinen Dorf zu leben. Weit entfernt vom Feuer und der Wut, die weite Teile des Landes verwüsteten. Selbst während der Bombardierung und totalen Zerstörung Dresdens 1945, von der sie verschont blieben, drangen die Nachwirkungen noch zu ihnen. Meine Mutter erinnerte sich, wie sie mit nur acht Jahren das ferne Grollen der Verwüstung hörte.

Doch als sich das Kriegsende näherte, wuchs eine andere

Angst. Russische Truppen sammelten sich an Deutschlands Grenzen, gierig nach Vergeltung. Die Eltern meiner Mutter, die sich nicht mehr sicher fühlten und verzweifelt versuchten, ihre fünfköpfige Familie zu schützen, trafen die herzzerreissende Entscheidung zu fliehen. Sie luden, was sie tragen konnten, auf ihren Pferdewagen, nahmen eine Ziege für Milch - und ihren verbleibenden Mut - mit und begannen die lange Reise nach Norden, um bei der Familie mütterlicherseits unterzukommen. Ihr geliebtes Zuhause liessen sie zurück.

Tagelang reisten sie, legten Hunderte von Kilometern zurück und ernährten sich nur von Ziegenmilch, trockenem Brot von freundlichen Fremden und dem einen oder anderen Apfel, den sie unterwegs fanden. Sie mussten mehrere Kontrollpunkte passieren, hatten aber keine Passierscheine. Ohne die richtigen Dokumente war jeder Kontrollpunkt ein Glücksspiel.

An einem Kontrollpunkt blockierten alliierte Soldaten ihren Weg. Ratlos, was sie mit dieser deutschen Familie anfangen sollten, murmelte einer der Soldaten die naheliegendste Lösung: Erschiessen. Doch mein Grossvater redete schnell und erfand eine Geschichte, warum sie keine Papiere hatten, erklärte ihr Ziel und warum es so wichtig war, dass sie dort ankamen. Etwas in seiner Stimme - vielleicht die Erschöpfung, vielleicht die Entschlossenheit - überzeugte die Soldaten, sie passieren zu lassen.

Ein anderes Mal wurde mein Grossvater wieder mit vorgehaltener Waffe angehalten und verhört. Als er auf die Frage nach seinem Beruf „Arzt“ antwortete, verstanden ihn die Soldaten falsch und brachen in Gelächter aus. Sie dachten, er hätte „artist” (Künstler) gesagt. Belustigt von der Vorstellung einer Wandertruppe, verlangten sie von den älteren Jungen eine Vorführung. Die Jungen kamen der Bitte nach. Ihre improvisierte Darbietung amüsierte die Soldaten so sehr, dass sie sie nicht nur alle verschonten, sondern ihnen auch Brot gaben und sie durchwinkten.

Andere hatten nicht so viel Glück. Deutsche Zivilisten, die zu spät flohen, insbesondere jene, die von vorrückenden russischen Truppen überrascht wurden, wurden oft aus Flugzeugen oder Panzern beschossen oder unsäglich misshandelt. Vergewaltigung und Mord waren keine Seltenheit.

Als die Familie nach dem Krieg endlich in ihr Haus in Hermsdorf zurückkehrte, fanden sie es verwüstet vor. Sie räumten auf, was sie konnten. Meine Grossmutter, stets praktisch veranlagt, nahm reines Leinen und nähte fröhliche, bunte Figuren darauf - das waren die neuen Vorhänge. Sie sammelte auch alte Fahnen und verlassene Zelte und verarbeitete sie zu Kleidung. Nichts wurde verschwendet.

Nach der Zerstörung Dresdens strömten unzählige obdachlose Überlebende in die umliegenden Gemeinden. Das Haus musste nun mit ein oder zwei anderen Familien geteilt werden. Der Platz war knapp, das Essen noch knapper. Vor dem Krieg standen dem durchschnittlichen Deutschen etwa 3.000 Kilokalorien pro Tag zur Verfügung. Im russisch kontrollierten Osten, wo sie lebten, sank diese Menge nach dem Krieg auf nur noch 1.200 Kilokalorien. Die Familie meiner Mutter überlebte von Ziegenmilch, Haferbrei, gesammelten Beeren und der seltenen Beute einer nächtlichen Hirschjagd. Wenn trotz all dem ihre Vorräte zur Neige gingen, bettelten meine Grosseltern um Kartoffeln, nur um die Kinder zu ernähren.

1949 beschloss mein Grossvater, seine Ausbildung fortzusetzen und begann eine Facharztausbildung zum Internisten. Meine Grossmutter übernahm die Rolle der Hauptverdienerin und führte die Familienpraxis allein weiter, um alle zu ernähren und sein Studium zu finanzieren. Nicht jeder konnte sich eine medizinische Versorgung leisten - manche bezahlten mit Eiern, Kartoffeln oder anderen Dingen des täglichen Bedarfs. Die Verantwortung, die auf den Schultern meiner Grossmutter ruhte, war enorm. Sie konnte es sich nicht leisten, krank zu sein, und beschloss daher, es auch nicht zu werden. Krankheit existiere in ihrer Familie schlichtweg nicht, meinte sie. Selbst als meine Mutter als Kind schwer erkrankte, tat ihre Mutter es ab: „Niemand in dieser Familie wird krank. Stell dich nicht so an. Mach einfach weiter." Und so tat sie es, bis sie nicht mehr konnte. Mama lernte früh, durchzuhalten, weiterzumachen, selbst wenn ihr Körper ihr signalisierte, dass sie aufhören sollte. Der Gedanke, dass alles zusammenbrechen könnte, wenn sie nicht „funktionierte“, verfolgte sie bis ins Erwachsenenalter.

1952 verliess die Familie Hermsdorf und zog nach Blumberg bei Berlin, wo mein Grossvater sein Studium an der weltberühmten Charité abschloss und sich dort als Professor für Medizin habilitierte. Dies berechtigte ihn, selbstständig zu forschen und an der Universität zu lehren. Um die Familie in dieser Zeit finanziell über Wasser zu halten, baute meine Grossmutter erneut eine Arztpraxis auf.

Mama half schon während ihrer Schulzeit zu Hause - beim Kochen, Putzen und, wenn nötig, in der Arztpraxis. Sie hörte zu, beobachtete und lernte viel über Medizin, einfach indem sie mit den Patienten ihrer Mutter zusammen war. Damals begann sie, die Patienten als ganzen Menschen zu sehen, Symptome zu deuten, Schmerz in ihren Augen zu erkennen und ihnen mit Empathie zu begegnen. Sie entwickelte ein tiefes intuitives Verständnis, Menschen zu lesen.

Sie wollte Lehrerin werden. Doch ihre Eltern waren damit nicht einverstanden, da sie diesen Beruf nicht wertschätzten. Sie stellten sie vor eine einfache Wahl: heiraten oder Ärztin werden. So schrieb sich meine Mutter 1955 an der medizinischen Fakultät in Berlin ein.

Mitte der 1950er-Jahre erlebte die Stasi - das Ministerium für Staatssicherheit - ihren Aufstieg. Sie war zu Beginn des Jahrzehnts gegründet worden und entwickelte sich rasch zu einem der aufdringlichsten und repressivsten Geheimdienste der Welt. Jeder, der politisch, kulturell oder religiös „inkorrekte“ Ansichten äusserte, konnte als Staatsfeind gebrandmarkt werden. Denunzianten waren allgegenwärtig, um solche „Feinde“ zu identifizieren, zu diskreditieren und einzuschüchtern. Die Überwachung war unerbittlich und erreichte ein beispielloses, aufdringliches Ausmass bei der Informationsbeschaffung über das Handeln und Reden der Menschen. Ziel war nicht nur Information - es war Kontrolle.

Sie lebten in einem Haus mit bekannten Spitzeln. Obwohl niemand in Mamas Familie offiziell ins Visier genommen worden war, fühlten sie sich ständig überwacht. Es gab keine Sicherheit, keine Privatsphäre, nicht einmal im eigenen Zuhause. Gespräche wurden vorsichtig geführt, manche Sachen wurden nur schriftlich ausgetauscht. Vertrauen war rationiert. Niemand in ihrer Familie mochte die Richtung, die das Land einschlug.

Nach der Staatsgründung der DDR in 1949 flohen Millionen Menschen von Ostdeutschland nach Westdeutschland. Als 1952 die Grenzen abgeriegelt wurden, blieb als einziger Weg nur noch die Route durch Berlin - der Übergang von Ost nach West innerhalb der geteilten Stadt. Für diejenigen, die Zeit in beiden Teilen der Stadt verbracht hatten, war der Kontrast eklatant. Im Westen heilten die Wunden des Krieges schneller als im Osten. Die Menschen hatten Rechte, Meinungsfreiheit, bessere Arbeitsplätze und mehr Chancen.

Im Osten verschärfte sich die Repression. Talentierten jungen Männern aus gebildeten Familien wurde die Möglichkeit zum Studium verwehrt und sie wurden stattdessen zur Arbeit auf eine Kolchose in die Landwirtschaft geschickt. Fachkräfte, Akademiker und Studenten verliessen das Land in Scharen. Die massive Abwanderung hochqualifizierter Fachkräfte höhlte die Wirtschaft aus, und 1958 spitzten sich die Spannungen zu. Die Sowjetunion und die DDR wollten die Massenflucht stoppen und die Kontrolle über ganz Berlin zurückgewinnen. Sie stellten ein Ultimatum. Amerikaner wurden aufgefordert, West-Berlin innerhalb von sechs Monaten zu verlassen. Der Kalte Krieg flammte erneut auf.

Inzwischen war der Wunsch zu fliehen für meine Mutter und ihre Geschwister dringend geworden. Die ganze Familie war sich einig - sie würden gehen. Es war wieder eine herzzerreissende Entscheidung, besonders für ihren Vater, der gerade sein Aufbaustudium abgeschlossen hatte und zwei prestigeträchtige Professuren in Dresden und Greifswald angeboten bekommen hatte. Er hätte beide Stellen nur allzu gern angenommen. Doch mit 48 Jahren und fünf Kindern, die noch in der Ausbildung steckten, wusste er, was wichtiger war: eine Zukunft mit besseren Chancen für sie.

Die Familie plante die Flucht im Geheimen und tat so, als sei alles normal. Ein einziges Wort gegenüber der falschen Person hätte alles zunichtemachen können. Meine Mutter, die bereits in West-Berlin studierte, begann, auf ihren täglichen

Fahrten zur Grenze nach und nach persönliche Gegenstände zu schmuggeln. Sie versteckte sie unter ihrem Kleid oder in Picknickkörben, die angeblich für Studentenpartys bestimmt waren. Jeder Grenzübertritt war riskant und nervenaufreibend. Wäre sie erwischt worden, hätte das verheerende Folgen gehabt.

Als der Tag kam, liess die Familie fast alles zurück - ausser ihrem Mut. Bevor sie mit dem Nötigsten zum letzten Mal die Wohnung verliessen, hängten sie all ihre Zeugnisse und Sportzertifikate an die Wand und kritzelten eine Botschaft für die Zurückgebliebenen: Wo wir keine Rechte haben, haben wir auch keine Pflichten.

Die Familie war nur wenige Jahre vor dem Mauerbau in 1961 nach West-Berlin geflohen. Der Neuanfang war nicht leicht. Mein Grossvater fand Arbeit in einem örtlichen Krankenhaus; meine Grossmutter eröffnete wieder eine Arztpraxis. Meine Mutter, die mitten im Studium war, konnte an die Universität Freiburg im Süden Deutschlands wechseln. Als Älteste lebte sie allein in einem winzigen Zimmer, fernab der Unterstützung ihrer Familie. Es gab Tage, an denen sie nichts als Hoffnung hatte. Sie erlebte bittere Existenzängste und Armut; zeitweise reichte das Geld nicht einmal für das nächste Brot. Inspiriert von Marie Curie, befeuert von ihrer Leidenschaft und ihrem Wissensdurst und getrieben von purer Notwendigkeit, studierte sie tagsüber und arbeitete nebenbei in anstrengenden Nachtschichten und anderen schlecht bezahlten Jobs, um zu überleben. Ihr Wille, ihr Studium so schnell wie möglich abzuschliessen, war unerschütterlich. All ihre Hoffnungen auf ein besseres Leben hingen davon ab. Sie kämpfte sich durch Erschöpfung und einen so intensiven Stress, dass sie an Magengeschwüren litt. Aber es gab einfach keinen anderen Weg.

Trotz der schwierigen Umstände, oder vielleicht gerade deswegen, übertraf sie alle Erwartungen. Ihre Studienleistungen waren so aussergewöhnlich, dass sie für Praktika in Stockholm und Wien ausgewählt wurde. Ohne Zeit zu verlieren, schloss sie ihr Medizinstudium mit nur 23 Jahren ab.

Meine Mutter begann in Krankenhäusern zu arbeiten, um ihre Approbation zu erlangen, und erwarb sich überall, wo sie hinkam, den Respekt ihrer Kollegen. Ihre Vorgesetzten schätzten ihre verantwortungsvolle und zuverlässige Arbeit und lobten sie als gewissenhaft, mitfühlend und hochqualifiziert. Ihre Gabe war mehr als nur Wissen. Sie hatte die aussergewöhnliche Fähigkeit, den Menschen hinter der Krankheit zu sehen - niemals nur eine Diagnose, niemals nur eine Zahl. Mit ihrer Geduld, ihrem tiefen Einfühlungsvermögen und ihrer ruhigen Ausstrahlung konnte sie Menschen das Gefühl geben, gesehen zu werden.

Es war diese Gabe, die zu einem Wendepunkt in der Schweiz führte, als sie mit einer Patientin arbeitete, mit der niemand sonst zurechtkam. Die Ärzte und

Krankenschwestern hatten alle aufgegeben, aber meine Mutter fand einen Weg, eine Verbindung zu ihr herzustellen. Die Patientin, berührt nicht nur von der Fürsorge, sondern auch von der Geschichte meiner Mutter, bot etwas Unerwartetes an: Sie stellte ihr ihre Tochter vor, damit sie nicht so allein sei. Ihre Tochter und Mama hatten allerdings wenig Gemeinsamkeiten, aber die Tochter hatte auch einen Bruder. Der war im Alter von Mama, neugierig und viel mehr daran interessiert, Zeit mit ihr zu verbringen als seine Schwester. Und so lernte Mama meinen Vater kennen.

Trotz ihres natürlichen Talents, ihrer unbestreitbaren Gabe, mit Menschen zu arbeiten und sie zu pflegen, entschied Mama bald, dass die Medizin, zumindest in ihrer konventionellen Form, nicht der richtige Weg für sie war. Chirurgie kam nicht in Frage - sie wurde beim Anblick von Blut ohnmächtig. Aber mehr noch: Sie fühlte zu viel. Sie war sehr emphatisch und identifizierte sich so stark mit ihren Patienten, dass sie sie deren Probleme mit nach Hause nahm, deren Schmerz hallte nachts nach. Es nahm sie völlig ein, und es wurde ihr klar, dass sie so nicht arbeiten und gleichzeitig eine Familie haben konnte. Es würde sie völlig vereinnahmen.

Stattdessen wandte sich meine Mutter der klinischen Forschung zu und setzte ihre wissenschaftliche Akribie für die Entwicklung von Krebstherapien ein. Sie war die erste und einzige Frau in einem Team von vierzig Männern - und sie stach nicht nur durch ihren Intellekt hervor, sondern auch durch ihren Fleiss, ihre Beharrlichkeit und ihr Engagement. Später wurde sie Dozentin. Sie bildete Krankenschwestern aus und verband medizinisches Wissen mit Intuition. Sie lehrte sie nicht nur, wie man Patienten behandelt, sondern auch, wie man sie sieht, wahrnimmt und ihnen zuhört. Sie blieb ungemein neugierig auf den menschlichen Körper und lernte unaufhörlich. Sie besass den Forschergeist einer Wissenschaftlerin und einen unstillbaren Wissensdurst. Sie studierte die neueste medizinische Literatur, suchte stets nach neuen Lösungen und gab nicht auf, bis eine Frage vollständig beantwortet war. Ihre Suche nach Antworten warf oft noch mehr Fragen auf, immer auf der Suche nach der Wahrheit, die die erhofften Veränderungen bewirken konnte, immer nach vorn blickend, immer bereit, an mögliche Lösungen zu glauben und so gut wie möglich daran zu arbeiten.

Meine Mutter war keine konventionelle Ärztin. Sie glaubte, Heilung brauche mehr als Medikamente und kannte auch viele Hausmittel. Denn manchmal halfen schon eine Berührung, frische Luft und Bewegung, viel Wasser trinken, Eis auflegen, um Schwellungen zu lindern, oder ein wenig Schlaf. Manchmal genügte ein kalter Essigwickel, etwas Ingwer, Honig und Pfeffer oder ein Fencheltee, um den Patienten Linderung zu verschaffen. Sie war im wahrsten Sinne des Wortes eine Suchende. Eine Wissenschaftlerin mit offenem Herzen.

„Der Himmel hat den Menschen drei Dinge gegeben, um die Chancen des Lebens im Gleichgewicht zu halten: Hoffnung, Schlaf und Lachen.“

IMMANUEL KANT

AUF DEM WEG ZU MEHR KLARHEIT

In den Wochen vor Mamas endgültiger Entscheidung vertieften wir uns beide in das Thema Sterbefasten. Wir lasen, hörten zu und suchten Rat. Wir waren nicht von Angst getrieben, sondern von einem Drang zu verstehen, zu wissen, was auf uns zukam und uns irgendwie bereit zu fühlen.

Wir fanden und teilten Artikel, Videos und eine bewegende deutsche Dokumentation über Christiane zur Nieden, die fundierte Bücher über Sterbefasten geschrieben hatte. Ihre Arbeit, basierend auf ihren eigenen Erfahrungen, bot uns Orientierung und Zuversicht.

Wir lasen über die verschiedenen Phasen des Prozesses: was körperlich, geistig und emotional geschieht; wie das Hungergefühl schnell vergeht, während der Durst länger anhalten kann; wie Endorphine Linderung verschaffen und manchmal sogar vorübergehend neue Energie geben; und wie der Körper schliesslich seine Funktionen einstellt. All das sind Teile des natürlichen Prozesses.

Ich stiess auch auf Schriften von Sterbebegleitern - spirituellen Begleitern Sterbender - und entdeckte, dass das Fasten bis zum Tod in verschiedenen religiösen Traditionen nicht nur akzeptiert, sondern als heiliger Akt, als spirituelle Praxis, betrachtet wird. Fasten bedeutet in diesen Traditionen nicht einfach nur Nahrungsverzicht, sondern ist ein bewusster Akt der Reinigung, sowohl körperlich als auch geistig.

Im Hinduismus heisst es, dass Fasten die Sinne beruhigt und den Geist stabilisiert - wesentliche Schritte auf dem Weg zur Gotteserkenntnis. Durch die Loslösung von körperlichen Begierden kultiviert der Fastende Disziplin, Klarheit und Hingabe. Fasten wird nicht als Verzicht, sondern als innere Reise gesehen - ein heiliger Raum, in dem sich die individuelle Seele dem Göttlichen annähert.

Die ayurvedische Sichtweise beschreibt Fasten als Mittel, die Rhythmen des Körpers wiederherzustellen und sich mit den natürlichen Zyklen in Einklang zu bringen. Fasten soll geistige Schärfe, emotionale Ausgeglichenheit und ein tieferes Selbstbewusstsein fördern. Für Sterbende kann diese Klarheit eine Art Vorbereitung sein - ein Weg, sich auf den bevorstehenden Übergang einzustimmen.

Im Jainismus gilt die Praxis des Sallekhana oder Santhara - ein allmähliches, freiwilliges Fasten bis zum Tod - nicht als Flucht, sondern als Akt höchster spiritueller

Entschlossenheit. Es wird begonnen, wenn der Tod naht und die üblichen Lebenspflichten erfüllt sind. Ziel ist es nicht, den Tod aus Verzweiflung herbeizuführen, sondern sich mit voller Achtsamkeit und Gelassenheit von Bindungen, Leidenschaften und karmischen Fesseln zu lösen. Anders als beim Selbstmord, der als Folge emotionaler Turbulenzen oder Hoffnungslosigkeit gilt, wird dieses Sterbefasten von Ruhe, Einsicht und dem tiefen Glauben an die Kontinuität der Seele geleitet.

Sowohl hinduistische als auch jainistische Texte betonen den Bewusstseinszustand im Augenblick des Todes, der den Weg der Seele in ihrer nächsten Inkarnation beeinflussen soll. Aus diesem Grund wird die Umgebung des Sterbenden - Rituale, Gebete, die Anwesenheit von Angehörigen - so gestaltet, dass sie Frieden und spirituelle Konzentration fördert. Sterbefasten, bewusst praktiziert, wird so zu einem Weg, harmonisch aus diesem Leben zu scheiden und mit Klarheit ins nächste zu gehen. Im Hinduismus gilt ein solcher Weg als angemessen, wenn ein Mensch keine Wünsche oder Ambitionen mehr hat, alle Pflichten erfüllt sind und die Freuden des Lebens verblasst sind - wenn man bereit ist loszulassen. Das, dachten wir, beschrieb Mama perfekt. Ihre Leidenschaften waren erloschen. Sie hatte keine Wünsche oder Ambitionen mehr. Sie hatte geliebt und war geliebt worden. Ihre Verantwortung war erfüllt - ihr Mann war gestorben, ihre Kinder und Enkelkinder waren selbstständig und gingen bereits ihre eigenen Wege. Ihre Lebensfreude war geschwunden, nicht etwa aus Mangel an Dankbarkeit, sondern weil ihr Körper ihr nicht mehr erlaubte, so zu leben, wie sie es sich wünschte.

Das Sterbefasten wurde für uns beide nicht nur zu einer praktischen, sondern auch zu einer spirituell bedeutsamen Entscheidung - einer Entscheidung, die zu einem natürlichen Tod führen und sicherstellen würde, dass keine Polizei benötigt würde, wie es bei einem EXIT-Programm der Fall gewesen wäre.

Wir sprachen mit Menschen, die Erfahrung hatten, darunter mein lieber Freund Lee, der viele Menschen in ihren letzten Lebensphasen begleitet hatte. Lee ist ein australischer Schauspieler, der zum Yogi und Meditationslehrer geworden war und sein Leben dem Dienst an anderen gewidmet hatte. Ich begegnete ihm zum ersten Mal vor über dreissig Jahren in einer Tokioter U-Bahn-Station. Er war gekommen, um mich abzuholen, damit ich mich auf dem Weg zu einem Einführungskurs zur Meditation nicht verirren würde. Man konnte ihn leicht erkennen. Er stach aus dem Gewusel der vorbeieilenden Menschen hervor, nicht nur, weil er der einzige andere Ausländer unter den Einheimischen war, sondern weil er die Ausstrahlung eines tief geerdeten Menschen hatte. Doch er besass auch einen Hauch von Verspieltheit: die Spur eines Künstlers, der die Bühne noch nicht ganz hinter sich gelassen hatte. Er trug eine innere Disziplin in sich, die aus jahrelanger Übung und Selbstbeherrschung resultierte, doch sie wurde von einer Herzlichkeit gemildert, die ihn sofort zugänglich machte. Noch bevor er sprach, spürte ich in ihm eine tiefe Überzeugung, als ob sein Leben von etwas Grösserem als ihm selbst geleitet würde. Er wirkte gleichzeitig ernst und unbeschwert, spirituell und theatralisch. Seine Gesichtszüge waren beherrscht, fast streng, doch seine Augen strahlten Wärme aus, und er hörte mit einer Art wacher Stille zu. Am meisten beeindruckte mich sein Gesicht. Die Konturen waren scharf, sein Ausdruck ruhig und gefasst, aber in seinen Augen funkelte etwas, eine Art von Lebendigkeit, die Witz, Neugier, vielleicht sogar Schalk verriet. Er machte den Eindruck, als würde er sich nicht einfach nur durch die Welt bewegen, sondern sie hinterfragen und sie, wo immer er auch hinkam, ein wenig aus den Fugen bringen. Noch bevor er mich begrüsste, fragte er mit einem strahlenden Lächeln: „Hast Du schon mal darüber nachgedacht, auf der Bühne zu stehen?"

„Ja", sagte ich und brach in Lachen aus, „aber meine Eltern meinten, ich solle etwas Vernünftiges machen, also habe ich Betriebswirtschaft studiert."

Auf dem Weg zum Meditationszentrum erzählte mir Lee von seiner spirituellen Theatergruppe, the Light Company, und lud mich zur nächsten Probe ein - eine Einladung, die ich gerne annahm.

Über die Jahre hinweg erzählte mir Lee immer wieder von seiner Arbeit in Krankenhäusern mit Krebs- und AIDS-Patienten. Er besucht sie nicht, um sie vom Tod abzulenken, sondern um ihnen zu helfen, ihre Angst vor ihm zu bewältigen, damit sie ihm mit Mut und Würde begegnen können. Er erzählte mir auch von seiner Zeit als Mitglied eines WHO-Teams von Experten für psychische Gesundheit nach dem Tsunami 2004, als er den Menschen half, ihre Trauer und ihren Schock zu verarbeiten.

Es war diese Mischung - die Kreativität des Künstlers, die Disziplin des Lehrers und die Hilfsbereitschaft des Nächsten -, die mein Vertrauen zu Lee wachsen liess. Ich suchte keinen Guru oder Heilsbringer, sondern jemanden, der sowohl die Zerbrechlichkeit als auch die Widerstandsfähigkeit der menschlichen Seele verstand. In ihm sah ich jemanden, der genug Leid erfahren hatte, sein eigenes und das anderer, um mich authentisch und ohne sich zu verstellen zu müssen unterstützen konnte.

Das Gespräch mit Lee über seine Erfahrungen in der Begleitung zahlreicher Menschen in ihrer letzten Lebensphase war äusserst aufschlussreich und wertvoll. Laut ihm liegt das Schöne an diesem Prozess darin, dass man sich darauf vorbereiten und alles durchsprechen kann. Im Sterbeprozess kann das Fasten auch viele Gedanken und Erinnerungen hervorrufen, oft solche, die lange verdrängt oder unterdrückt wurden: manche zum Lachen, manche zum Ärgern und manche zum Weinen. Es mag auch noch Telefonate oder Gespräche geben, die geführt werden müssen, um mit der Vergangenheit abzuschliessen. Aber es gibt keine Eile.

„Es ist gut, dass du jetzt mit den Gesprächen beginnst", sagte Lee und beschrieb den gesamten Prozess. „Man arbeitet sein ganzes Leben durch und lässt alle Einschränkungen, alle Belastungen, alle verdrängten Gefühle los und verarbeitet alle ‚Giftstoffe' der Medikamente, um frei zu sein."

Das sprach mich sehr an, denn meine Mutter hatte mir erzählt, wie sehr sie sich danach sehnte, frei von Schmerzen, Tabletten und unerwünschten medizinischen Eingriffen zu sein. Frei von Verurteilung. Endlich frei. Sie war jahrelang von ihren Blutdruckmedikamenten abhängig gewesen. Inzwischen fühlte sie sich von ihnen vergiftet und konnte es einfach nicht mehr ertragen. Als sie sie im Laufe des Fastens nach und nach absetzte, ohne an die Folgen zu denken, fühlte sie sich sofort viel freier.

Ich sprach mit Lee darüber, wie wichtig es sei, eine friedliche Atmosphäre zu schaffen und welche verschiedenen Aspekte diese beeinflussen könnten. Er ging zunächst sehr pragmatisch vor. „Räum den Raum auf", sagte er. „Lass allfälligen Kram verschwinden, öffne die Vorhänge, lass das natürliche Licht herein. Füge etwas Lebendiges und Schönes hinzu: Blumen, eine flackernde Kerze, Kristalle, die das Sonnenlicht einfangen und kleine Regenbögen an die Wand zaubern. Umgib den Raum mit Fotos von geliebten Menschen oder Bildern, die von Natur, Ruhe und Freude erzählen."

Obwohl meine Mutter schon viel entrümpelt und einige der von ihm erwähnten Dinge bereits im Zimmer hatte, sah ich Möglichkeiten, im Laufe des Prozesses noch ein paar besondere Akzente zu setzen.

Lee erinnerte mich dann daran, dass es nicht nur auf das Sichtbare ankomme. Der Klang sei genauso wichtig. Sanfte Musik, Lieblingsstücke der Klassik, Meditationsklänge, Gesänge und Naturgeräusche wie das Rauschen von fliessendem Wasser, das Plätschern der Wellen am Ufer, der Regen im Wald oder Vogelgesang, können die Atmosphäre beruhigen. „Finde heraus, welche Musik ihr Frieden schenkt", riet er. „Frage frühzeitig und halte die Musik bereit."

Auch Düfte, sagte er, könnten Balsam sein: Lavendel, ein Tropfen ätherisches Öl, etwas, das Ruhe in den Raum bringt. Und vor allem, so betonte er, zähle die Energie, die wir einbringen. Durch Meditation, Liebe und Dankbarkeit könnten wir einen Ort des Friedens schaffen und pflegen. Das bedeute aber auch, den Raum zu schützen und alles zu vermeiden, was negative Gefühle auslösen oder Unruhe stiften könnte, sei es beim Sterbenden oder bei den Wachenden. Er hob die Bedeutung von Präsenz hervor - wahrer Präsenz. „Sei nicht nur körperlich anwesend", sagte er mir. „Sei mit Herz und Verstand da. Sei ganz und gar für die Seele der Sterbenden da. Wenn etwas Deine Aufmerksamkeit ablenken könnte, nimm es wahr, entferne es oder grenze diese Dinge ein, damit sie sich nicht ausbreiten."

Den Grossteil meines Berufslebens war ich selbstständig. und habe mir immer Zeit für wichtige Dinge genommen, während ich gleichzeitig auf den Moment hingearbeitet habe, in dem ich nicht mehr für Geld arbeiten müsste. Ich hatte das Glück, diesen Moment früh in meinem Leben zu erreichen, dank harter Arbeit, Risikobereitschaft und einem glücklichen Händchen bei Investitionen, während wir als Familie stets sparsam lebten. Nach dem Tod meines Vaters reduzierte ich meine Beratungstätigkeit, um Zeit zu haben, die verbleibenden Familienangelegenheiten zu regeln, mich um meine Mutter zu kümmern und mich ein weiteres Mal neu zu erfinden. Die Unterstützung meiner Mutter würde in den kommenden Wochen absolute Priorität haben, daher organisierte ich meine Aufgaben so, dass ich ganz für sie da sein und sie auf ihrem Weg begleiten konnte.

Es gab einen Aspekt, den ich bis zu Lees Ausführungen nicht bedacht hatte: die Kontrolle über meine eigenen Emotionen. Natürlich leuchtete es ein. Wie kann ein Mensch im Angesicht des Todes zur Ruhe kommen, wenn derjenige neben ihm mit Angst, Wut, Trauer oder Widerstand kämpft? Wie Lee betonte, können unsere unbewussten Projektionen zu einer Barriere werden, selbst wenn unsere Worte und Taten etwas anderes suggerieren.

Lee hob auch die Bedeutung des Energiemanagements

hervor - die Selbstfürsorge. Er riet mir, das mitzunehmen, was mich nährt: Essen und Trinken; ein Tagebuch, um den Tag zu verarbeiten, darüber nachzudenken und Träume festzuhalten; Ich brauchte beruhigende Musik und etwas, um mich zu bewegen oder zu dehnen. Ausserdem müsse ich meine Kräfte wieder auftanken und unbedingt ausreichend Ruhe finden, besonders gegen Ende. Die Erfahrung würde sich intensivieren. Ruhe war kein Luxus, sondern eine absolute Notwendigkeit. Man kann nicht aus einem leeren Krug schöpfen.

Ich habe Momente in meinem Leben erlebt, in denen ich völlig erschöpft war und dennoch tief in mir neue Energie fand. Aber selbst wenn ich als Seele unbegrenzte Energie hätte, wäre es sinnvoll, meine Energie in diesem physischen Körper zu managen.

Lee erinnerte mich schliesslich daran, dass jeder Weg ein wenig anders aussieht. Der Hunger schwindet, der Schlaf wird tiefer, die Glieder werden kalt, die Haut verliert ihre Farbe, der Atem verändert sich in Rhythmen, die fremd oder beunruhigend klingen können. Aber nichts davon muss man fürchten. Das sind einfach Zeichen dafür, dass der Körper loslässt. Und vertraue, sagte er. Vertraue der Tiefe des natürlichen Prozesses. Er kennt den Weg.

Lee bot mir an, mich als eine Art „Supervisor“ durch diesen Prozess zu begleiten. Ich nahm dankbar an.

Durch persönliche Kontakte sprach ich mit einer

Schweizerin, die mehrere Patienten in ihren letzten Lebensphasen begleitet hatte, darunter auch ihre eigenen Eltern. Einige hatten sich für Sterbehilfe durch EXIT entschieden, andere starben eines natürlichen Todes. Ich konnte mit ihr über die Erfahrung selbst sprechen und darüber, wie wir uns am besten darauf vorbereiten können. Ihre Einsichten waren praktisch, einfühlsam und beruhigend.

Sie riet mir, Verwirrung - was Ärzte Delirium nennen - als das zu erkennen, was sie sein könnte: ein Durchscheinen des Schleiers zwischen Leben und Tod. Menschen sprechen unter Umständen mit Wesenheiten, die wir nicht wahrnehmen können: verstorbenen Familienmitgliedern, Vorfahren, Schutzgeistern. Sie erinnerte sich an eine Frau, die ihr ganz selbstverständlich ihren verstorbenen Mann vorstellte, der direkt neben ihr am Bett sass, als wäre er nie fort gewesen. Manchmal stehen Menschen plötzlich auf, sogar mitten in der Nacht, überzeugt, etwas Dringendes tun zu müssen, und überschätzen dabei ihre Kräfte. Solche Momente, sagte sie, können sich surreal, ja sogar beunruhigend anfühlen, aber sie sind nicht ungewöhnlich. Was sie von uns verlangen, ist liebevolle Aufmerksamkeit.

Die Betreuerin warnte mich auch vor Emotionen. Es könne zu Ausbrüchen kommen: scharfe Worte oder unerwarteter Zorn. Aber, sagte sie, das sei nichts Persönliches. Es seien lediglich Wellen der Seele, die sich auf den Abschied vorbereiteten; Energie, die durchfliesst, während der Körper seinen Halt lockert.

Irgendwann versagen die Worte, und Sprache ist keine Option mehr. Dann sei es hilfreich, einfache Signale vorbereitet zu haben, um in diesem Moment kommunizieren zu können: ein Nicken, ein Blinzeln, ein Händedruck. Selbst eine sanfte Berührung, sagte sie, kann Halt geben oder Schmerz lindern und die sterbende Person daran erinnern, dass sie nicht allein ist.

Praktischer Komfort hatte in ihren Augen eine besondere Bedeutung. Durst, eines der grössten Leiden im Sterbeprozess, liesse sich mit den kleinsten Gaben lindern: ein Zitronenstäbchen, ein Mundbefeuchtungsspray, ein schmelzender Eiswürfel. Solche einfachen Gesten, sagte sie, hätten mehr Gewicht, als wir ahnen.

Auch die pflegenden Angehörigen selbst bräuchten ein unterstützendes Netzwerk: jemanden zum Reden am Ende eines langen Tages, einen Ort, an dem sie ihre Sorgen ablegen können, und praktische Unterstützung durch einen Arzt, ein Hospizteam, ambulante Pflegedienste wie SPITEX, Menschen, die einspringen oder die Pflege übernehmen können, wenn es für die Hauptpflegeperson zu viel wird.

Schmerzmanagement sollte frühzeitig besprochen werden, betonte sie, damit im Ernstfall keine Panik oder Verwirrung herrscht, sondern nur Fürsorge.

Eine ihrer Beobachtungen fand ich besonders aufschlussreich: den Unterschied zwischen einem schnellen, kontrollierten, medizinisch begleiteten Tod - etwa mit einer Organisation wie EXIT - und dem natürlichen Sterbeprozess. Die energetische Erfahrung eines natürlichen Todes sei im Gegensatz zu einem Tod mit EXIT oft tiefer, umfassender und vollständiger, sagte sie. Sie beschrieb die Energie in der Luft im Moment des Sterbens: dicht, fast schwer und doch heilig. Sie sagte auch, dass sie aus diesem Grund nur noch Menschen auf dem natürlichen Weg begleiten würde.

Dieses Gespräch blieb uns in Erinnerung. Es bestätigte, dass die Entscheidung für ein Sterbefasten, das der Natur ihren Lauf lassen würde, der richtige Weg für Mama war. Es bot ihr die Möglichkeit, jeden Schritt des Loslassens - emotional, körperlich und spirituell - zu durchlaufen, und uns, die wir sie begleiteten, erlaubte es, den gesamten Ablauf ihres Wegs mitzuerleben.

Meine Mutter wandte sich auch an die Tochter ihrer ehemaligen Nachbarn, die beruflich ambulante Patienten betreute und ihre eigenen Eltern auf ihrem letzten Weg durch ein Sterbefasten begleitet und unterstützt hatte. Sie bestätigte, wie zutiefst menschlich und emotional vielschichtig dieser Prozess ist, nicht nur für den Sterbenden selbst, sondern auch für die ihn begleitenden Menschen.

Die Gespräche mit Menschen, die Sterbende auf ihrem letzten Weg begleitet hatten, halfen uns, uns auf eine Weise vorzubereiten, wie es kein Buch und keine Studie je hätte tun können. Sie bereicherten unsere bisher gesammelten

Informationen und lieferten fundierte Erkenntnisse und praktische Tipps - Dinge, die nicht nur die von uns geschaffene Atmosphäre prägten, sondern auch unsere tägliche emotionale und spirituelle Präsenz.

Meine Mutter schätzte die gemeinsame Recherche; diese Erkenntnisse gaben ihr Sicherheit und mir das Gefühl, besser vorbereitet zu sein. Nachdem ich ihr das Interview mit Christiane zur Nieden geschickt hatte, schrieb sie:

> *Vielen Dank für die hilfreichen Beiträge wie diesen und für dieses Video, das für uns beide sehr wichtig ist. Es beleuchtet den Sterbefastenprozess aus verschiedenen Perspektiven und hilft uns, uns auf das Kommende vorzubereiten. Es hat mich sehr beruhigt und mir auch die Gefahren aufgezeigt, z. B. dass man, wenn man sich durch die Endorphine besser fühlt, anschliessend wieder schwach werden kann. Wir müssen noch einige Fragen klären, zum Beispiel, ob ich alle meine Tabletten sofort absetzen kann. Ausserdem möchte ich wissen, wie die Pflege und die Ausscheidung ablaufen.*

Im Interview wird eine Patientin erwähnt, die beschloss, das Fasten zu beenden, als die Endorphine wirkten und sie sich plötzlich besser fühlte. Meine Mutter befürchtete, dass ein kurzfristiges Wohlbefinden falsche Hoffnungen wecken oder Druck erzeugen könnte, in einem Körper weiterzuleben, der ihr nicht mehr dienlich war. Daraufhin antwortete ich:

Ich fand es sehr schön, dass die Frau im Interview ihr Sterbefasten unterbrach, als die Endorphine wirkten. Sie wollte das Leben noch etwas länger erleben, im Wissen, dass sie jederzeit selbstbestimmt gehen konnte und alle sie dabei unterstützten. Das fühlt sich für mich nicht gefährlich an, sondern zeigt mir die Macht der Wahl - und fühlt sich eher wie ein Geschenk an.

Mama antwortete ruhig und nachdenklich:

Ja, natürlich ist es schön, wenn jemand sich entscheidet, noch etwas länger zu bleiben. Aber was bedeutet es für mich, den halben Tag im Bett zu liegen und nicht das tun zu können, was ich liebe?

Ich weiss, du würdest dich freuen, wenn ich es mir noch einmal überlege, falls es mir besser geht. Aber wenn ich aufhöre, ändert sich nichts. Die Einschränkungen bleiben. Ich müsste einfach wieder von vorne anfangen. Und ohne Herzschrittmacher kann ich nicht unabhängig sein.

Soll ich mich jeden Tag auf SPITEX verlassen?

Was ist das für ein Leben? Du musst sehr stark sein, wenn du an meiner Seite bist. Ich habe gerade mit der Tochter unserer Nachbarn gesprochen, die ihren Vater vor einigen Jahren auf seinem letzten Weg begleitet hat. Sie sagt, es sei wirklich nicht leicht für die Angehörigen. Und wenn man im Hinterkopf die Hoffnung hat, dass sich der Zustand körperlich noch bessert … dann fällt es mir schwer, selbst stark zu bleiben. Verstehst du das?

Ich holte tief Luft und schrieb zurück, mit dem Wunsch, klar, bedacht, einfühlsam und aus dem gewachsenen Vertrauen heraus zu antworten.

Ich verstehe. Und ich habe keine Angst.

Ja, die Tochter deiner Nachbarin meinte, das sei nicht einfach für Angehörige. Aber so muss es mir nicht ergehen. Ich vertraue mir und meiner Intuition in diesem Prozess. Ich vertraue dir. Ich vertraue darauf, dass der Weg uns genau zeigen wird, was es wann braucht.

Wir können auch Signale vereinbaren - für den Fall, dass du vielleicht nicht sprechen kannst. Du könntest mir sagen: „Ich habe Schmerzen, aber das ist okay" oder „Ich brauche Hilfe" oder „Ich möchte die Kinder sehen" oder auch „Ich möchte allein sein". Überlege dir, was du mitteilen möchtest, und wir finden Wege, es zu respektieren.

Und dann sagte ich das, worauf es mir am meisten ankam:

Es ist mir eine Ehre, dich in diesem letzten Lebensabschnitt zu begleiten. Ich habe keine Erwartungen. Keine Hintergedanken. Es ist dein Weg, und ich bin an deiner Seite - wie auch immer er sich entwickelt.

Vielleicht wird es Momente der Veränderung geben, vielleicht auch nicht. Vielleicht möchtest du innehalten. Vielleicht auch nicht. Aber wie auch immer sich dieser Weg gestaltet, es ist dein Weg - und das werde ich respektieren.

Ich werde da sein, als Zeuge, voller Liebe. Unterstützt von SPITEX, dem Arzt, vielleicht dem Hospiz. Ich werde nicht eingreifen. Ich werde nicht versuchen, dich umzustimmen. Es gibt kein Richtig und kein Falsch, es ist einfach so, wie es sein soll. Dies ist deine Zeit. Und sie ist so wertvoll.

Ich wollte klarstellen, dass wir sie zwar, wie sie sagte, nicht mehr unbedingt „brauchten". Aber dass wir natürlich unendlich dankbar waren für jeden Tag, den sie noch bei uns war, und betrachteten das als ein Geschenk. Das bedeutete jedoch nicht, dass wir von ihr erwarteten, sich durchs Leben zu kämpfen, oder dass wir sie überreden wollten, ihren Weg aufzugeben. Sie war erleichtert.

Ich hatte geahnt, dass dieser Moment kommen würde, und hatte meiner Familie bereits im Sommer zuvor gesagt, dass ich nicht mit ihnen nach Australien fliegen würde, weil ich das Gefühl hatte, es könnte das letzte Weihnachtsfest mit meiner Mutter sein. Ich begann ihr darzulegen, wie Leben und Tod für mich inzwischen keine Gegensätze mehr waren, sondern Bewegungen im selben Strom, und weshalb mich der Gedanke, sie am Ende ihres Lebens zu begleiten, nicht beunruhigte.

•••••

Ich bin in der Nähe eines Waldes aufgewachsen. Er war mein Spielplatz: eine Welt voller Fantasie und Entdeckungen. Meine Freunde und ich bauten Hütten aus abgebrochenen Ästen, schwangen an herabhängenden Wurzeln, kletterten wie Entdecker auf Bäume und veranstalteten Schnitzeljagden. Im Winter bahnten wir uns Wege durch den Schnee und bauten Rampen für unsere eigene Schlittenbahn. An den Wochenenden unternahmen wir Waldspaziergänge, egal bei welchem Wetter. „Schlechtes Wetter gibt es nicht", sagten wir immer, „nur die falsche Kleidung."

Wir erkundeten die Höhlen und Steinmauern der örtlichen Burg und den moosbedeckten Brunnen, wo der Legende nach eine Prinzessin ihren goldenen Ball fallen liess und einen Frosch küsste, der daraufhin zum Prinzen wurde. Der Wald barg Magie und Mythen, Bewegung und Geheimnisse.

Als ich älter wurde, wandelte sich der Wald von einem Spielplatz zu einem Zufluchtsort: ein Ort, um Dampf abzulassen, mich zu bewegen und Fahrrad zu fahren, aber auch ein Ort, um den Kopf frei zu bekommen, zur Ruhe zu kommen und zu mir selbst zurückzufinden.

Es war hauptsächlich ein Buchenwald - die Bäume hoch und elegant - durchsetzt mit einigen Eichen und Kiefern. Und egal zu welcher Jahreszeit, er hatte immer etwas zu bieten.

Im Winter standen die Bäume kahl da, scheinbar leblos und still. Die Luft war frisch, der Boden hart und oft gefroren oder schneebedeckt, knirschte unter den Füssen. Wir folgten Tierspuren im Schnee, warfen Schneebälle und rasten mit dem Schlitten den Hang hinunter. Eichhörnchen huschten wie kleine braune Schatten zwischen den Bäumen auf der Suche nach Unterschlupf.

Der Frühling brachte die Rückkehr von Farbe und Klang. Der Wald erwachte zu neuem Leben. Die Vögel kehrten zurück, begrüssten die wärmeren Temperaturen und boten bezaubernde Morgengesänge, die die Seele erfreuten. Das Unterholz blühte mit frischen grünen Trieben und zarten Blüten. Rehe freuten sich über das wieder verfügbare Futter. Der Wald gewann seine Farben zurück: frische, leuchtend grüne Blätter. Besonders nach dem Regen lebte der Wald auf: Jedes Blatt satt, jeder Baum sog das Licht auf, um sein Wachstum zu beschleunigen.

Im Sommer erstrahlte das Blätterdach in voller Pracht, warf kühle Schatten und bot an heissen Tagen eine willkommene Abkühlung. Es schützte selbst vor strömendem Regen. Mit etwas Glück konnte man einen Fuchs, einen Dachs oder vielleicht sogar einen Marder im Gebüsch entdecken.

Der Herbst kam mit einem Feuerwerk an Farben - Rot, Orange, Gelb -, die die Bäume erleuchteten und dem ganzen Wald bei Sonnenuntergang einen rostigen Schimmer verliehen, bevor die Blätter zu Boden fielen. Sie raschelten unter unseren Füssen, wenn wir sie zu grossen, wirbelnden Haufen aufstiessen - ein endloser Spass.

Kein Tag glich dem anderen. Es gab immer etwas Neues zu entdecken. Selbst innerhalb einer einzigen Jahreszeit veränderte sich der Wald - man musste nur genau hinsehen.

Ein Wald ist ein riesiges Netzwerk: Uralte Bäume und junger Baumbestand sind alle miteinander verbunden. Zwischen den Bäumen fühlte ich mich immer sicher, friedlich und geerdet. In unserem Wald konnten wir zwei, drei Stunden spazieren und trafen kaum jemanden. Keine Hektik, kaum Lärm. Der perfekte Ort, um sich mit der Natur zu verbinden und zu mir selbst zu finden, egal zu welcher Jahreszeit.

Als ich Anfang der Neunziger nach Tokio zog, vermisste ich diesen Wald sehr. Ich hatte zwar schon mehrere Grossstädten besucht - London, Paris, New York -, aber nichts hatte mich auf Tokio vorbereitet. Es war gigantisch. In Tokio lebten mehr Menschen als in der gesamten Schweiz. Und während sich die Schweiz über Berge und Täler erstreckt, war Tokio dicht besiedelt, die am dichtesten besiedelte Stadt der Welt. Die Fahrt vom Flughafen fühlte sich an wie ein Sprung in ein Betonmeer, das zu den Hochhäusern des Geschäftsviertels führte.

Tokio ist ein pulsierender, geschäftiger, lauter Ort, der vor Energie nur so strotzt. Einkaufsviertel wie Shinjuku sind ein wahrer Reizüberflutungs-Kracher: blinkende Werbetafeln, Lautsprecher, die Werbung und „Irrashai mase!" (Willkommen) - Rufe dröhnen lassen, Musik, die aus jedem Schaufenster strömt und sich mancherorts eher wie eine Spielhalle voller Spielautomaten anhört. Sieben Millionen Menschen pendeln täglich nach Tokio zum Arbeiten oder Studieren, wie ein Ameisenhaufen, der in die U-Bahn-Stationen hinein- und hinausströmt. Die Züge fahren alle zwei bis vier Minuten, jeder über 200 Meter lang. Zur Stosszeit drängen angestellte Männer in Anzügen und weissen Handschuhen die Menschen in die bereits überfüllten Waggons, um den Verkehr in Bewegung zu setzen und die Wartezeiten zu verkürzen. Man steht wie die Sardinen in der Dose - Gesicht an Gesicht, Brust an Rücken - und ringt nach Luft. Ich hatte Glück, gross zu sein; wenigstens musste ich nicht in die Achselhöhle eines anderen blicken.

Und doch, trotz des Chaos, funktioniert alles. Die Gehwege sind oft überfüllt, und die Menschen überqueren Kreuzungen gleichzeitig von allen Seiten und aus allen Richtungen, der Verkehr kommt nur kurz zum Stehen. Wie durch ein Wunder kommt es zu keinem Zusammenstoss. Es ist auf seine Art atemberaubend. Aber auch unerbittlich.

Obwohl es faszinierend war, das geschäftige Treiben Tokios zu erleben, machten es mir die ständige Reizüberflutung, die hellen Lichter, die blinkenden Schilder, kurz: ein Meer aus Geräuschen und Bewegung, schwer, zur Ruhe zu kommen. Ich hatte immer die Natur genutzt, um dem Lärm des Lebens zu entfliehen, neue Kraft zu tanken und durchzuatmen, aber Tokio bot kaum solche Natur. Ja, es gab einige Alleen, Tempelgärten und Parks. Aber selbst dort war es schwer, allein zu sein, sich in der Stille zu verlieren.

Die ruhigeren Parks waren gepflegt, perfekt und oft kostenpflichtig. Sie waren wunderschön, aber ich sehnte mich nach etwas Wilderem: einem unberührten Wald, einem Ort, an dem ich stundenlang spazieren gehen konnte, ohne einer Menschenseele zu begegnen. Ich wusste, ich musste einen anderen Weg finden, mit mir selbst in Kontakt zu treten, inmitten dieser Hektik geerdet und zentriert zu bleiben. Da erinnerte ich mich an etwas, das ich gelesen hatte - nicht im Detail, aber genug, um meine Neugier zu wecken. An der Uni hatte mir meine Mutter Bücher von Thorwald Dethlefsen geschenkt, zum Beispiel „Krankheit als Weg“ und „Schicksal als Chance“. Darin ging es auch um Meditation - innere Kraft, zur Ruhe zu kommen und das Selbst zu zentrieren. Ich hatte noch nie meditiert. Ich wusste nicht einmal genau, was das bedeutete oder wie man es anstellt. Aber es schien mir etwas, dem es sich nachzugehen lohnte. Eines Tages, als ich die Kleinanzeigen in Tokio durchblätterte, entdeckte ich eine Anzeige: „Meditieren lernen, kostenlos“. Ich ergriff die Gelegenheit und wählte die Nummer. Eine freundliche Stimme meldete sich. Sie gehörte Lee. Ich ahnte damals noch nicht, wie sehr dieser eine Anruf alles verändern würde, was danach kam.

Das Meditationszentrum war eine typische kleine japanische Wohnung mit Tatami-Matten. Die Atmosphäre war friedlich - fast, als hätte sich die Zeit beim Eintreten verlangsamt. Eine Ruhe umfing mich, und ich fühlte mich sofort wohl. Eine kleine Gruppe hatte sich zur Einführungsveranstaltung versammelt, und trotz des leisen Geplauders um mich herum lag eine unverkennbare Stille in der Luft.

Bevor wir mit der Meditation begannen, erklärte Lee uns einige grundlegende Ideen zu der Meditationsform, die er uns beibringen wollte: Raja-Yoga-Meditation. Er erläuterte, dass „Raja“ auf Hindi König oder Prinz bedeutet, also jemand mit der Macht zu herrschen, und „Yoga“ Verbindung oder Vereinigung. In der Raja-Yoga-Meditation liegt der Fokus darauf, sich der eigenen Verbindung zu einer höheren Macht in stiller Tiefe bewusst zu werden.

Meditation, so erklärte er uns, bedeute nicht, unsere Gedanken zu stoppen - etwas, das unmöglich sei -, sondern sie zu beobachten und liebevoll in Richtung Frieden zu lenken. „Im Wesentlichen“, sagte er, „bringt diese Verbindung, diese Vereinigung mit einer höheren Macht, Frieden und gibt uns die innere Stärke, uns selbst zu beherrschen und unsere Gedanken und Gefühle zu lenken. Jedes Mal, wenn wir meditieren, speichern wir diesen Frieden in unserem Unterbewusstsein und entwickeln neue Gewohnheiten der Ruhe und des inneren Selbstvertrauens.“

Lee erklärte uns auch verschiedene andere Konzepte, bevor wir uns zu unserer ersten Meditationsübung hinsetzten. Das Konzept, das mich am meisten ansprach, war der „Baum des Lebens". Ich hatte immer an eine höhere Macht geglaubt, fühlte mich aber nie einer bestimmten Religion oder Institution zugehörig. Ich konnte meine Wahrheit und meine tiefsten Überzeugungen nicht erklären, und es war schwierig, ein Modell zu finden, das sich für mich richtig anfühlte. Als Lee uns das Bild des Baumes des Lebens zeigte, machte es tief in mir Klick. Das Bild brachte mein bisheriges Weltbild perfekt auf den Punkt. Es ergab einfach Sinn, und seitdem habe ich oft darauf zurückgegriffen.

Das Konzept war einfach, aber tiefgründig. Am Anfang ist ein Samenkorn. Dieses ist die Quelle, aus der der Baum wächst. Es enthält alles, was aus dem Baum werden wird: Stamm, Äste, Blätter und Früchte. Das Wachstum des Baumes symbolisiert Leben und Spiritualität. Ebenso entsteht der Lebensbaum aus einem Samenkorn, das die Quelle des Friedens repräsentiert: eine höhere Macht, ein höchstes Lichtwesen. Es hat keinen Körper, ist weder männlich noch weiblich; es ist unendliches Licht, ein Meer aus Frieden, Liebe und Weisheit. Dieses Licht, diese höhere Macht, bestraft uns niemals; es ist wie ein liebender Vater, eine liebende Mutter, die uns in Zeiten der Not unterstützen und helfen wollen.

Beim Anblick des Lichtpunkts, umgeben von warmen

Orangetönen, überkam mich ein überwältigendes Gefühl der Stille. Es war das Gefühl, von etwas Grösserem als mir selbst getragen und geliebt zu werden. Es war, als wäre diese höhere Macht nicht fern oder abstrakt - sie war nah, persönlich und nährend.

Der Stamm des Baumes symbolisiert eine Zeit der Einheit: ein goldenes Zeitalter, in dem die gesamte Menschheit mit der Quelle verbunden war. Im Laufe der Zeit entstanden verschiedene Religionen - Judentum, Christentum, Buddhismus, Islam. An den Wurzeln jedes Zweiges stand ein Bote: jemand, der versuchte, die höhere Macht so zu erklären, dass seine Gemeinschaft, sein Zweig des Volkes, sie verstehen konnte. Doch mit der Zeit verwechselten die Menschen oft den Boten mit der Quelle selbst, was zu Spaltungen führte. Es ist fast so, als wäre der Baum von seinen Wurzeln abgeschnitten worden, und infolgedessen entwickelte jeder Zweig seine eigene Vorstellung davon, wer die höhere Macht ist. Religiöse Kriege, Konflikte und Missverständnisse entstanden, weil jeder Zweig glaubte, sein Verständnis der höheren Macht sei das einzig richtige. Doch wenn wir den Baum als Ganzes betrachten, erkennen wir, dass seine Schönheit in seiner Vielfalt liegt. Alle Zweige, so unterschiedlich sie auch sein mögen, sind Teil desselben Baumes und versuchen jeweils, dieselbe höhere Macht auf ihre Weise zu erklären. Es ist, als läge die Schönheit des Baumes in der Unterschiedlichkeit seiner Zweige, von denen jeder zum Ganzen beiträgt. Betrachten wir dieses grössere Bild, sehen wir, dass alle Religionen, Kulturen und spirituellen Praktiken Teil derselben gemeinsamen Suche nach dem Göttlichen, nach Wahrheit und nach Frieden sind. Sie alle haben ihren Platz, und jeder Mensch auf dieser Welt ist eine einzigartige und wundervolle Dekoration an diesem Baum.

Als Nächstes führte uns Lee durch die uralte Frage: „Wer bin ich?“ Die meisten in der Gruppe antworteten mit Angaben zu ihrer Herkunft, ihrem Beruf und ihrer Rolle in der Familie und verwendeten Beschreibungen dessen, was ihnen gehört, anstatt zu beschreiben, wer sie sind. Lee ermutigte uns, tiefer zu gehen und über diese äusseren Etiketten hinauszublicken.

„Ich habe keine Seele“, sagte Lee. „Ich bin eine Seele.“ Die Seele, erklärte er, sei ein Lichtpunkt, ein Bewusstsein, das sich in der Mitte der Stirn zwischen den Augen befinde. Ich hatte nie darüber nachgedacht, wo genau die Seele im Körper sitzt. Aber andererseits sagen wir ja, die Augen seien die Fenster zur Seele. Lee erklärte weiter, die Seele sei das wahre „Ich“, das bewusste, denkende, fühlende und entscheidende. Sie wähle einen Körper und Umstände für ihre Geburt, die es ihr ermöglichen, das Leben mit all seinen Empfindungen, Grenzen, Herausforderungen und Triumphen zu erfahren und ihr die Möglichkeit geben, zu wachsen und sich zu entwickeln. Die Seele selbst stirbt nie. Sie ist es, die dem Körper Leben einhaucht. Der Körper ist nur ein Gefäss, und wenn die Seele ihn verlässt, kann der Körper nicht mehr leben.

Zum ersten Mal verstand ich es. Ich war nicht mein Körper, mein Job oder irgendeine der Etiketten, die ich mir selbst aufgeklebt hatte. Ich war eine Seele: ein bewusster, strahlender Lichtpunkt. Diese Erkenntnis veränderte alles. Sie war nicht nur intellektuell; sie berührte mich tief im Inneren. Ich konnte sie in meinen Knochen, in meinem ganzen Wesen spüren. Die Seele ist das Wesen dessen, wer ich wirklich bin.

„Setzt Euch bequem hin“, wies Lee uns an. „Entspannt eure Körper, eure Hände, eure Füsse, eure Nacken. Beruhigt den ganzen Körper mit euren Gedanken, entspannt euch, werdet ganz still. Atmet tief ein und langsam wieder aus. Jetzt richten wir unsere Aufmerksamkeit auf unsere Gedanken.” Fast mein ganzes Leben lang hatte ich mich mit meinem Körper identifiziert - mit dem, was ich im Spiegel sah, mit den körperlichen Empfindungen. Doch in diesem Moment verstand ich, dass da etwas viel Tieferes in mir war. Etwas Zeitloses. Meine ganze Kraft, Intelligenz, meine Fähigkeit zu lieben, Glück und Frieden zu empfinden - all das war (und ist) in mir enthalten. „Ich bin ein spirituelles Wesen, eine strahlende Seele“, erinnerte ich mich.

Mit klarem, ruhigem und konzentriertem Geist visualisierte ich mich als Lichtwesen. Ein funkelnder Stern, ein lebendiges, bewusstes Wesen. Um mich herum war Licht über Licht über Licht. Und als ich mich auf den Lichtpunkt in der Mitte meiner Stirn konzentrierte, begann etwas Tiefgreifendes zu geschehen. Ich bemerkte, wie mein Körper ganz sanft zu vibrieren begann und sich in winzigen Kreisen hin und her bewegte. Und während ich weiterhin langsam und ruhig atmete, veränderte sich mein Bewusstsein. Einen Moment lang spürte ich meinen Körper und meine Haut als seine Grenze. Im nächsten Moment spürte ich die Grenzen meines Körpers nicht mehr. Der Raum um mich herum fühlte sich wie ein Gefäss an, und mein Körper hatte sich ausgedehnt, um den Raum selbst einzuschliessen. Dann schienen sogar die Wände des Raumes zu verschwinden. Ich schwebte schwerelos, körperlos, umgeben von warmem, goldenem Licht, und erlebte ein tiefes, grenzenloses Gefühl von Liebe und Verbundenheit. In diesem Moment war ich präsent, ruhig und eins mit allem. Es gab keinen Schmerz. Ich war stark, kraftvoll und unlimitiert, als wäre alles möglich. Das Gefühl war aussergewöhnlich.

Ich hatte so etwas noch nie erlebt. In meiner Kindheit erlebte ich Astralreisen, wo ich mich von der Decke aus im Bett schlafend beobachten konnte. Aber diesmal war es anders. Ich nahm meinen Körper überhaupt nicht wahr. Es gab kein Schweben über mir, kein Distanzgefühl. Es war, als wäre ich mit dem Licht selbst verschmolzen. Die Zeit schien bedeutungslos. Ich wusste nicht, wie lange ich in diesem Zustand gewesen war, hatte keine Ahnung, was Lee in dieser Zeit gesagt hatte, und das war auch nicht nötig. Ich war völlig in die Erfahrung vertieft. Ich war selbst zum Licht geworden: reine, unbegrenzte Energie.

Schliesslich holte mich entweder ein Gedanke oder Lees geführte Meditation allmählich zurück. Ich nahm meinen Körper und den Raum um mich herum wieder wahr. Doch die Erfahrung hatte mich verändert. Ich hatte mir über den Tod oder das, was nach dem Tod geschieht, keine grossen Gedanken gemacht, zumindest nicht tiefgründig. Aber in diesem Moment der Stille, umgeben von goldenem Licht, erlebte ich etwas Unbestreitbares: das Gefühl, reines Bewusstsein zu sein, eine Seele, losgelöst vom Körper. Dieses stille Wissen verankerte sich tief in mir, und obwohl ich es damals nicht ahnte, sollte es zu einem der stärksten Anker in meinem Leben werden: ein Glaube, der mich eines Tages durch die wohl bedeutendsten Tage meines Lebens tragen würde - jene Tage, die ich an der Seite meiner Mutter verbrachte.

•••••

„Seit Japan", schrieb ich als Antwort auf die E-Mail meiner Mutter, „bin ich überzeugt, dass wir Seelen sind, die das Leben in einem Körper erfahren. Und ich sehe diese Reise als einen Weg, auf dem du bewusst zu deiner unbegrenzten Form zurückfindest. Wo aller Stress und aller Schmerz verschwinden und du leicht, leicht und frei sein wirst. Deshalb ist der Tod für mich nichts Trauriges oder Beängstigendes, sondern ich freue mich, dass du dieses Gefühl haben und von deinem körperlichen Leiden befreit sein wirst.“

Ich erzählte Mama, dass ich mich an einen wunderschöner Film von Wim Wenders erinnerte, „Der Himmel über Berlin“. Darin ist ein Engel es leid, alles, was die Menschen tun, nur als Zuschauer zu beobachten, und möchte selbst ein Mensch werden, um die Gefühle eines Menschen zu erfahren. Dabei lernt er die hellen und dunklen Seiten dieser Form und ihre Grenzen kennen.

„Sind wir nicht alle Engel auf Erden?“, fragte ich. „Seelen, die sich für dieses Leben einen Körper ausgesucht haben und das Leben mit und durch diesen Körper erfahren?“

Ich wiederholte mich vielleicht, aber ich war ganz im Redefluss und brachte meine Überzeugung zu diesem Thema in Worte. „Ich glaube, wir sind nicht unsere Körper und wir sind nicht unsere Gedanken. Wir sind reine, unbegrenzte Energie der Seele, der Liebe. Wir sind Licht, und das ganze Leben ist ein Erinnerungsprozess, ein Erinnern daran, wer wir wirklich sind.“

Als Mama zurückschrieb, war ihr Tonfall sichtlich erleichtert. „Du hast mir eine wunderschöne E-Mail geschrieben. Danke, dass du dich dem mit mir stellst und für mich da bist. Ich weiss nicht, wie sich das entwickeln wird. Ich weiss nur, dass ich es will.“

Mama hatte die letzten achtzehn Monate täglich Selbsthypnose praktiziert, um ihre Ängste zu bewältigen. „Sie bringt mich an einen wundervollen Ort", schrieb sie, „wo alle Sorgen, aller Schmerz, alle Lasten verschwinden. Dorthin möchte ich gehen. Es ist nicht mehr nur eine Idee. Es ist zu einem echten Wunsch geworden. Aber ich spüre meine Grenzen jeden Tag mehr. Ich bin nicht mehr unabhängig. Und ich habe Ängste - nicht vor dem Sterben, sondern davor, nicht stark genug zu sein. Aber zu wissen, dass du da bist und mich auffängst, wenn ich schwächele, hilft mir."

Um das Ganze etwas aufzulockern, erzählte ich Mama von einem Mann, der seine eigene Beerdigung erleben wollte. Er wollte hören, was alle über ihn zu sagen hatten, und lud deshalb alle, die zu seiner Beerdigung gekommen wären, zu einer Art „Abschlussfeier" ein, als wäre das Leben die Schule und diese Feier der Abschlussball.

Wenn ich auf Mamas Leben zurückblicke, sehe ich, dass sie sich in ihrem Studium und in jedem Job durch ihre Persönlichkeit, ihr Wissen, ihre Einstellung und ihre Arbeitsmoral Anerkennung verdient hat. Selbst als einzige Frau unter vierzig Männern stach sie hervor, indem sie die Erwartungen stets übertraf, sei es in der Patientenversorgung, in der klinischen Forschung oder in der Ausbildung von Pflegekräften.

Auch als Mutter gab Mama alles. Da sie selbst von berufstätigen Eltern erzogen wurde, kannte sie den Preis der

Abwesenheit und stellte ihre Kinder immer an erste Stelle. Sie gab ihre Karriere auf, teils weil mein Vater meinte, er brauche keine Frau, die ihre eigenen Ambitionen verfolgt, sondern jemanden, der ihm den Rücken stärkt und sein Geschäft unterstützt, teils aber auch, weil sie eine gute Mutter sein wollte. Sie war zu Hause und verbrachte viel Zeit mit uns, bis wir Kinder in die Schule kamen. Danach arbeitete sie so, dass der Haushalt reibungslos weiterlief, ohne dass wir ihre Abwesenheit bemerkten. Sie war da, wenn wir zu Hause waren, bereitete uns warme Mahlzeiten zu und stand uns in schwierigen Lebenslagen zur Seite.

Als Kinder verstanden wir nie, was sie dazu bewog, zu Hause zu bleiben. Wir hielten es für selbstverständlich und wussten es erst viel später richtig zu schätzen. Rückblickend war es ein grosses Privileg - ein Geschenk der Stabilität und Unterstützung, das mir ein tiefes Gefühl der Geborgenheit gab, da ich wusste, dass ich immer gut versorgt war.

Mein Vater hatte eine ähnliche Einstellung, aber sein Antrieb war weniger, sich zu beweisen, sondern vielmehr das Streben nach Exzellenz. Er träumte einst davon, ein Hotel zu leiten, übernahm aber stattdessen den Familienbetrieb, als sein Vater krank wurde, kurz bevor er selbst Vater wurde. Er führte sein Unternehmen wie ein Hotel, mit null Fehlertoleranz, forderte von seinen Mitarbeitern aussergewöhnlichen Service und war stets darauf bedacht, die Bedürfnisse seiner "Gäste" - Kunden vorauszusehen und zu übertreffen. Er fand immer etwas, das im Betrieb nicht den Standards entsprach, und obwohl die Mitarbeiter stets bemüht waren, es allen recht zu machen, hatten sie oft das Gefühl, ihre Anstrengungen reichten nicht aus.

Dieselben hohen Ansprüche legte mein Vater auch zu Hause an. Er schätzte ein ordentliches, aufgeräumtes Haus und wies sofort darauf hin, wenn etwas nicht an seinem Platz war: ein Buch im falschen Regal oder Fingerabdrücke an den Fenstern. Ihm fielen diese Flecken mehr auf als die herrliche Aussicht draussen.

Mama sorgte dafür, dass das Haus sauber und ordentlich war. Sie erledigte die Einkäufe und kochte, während wir unterwegs waren, damit wir jeden Tag pünktlich essen konnten. Ich bin mir nicht sicher, wie viel davon von ihrem Wunsch getrieben war, „gut genug" zu sein. Wahrscheinlich hätte sie es sowieso getan. Aber da sie Papas Vorlieben kannte, achtete sie besonders darauf und putzte, wenn er arbeitete oder wir in der Schule waren. So konnte sie bei uns sein, wenn wir zu Hause waren, und ihn nicht stören, wenn er am Wochenende von zu Hause arbeitete.

Mama behielt diese Routine bei, bis Papa starb. Erst dann, in der Stille, bemerkte sie, wie sehr sie ihr Leben auf seine Bedürfnisse ausgerichtet hatte und wie oft sie ihre eigenen Interessen zurückgestellt hatte. Mama war effizient und störte andere so wenig wie möglich, aber ich bin mir nicht sicher, ob Papa jemals wirklich zu schätzen wusste, wie viel

Mühe sie sich gab, Haus, Leben und Mahlzeiten so gut zu organisieren.

Nachdem sie über meine Geschichte von der „Abschlussfeier" nachgedacht hatte, antwortete Mama:

Ich glaube, ich habe die Prüfung des Lebens bestanden und habe es gut gelebt. Ich hatte ein wunderschönes Leben, habe meinen Mann bis zum Schluss unterstützt, bin um die Welt gereist, habe Spuren hinterlassen, wundervolle Kinder und Enkelkinder grossgezogen und sie auf ihren eigenen Weg begleitet. Jetzt seid ihr alle selbstständig und braucht mich nicht mehr.

Sicher wäre es aufregend, euren Sohn auf der grossen Bühne zu erleben, eure Tochter in ihrem Beruf aufblühen zu sehen oder zu erleben, ob es Urenkel geben wird. Aber wenn es dann Urenkel gibt, wäre es auch aufregend, sie aufwachsen zu sehen und zu beobachten, was aus ihnen wird.

Wann wäre es jemals genug? Ist es nicht egoistisch, gierig und unersättlich von mir, immer mehr zu wollen, wie jemand, der nie zufrieden ist? Ich bin so glücklich und dankbar für das Leben, das ich gelebt habe. Ich war schon überglücklich über meine Enkelkinder, weil ich damals eine sogenannte „alte" Erstlingsmutter war. Es gibt nie den perfekten Zeitpunkt, um einen Schlussstrich zu ziehen. Aber es gibt den richtigen Zeitpunkt.

Mamas Worte sind mir im Gedächtnis geblieben: Es gibt nie den perfekten Zeitpunkt, um einen Schlussstrich zu ziehen, aber es gibt den richtigen. Vielleicht gilt das für uns alle - nicht nur im Tod, sondern bei jedem Loslassen, in jedem Moment, in dem wir darauf vertrauen, dass das, was wir gegeben haben und wer wir waren, genug war.

„Jeder muss seinen Frieden in sich selbst finden. Und der Frieden, um echt zu sein, darf nicht von äusseren Umständen abhängen."

MAHATMA GANDHI

WENN DIE ZEIT GEKOMMEN IST

Meine Mutter war sehr emotional, als sie mir von ihrem Wunsch erzählte, und ich spürte, solange sie so bewegt war, wenn sie über ihr Lebensende sprach, war sie noch nicht bereit zu gehen. Ich überlegte, wie ich ihr das veranschaulichen könnte.

In meinem Leben sind viele Dinge geschehen, die andere für unmöglich hielten. Eine Kundin von mir, die eine Branding-Agentur leitete, nannte mich einen conscious creator. Sie ermutigte mich, über die Denkweise zu schreiben, mit der ich diese Dinge erreicht hatte. Sie war der Meinung, die Welt brauche mehr conscious creators, um eine liebevollere und nachhaltigere Welt zu schaffen. Ich fühlte mich von diesem Ziel inspiriert und war gerade dabei, über den Prozess sowie das Mindset, die Werte, Überzeugungen und Gewohnheiten zu schreiben, die nötig sind, um bewusst alles zu erschaffen zu können, was man sich wünscht, als meine Mutter mit ihrer Bitte an mich herantrat.

In meiner Arbeit beziehe ich mich oft auf Dr. David Hawkins' Bewusstseinskarte, die wertvolle Einblicke bietet, wie Emotionen unsere Fähigkeit beeinflussen, bewusst das zu erschaffen, was wir im Leben wollen. Hawkins mass die Schwingungsenergie von Emotionen in über 250.000 Tests. Emotionen wie Schuld, Traurigkeit, Enttäuschung und Wut befinden sich am unteren Ende des Spektrums, während Akzeptanz, Vergebung, Dankbarkeit, Liebe, Freude und Frieden am oberen Ende liegen. Das Grundprinzip ist, dass man, um etwas zu erschaffen, seine persönliche Energie mit der Energie des Gewünschten in Einklang bringen muss. Es ist schwer, etwas anzuziehen, das Freude bereitet, wenn man traurig ist. Doch wenn man bereits voller Freude ist, fliegen einem freudvolle Dinge, Menschen und Erlebnisse leicht zu. Gleichermassen war ich der Überzeugung, dass man, um bewusst zu sterben - und wahrhaft in Frieden zu ruhen -, die niederschwingenden Emotionen und alles, was sie hervorbringt, loslassen muss und einen Weg finden muss, um Dankbarkeit und Frieden in der jeweiligen Situation zu finden. Die Bewusstseinskarte zeigt die notwendigen Schritte für jede gewünschte Veränderung auf.

Ich wusste, dass meine Mutter bereits viel emotional und physisch vorbereitet hatte. Sie hatte ihren Besitz reduziert, viele Dinge verschenkt und entrümpelt. Sie war mit ihren Lebensentscheidungen im Reinen und hatte ihr Testament bezüglich ihres Besitzes, ihres Körpers - für den Fall eines Krankenhausaufenthalts - und der Regelungen für die Zeit nach ihrem Tod verfasst. Da sie aber trotzdem noch sichtlich emotional war, dachte ich, es gäbe vielleicht noch Dinge zu klären, Gespräche zu führen, Dinge und Gefühle auszudrücken und loszulassen sowie Menschen, mit denen sie in Kontakt treten wollte.

Meine Mutter zögerte, offen über ihre Absicht zu sprechen, aus Angst vor Verurteilung, Missverständnissen oder dem Ausreden. Doch dank meines Feedbacks nutzte sie die Wochen vor Weihnachten intensiv. Sie telefonierte lange und herzlich und schrieb persönliche Briefe an die Menschen, die ihr Leben geprägt und mit ihr geteilt hatten. In jedem Brief drückte sie neben Weihnachtsgrüssen ihre tiefe Dankbarkeit aus - für gemeinsame Erinnerungen, bedeutungsvolle und inspirierende Gespräche sowie die Liebe, Unterstützung, Ermutigung und Wertschätzung, die sie erfahren hatte. Sie fügte auch ein Gedicht eines unbekannten Autors über das Glück bei und darüber, dass Glück gar nicht so selten ist, wenn man weiss, wo man suchen muss. Ich habe es hier übersetzt:

Glück ist gar nicht so selten,
Glück ist überall beschert,
Vieles kann als Glück uns gelten,
was das Leben uns so lehrt.

Glück ist jeder neue Morgen,
Glück ist bunte Blumenpracht,
Glück sind Tage ohne Sorgen,
Glück ist, wenn man fröhlich lacht.

Glück ist Regen, wenn es heiss ist,
Glück ist Sonnenschein nach einem Guss,
Glück ist, wenn ein Kind Eis isst,
Glück ist auch ein lieber Gruss.

Glück ist Wärme, wenn es kalt ist,
Glück ist ein weisser Meeresstrand,
Glück ist Ruhe, die im Wald ist,
Glück ist eine Freundeshand.

Glück ist eine stille Stunde,
Glück ist auch ein gutes Buch,
Glück ist eine frohe Runde,
Glück ist ein freundlicher Besuch.

Glück ist niemals ortsgebunden,
Glück kennt keine Jahreszeit,
Glück hat immer der gefunden,
der sich seines Lebens freut.

Liebe schenken, Freude geben,
dankbar und zufrieden sein,
ist das höchste Gut im Leben
und schliesst alles Schöne ein.

Mamas Briefe kamen nicht nur an, sie berührten die Herzen. Ihr Telefon klingelte so oft wie seit Monaten nicht mehr. Ihre Worte lösten eine Reihe herzlicher Gespräche und eine Welle der Dankbarkeit aus, die zu ihr zurückkehrte. Einige lang vermisste Freunde meldeten sich unerwartet. Andere, die ihr besonders nahestanden, riefen mehrmals an, um sich für ihre tröstlichen Worte zu bedanken.

Ich war inspiriert von dem, was ihre Botschaften ausgelöst hatten, und wir beschlossen als Familie, dasselbe für sie zu tun. Deshalb schlug ich vor, dass jeder von uns einen persönlichen Brief an sie schreibt, in dem wir unsere Liebe und Wertschätzung ausdrücken und teilen, was wir von ihr gelernt und durch ihre Anwesenheit in unserem Leben erhalten hatten.

Es fühlte sich richtig an: besser, als bis zur Beerdigung zu warten, um all das auszusprechen. Wir wollten, dass sie es jetzt hörte und fühlte, solange sie noch bei uns war, und ihre Reaktion sehen. Es war Teil unseres eigenen Loslassprozesses. Es gab uns Frieden und schenkte ihr etwas Kostbareres als jedes Geschenk: unsere Worte, unsere Erinnerungen, unsere Dankbarkeit.

Unsere Briefe ergaben zusammen ein kleines Büchlein: eine Sammlung von Liebesbekundungen und Dankbarkeit, die wir ihr schenkten. Sie war gerührt. Tief bewegt. Manche Erinnerungen brachten sie zum Lachen, andere zu Tränen. Sie dankte jedem von uns persönlich und bewahrte das Büchlein bis zuletzt auf ihrem Nachttisch auf. In den folgenden Wochen las sie es immer wieder. „Ich bin die glücklichste Grossmutter", sagte sie und hielt es fest an sich gedrückt. „Es gibt wohl nicht viele, die so ein Büchlein bekommen."

•••••

Am 13. Dezember schrieb meine Mutter einen Brief an ihren Hausarzt, der sie schon seit vielen Jahren kannte.

> *Am 29. November wurde mein Nieren-Stent kontrolliert. Er war in Ordnung und nicht für meine Blutdruckprobleme verantwortlich. Da sich meine Symptome unter der Einnahme von zweimal täglich 5,5 mg Coveram (Blutdruckanstieg nach der Einnahme, wiederholte Ohnmachtsanfälle mit Sehstörungen, gefolgt von starkem Schwitzen, Herzklopfen und Übelkeit) immer weiter verschlimmerten, setzte ich Coveram ab. Ich nehme jetzt zweimal täglich 2,5 mg Bilol und 1 mg Temesta zum Schlafen und habe beschlossen, ab dem 20. Januar mit einem Sterbefasten zu beginnen, da ich aufgrund meines Gesundheitszustandes nicht mehr selbstständig leben*

kann. Mein Sohn möchte mich begleiten.

Ich möchte Sie daher fragen, ob Sie uns, sofern es Ihnen möglich ist, so bald wie möglich einen Hausbesuch anbieten können, um mit meinem Sohn und mir zu sprechen und alle offenen Fragen zu klären.

Sollte sich vorher eine Erkrankung entwickeln, die einen Krankenhausaufenthalt erforderlich macht oder ich mich nicht mehr äussern kann, bitte ich Sie, mich mit meiner Patientenverfügung in ein Hospiz aufzunehmen und meine Flüssigkeits- und Nahrungsaufnahme einzustellen.

Kurz vor Weihnachten besuchte uns ihr Hausarzt. Wir wollten ihn frühzeitig einbeziehen, ihn zum Sterbeprozess und Sterbefasten befragen und ihn insbesondere nach Schmerztherapien und anderen wichtigen Punkten fragen. Er wusste von ihren zunehmenden körperlichen Beschwerden und erinnerte sich an ein Gespräch über EXIT, das sie fast drei Jahre zuvor geführt hatten. Er war mitfühlend und aufgeschlossen. Nachdem er ihre Wünsche gehört hatte, sicherte er ihr seine volle Unterstützung zu.

Er bestätigte, was wir bereits durch unsere Recherchen herausgefunden hatten: dass der von ihr angestrebte Prozess wahrscheinlich friedlich verlaufen würde. Er erwartete keine Schmerzen, sagte aber, dass er ihr gegebenenfalls Morphiumtropfen verschreiben würde, um eventuelle Beschwerden zu lindern.

Er stimmte zu, dass Unterstützung wichtig sei, und empfahl uns, uns an sowohl SPITEX, eine spitalexterne Hilfe und Pflege, zu wenden als auch das örtliche Hospiz zu informieren, für den Fall, dass die Situation meine Kräfte übersteigen sollte.

Wir folgten beiden Anweisungen. Zu diesem Zeitpunkt stellte sich meine Mutter noch vor, ihre letzten Tage im Hospiz zu verbringen, vor allem, weil sie mich nicht zu sehr belasten wollte. Wir vereinbarten mit dem Arzt, dass ich ihn informieren würde, sobald das Fasten begann, damit er, SPITEX und das Hospizteam in Bereitschaft sein konnten. Er versicherte mir, dass er für uns jederzeit erreichbar wäre. Gemeinsam besprachen wir auch, was geschehen sollte, falls meine Mutter einen Schlaganfall erleiden und nicht mehr kommunizieren oder Entscheidungen treffen könnte. Meine Mutter äusserte erneut klar und deutlich ihre Wünsche, sowohl mündlich als auch schriftlich: Sie wollte direkt ins Hospiz gebracht werden und dort keine Nahrung oder Flüssigkeit erhalten, sondern nur palliative Versorgung. Sie unterzeichnete eine formelle Erklärung für ihn und gab uns eine Kopie für den Krankentransport, falls ein solcher nötig werden sollte.

Diese Vereinbarung - klar, dokumentiert und von ihrem Arzt unterstützt - gab ihr etwas, das sie dringend brauchte: inneren Frieden.

•••••

Ein paar Tage nach dem Arztbesuch teilte meine Mutter meinen Kindern ihre Absichten mit. Sie wollte persönlich mit ihnen sprechen, bevor sie mit meiner Frau nach Australien reisten, um Weihnachten bei ihren Verwandten zu verbringen.

Mama erklärte ihnen sanft und deutlich ihre Entscheidung - warum sie sich für ein Sterbefasten entschieden hatte und was das in den kommenden Wochen bedeuten würde. Sie dankte ihnen auch schon im Voraus für ihr Verständnis und dafür, dass sie in dieser Zeit auf mich verzichten würden. Meine Kinder wussten zwar bereits durch mich von ihrem Plan, aber es direkt von ihr zu hören, machte es viel bedeutsamer. Sie hörten zu. Sie verstanden. Und sie unterstützten sie.

Was für einen Unterschied diese wenigen Wochen doch gemacht hatten! Nach all den Gesprächen, den Briefen, der Planung und der emotionalen Vorbereitung hatte sich etwas in Mama verändert. Diesmal flossen fast keine Tränen. Ihre Stimme zitterte nicht. Die heftigen Emotionen, die ihre früheren Gespräche - besonders das erste Mal, als sie es mir erzählte - begleitet hatten, waren einer ruhigeren Stimmung gewichen. Man sah ihr an, dass sie ihre Entscheidung ganz anders verarbeitet hatte. Sie hatte sie nun akzeptiert. Keine erzwungene Ruhe, sondern eine tiefere Bereitschaft.

Dennoch vermutete ich, dass sie ihre Gefühle noch nicht vollständig verarbeitet hatte, denn so ein Prozess braucht Zeit. Doch in diesem Moment war sie friedlicher, gefestigter in ihrer Entscheidung und voller Vertrauen in den bevorstehenden Prozess.

Bevor meine Familie zu ihrem Australienabenteuer aufbrach, beschlossen wir, Mamas Lieblingsweihnachtsguetzli zu backen. Es waren ihre Rezepte, aber sie war nun zu schwach, um selbst zu backen. Uns allen war es wichtig, dass sie ihr letztes Weihnachtsfest nicht ohne sie verbringen musste.

Die Plätzchen sahen nicht so perfekt aus wie ihre sonst, aber der Geschmack war da, und auch die Liebe. Sie lächelte, als sie sie sah, und war sichtlich gerührt. Das gemeinsame Backen, auch ohne sie in der Küche, schenkte uns einen Moment der Verbundenheit - und ihr das Gefühl von Kontinuität.

•••••

Meine Mutter und ich verbrachten ein ruhiges Weihnachtsfest und einen beschaulichen Jahreswechsel in ihrer Wohnung. Wir hielten es schlicht, pflegten aber noch einmal all unsere Familientraditionen. Wir schmückten die Wohnung, hängten Engel und Lichterketten auf. Wir zündeten Kerzen an und sahen ihnen gebannt beim Abbrennen zu, bis sie eine nach der anderen erloschen.

Wir assen einfach, aber oft, stiessen auf das Leben an und sangen gemeinsam Weihnachtslieder. Wir spielten Mamas klassische Lieblingskonzerte und liessen die Musik die Stille zwischen den Gesprächen füllen. Manchmal schwelgten wir in Erinnerungen. Manchmal sassen wir in vertrauter Stille da und spürten die Bedeutung dieses besonderen Festes.

Mit Beginn des neuen Jahres richteten wir unseren Blick bewusster auf das, was kommen würde. Unsere Gespräche verlagerten sich von Erinnerungen hin zur Vorbereitung, wir sprachen tiefer über Leben, Tod und wie wir den Beginn des Fastens gestalten würden. Für mich bedeutete das, wieder täglich morgens und abends zu meditieren, um meinen Geist zu beruhigen und mich zu erden. Ich wusste, ich brauchte einen Anker - um klar und präsent zu sein für das, was vor mir lag.

Meine Mutter hatte beschlossen, erst mit dem Fasten zu beginnen, wenn meine Familie aus Australien zurück war. Diese hatten dort nicht nur mit ihrer Familie gefeiert, sondern sich auch Zeit genommen, mit Lee zu sprechen - den Ablauf genauer zu besprechen und letzte Fragen persönlich zu klären. Mamas Geduld war wohlüberlegt. Sie wollte sichergehen, dass alle die Möglichkeit hatten, anzukommen, alles zu verstehen und bereit zu sein.

•••••

Etwa zehn Tage vor Beginn des Fastens entschloss sich unsere Familie, mit Lees Unterstützung täglich zu meditieren. Es wurde zu einem für uns beinahe heiligen Rhythmus, den wir bis zum letzten Atemzug meiner Mutter fortführten. Lee nannte diese Praxis „Engels-Yoga“ oder „subtile Unterstützung“, eine sehr wohltuende Form der energetischen Zuwendung, die seelische Unterstützung auf jemanden in einer Übergangsphase lenkt - ohne Ego, ohne Zwang und so, als würde man jemanden aus der Ferne in reines Licht hüllen.

Ziel der Meditation war es, Alpha-Energie - unser ursprüngliches Seelenlicht - zu erzeugen und zu lenken, um über viele Leben angesammelte, verhärtete Energiemuster aufzulösen: Gewohnheiten, Werte und Glaubenssätze. Diese energetischen Prägungen, erklärte Lee, können in ihre ursprüngliche, wohlwollende Form zurückgeführt werden - zurück zum Licht. Die Praxis hilft, das aufzulösen, was der Seele nicht mehr dient, und ermöglicht so tiefe Heilung und einen sanfteren Übergang. Es ist eine individuelle oder gemeinschaftliche Praxis zur ganzheitlichen Heilung und zum Wohlbefinden der Seele oder zum letzten Übergang und wirkt am besten und kraftvollsten in der Gruppe.

Lee betonte die Wichtigkeit klarer, reiner Absicht und energetischer Hygiene. Jeder von uns wurde ermutigt, vor der Meditation seinen Raum und Geist zu leeren, den Bereich physisch aufzuräumen, stark anregende Lebensmittel zu vermeiden und eine Atmosphäre der Stille zu schaffen. Er fügte hinzu:

Ein Notizbuch in der Nähe hilft, aufschlussreiche Gedanken, Emotionen und kreative Inspirationen zu verarbeiten, allein schon, um sie aufzuschreiben, damit der Verstand sich wieder auf die Auflösung von ‚Schwierigem' in Wellen des Lichts und der Möglichkeiten konzentrieren kann ... Dies ist eine der sanftesten und wirksamsten Praktiken für Übergänge, die ich je angewendet habe ... Und man muss sich nicht im selben Raum oder am selben Ort befinden. Seelenenergie wirkt dimensional - jenseits von Zeit und Raum.

Dennoch wählten wir eine gemeinsame Tageszeit, die für unsere verschiedenen Standorte passte, und verpflichteten uns, uns bis zum Ende jeden Tag in diesem stillen Raum zu treffen. Zum Einstieg hörten wir gemeinsam Stephen Levines geführte Meditation über das Sterben: eine mitfühlende, offene Einladung zum Loslassen, Vertrauen und Lieben. Diese Meditationen wurden zu unserem gemeinsamen Herzschlag: ein stilles Band zwischen uns, ein Geschenk, das wir meiner Mutter von Seele zu Seele machten.

Obwohl meine Mutter geplant hatte, am 20. Januar erst mit dem Fasten zu beginnen, hatte ihr Appetit bereits nachgelassen. Anfang Januar ass sie nur noch Frühstück und Mittagessen. „Ich habe nicht mehr so viel Hunger", sagte sie.

Sie trank weiterhin viel Wasser und bewegte sich mit sanfter Entschlossenheit in ihrer Wohnung.

Vier Tage vor dem geplanten Termin, nach einer mehrtägigen, anhaltenden Migräne, hörte sie schliesslich ganz auf zu essen. Es war keine dramatische Entscheidung, sondern ein stilles Wissen. „Ich habe einfach keinen Appetit mehr“, sagte sie zu mir. Obwohl sie nicht ass, trank sie weiterhin Wasser und bestand darauf, morgens aufzustehen und Zeitung zu lesen - ein liebgewonnener Teil ihrer Routine. Doch den Grossteil des Tages verbrachte sie im Bett und versuchte, die Migräne mit Selbsthypnose und Entspannungsübungen zu lindern. Nichts schien zu helfen. Lee hatte mich darauf vorbereitet: „Eine Verschlimmerung der Migräne kann anfangs auftreten. Sie geht aber irgendwann vorbei. Rechne in den nächsten Tagen mit emotionalen Schwankungen - Kopfschmerzen können deren Beginn ankündigen.“ In diesen Tagen träumte meine Mutter einmal von ihrem Zwillingsbruder und ihren Eltern, die alle schon vor einiger Zeit verstorben waren. Sie sagte, die Wohnung habe sich voll angefühlt, als wären Menschen da.

Ich glaubte ihr.

Viele Menschen, die Nahtoderfahrungen gemacht haben, berichten davon, von verstorbenen Angehörigen willkommen geheissen worden zu sein. Es erschien mir völlig plausibel - und tröstlich -, dass meine Mutter freundlich begrüsst wurde. Für mich war es ein Zeichen, dass die Tür zwischen den Welten bereits einen Spalt offen stand. Sie war nicht allein.

Als ich Lee davon erzählte, antwortete er mit seiner ruhigen Weisheit:

Es ist wunderschön, wenn diese Wesenheiten in Träumen erscheinen. Die Herausforderung entsteht, wenn sie in ihren Wachzustand eindringen. Dann verliert sie die Vernunft und verspürt den Drang zu handeln - irgendwohin zu gehen, etwas zu tun -, basierend auf einer inneren Botschaft oder Eingebung. Diese Art von Delirium ist natürlich und meist nur vorübergehend. Ihr Körper passt sich an, fährt herunter. Doch nun braucht sie Begleitung - eine ständige, liebevolle Präsenz, die sie beschützt.

Obwohl ich mir selbst und meiner Intuition vertraute, sie in ihrem Prozess im richtigen Moment auf die angemessene Weise begleiten zu können, war ich dankbar, jemanden an meiner Seite zu wissen, der diese Erfahrung bereits gemacht hatte. Er gab mir einen Rat, den ich mir zu Herzen nahm:

Bis du einziehst, schau regelmässig nach ihr. Achte auf ihr Bewusstsein. Wir wollen Stürze oder unnötige Schmerzen vermeiden. Und denk daran: Du musst nicht alles tun. Tu, was du kannst, und lass los, was du nicht kannst. Lass die Sorgen los. Bleib in Liebe. Ruhe dich aus. Iss, auch wenn du keinen Appetit hast. Halte deinen Geist klar und ruhig, damit er die Atmosphäre tragen kann.Das ist ein wunderschöner, natürlicher Moment. Deine Mutter ist unglaublich. Ich bewundere ihre Stärke und Unabhängigkeit.

Und sie war wirklich unglaublich. Selbst als ihr Körper langsam von dieser Welt Abschied nahm, blieb ihr Geist unerschütterlich. Mit stillem Mut öffnete sie sanft die Tür.

TAG 1

EIN UNS HEILIGER ANFANG

Heute bin ich in Mamas Gästezimmer gezogen und werde so lange für sie da sein, wie es nötig ist. Es war mein erster Tag, an dem ich eine Rund-um-die-Uhr-Betreuung übernahm. Sie hat vor vier Tagen aufgehört zu essen und heute hat sie zum ersten Mal weniger getrunken.

Mein Hauptaugenmerk liegt hier darauf, für sie da zu sein: Mama zuzuhören, sie bestmöglich zu unterstützen und eine reine und positive Atmosphäre voller Liebe und Frieden zu schaffen. Lee und meine Familie werden mich aus der Ferne energetisch unterstützen.

Ich habe die Krankenschwestern, den Arzt und das Hospiz informiert, dass der Prozess begonnen hat und sie haben mir versichert, dass sie jederzeit für uns da sind. Ich werde sie anrufen, sobald Mama nicht mehr selbstständig laufen oder sich waschen kann. Ich habe auch ein paar Freunde angerufen, um ihnen von meinem Vorhaben zu erzählen.

Sie haben versprochen, nachzufragen, mit mir zu Mittag zu essen oder mich auf einen Spaziergang zu begleiten, wenn ich eine Pause brauche.

Meine Familie fuhr mich hin, damit sie noch etwas Zeit mit Mama verbringen und sich ein letztes Mal verabschieden konnten. Wir sprachen nicht viel auf der Fahrt, alle waren in Gedanken versunken und fragten sich, was die Zukunft bringen würde.

Als wir ankamen, lag das Dorf meiner Kindheit still unter einem schweren, wolkenverhangenen Himmel - einer von jener Sorte, der die Farben und Geräusche dämpft und die Welt in eine Art schwebende Ruhe hüllt: ein typischer, kalter Wintertag - kein Schnee, nur eine tiefe, betäubende Kälte und das Gefühl, dass die Zeit sich verlangsamt hat, um sich dem Rhythmus der Jahreszeit zu anzupassen.

Mama wohnte in einer Maisonette-Wohnung, nur einen Steinwurf vom Dorfzentrum entfernt. Von aussen war es ein bescheidenes, vierstöckiges, braunes Backsteingebäude, umgeben von immergrünen Sträuchern und Bäumen. Drinnen herrschte eine ruhige, behagliche Wärme: weiss getünchte Holzböden und ein grosser, heller und geräumiger Wohnraum mit hohen, weissen Holzdecken. Eine Wendeltreppe führte hinauf zum Gästezimmer, das schon länger leer stand. Hier würde ich für die nächste Zeit wohnen.

Mama hatte sich sehr darauf gefreut, uns wiederzusehen, und begrüsste uns mit einem breiten Lächeln. Sie erzählte, dass sie bis 9 Uhr geschlafen hatte, was sehr ungewöhnlich für sie war, da sie sonst immer Frühaufsteherin war. Sie hatte bereits mehrere Kilo abgenommen und sagte, ihre Beine fühlten sich schwer an. Sie konnte zwar noch gehen, schwankte aber ein wenig. Manchmal schien sie das Zeitgefühl zu verlieren; sie dachte, meine Schwester sei früher am Tag da gewesen, obwohl sie schon am Vortag da gewesen war. Sie fühlte sich müder, ihr wurde schnell schwindelig, und sie hatte immer noch Kopfschmerzen. Lesen wurde ihr zunehmend anstrengender, besonders am Tisch sitzend. „Es ist, als würden die Wörter von der Seite verschwinden“, sagte sie. „Und einfache Sudoku-Rätsel, die ich vor ein paar Tagen noch mühelos lösen konnte, scheinen mir jetzt unmöglich. Ich betrachte sie, als hätte ich noch nie in meinem Leben ein Sudoku gelöst.“ Ich nahm mir vor, ihr vorzulesen, wenn sie selbst nicht mehr lesen könnte.

Mama erzählte mir, dass ihr die Trockenheit im Mund am meisten zu schaffen machte. Um ihn zu befeuchten, spülte sie ihn mit Wasser aus und benutzte spezielle Stäbchen mit Zitronengeschmack, was ihr zufolge etwas half. Trotzdem machte ihr die Trockenheit weiterhin zu schaffen.

Mamas Zimmer, immer ein Spiegelbild ihrer Persönlichkeit - aufgeräumt, würdevoll und von stiller Anmut erfüllt - war genau so, wie sie es mochte: klare Linien, sanft einfallendes Sonnenlicht und alles an seinem Platz. Ein Strauss getrockneter Blumen stand auf der Kommode. Wir hatten einen kleinen Kristall mitgebracht, den wir ans Fenster hängten, sodass bei Tagesanbruch sanfte Regenbögen an den Wänden und an der Decke tanzten. Ein kleiner, beschaulicher Ort war entstanden, und ich hatte eine neue Aufgabe darin übernommen.

Trotz aller Umstände und der Kopfschmerzen schien Mama gut drauf zu sein, und wir alle verbrachten einen wunderschönen Tag mit ihr. Die Kinder waren einfach toll und erzählten von ihrer Reise nach Australien und ihren Zukunftsplänen. Sie waren unbeschwert und fröhlich, brachten sie zum Lachen, umarmten und küssten sie viel und wünschten ihr eine gute Reise und einen guten Übergang. Natürlich flossen ein paar Tränen beim Abschied, aber es fühlte sich an, als hätten unsere Gespräche der letzten Zeit alle gut auf die aktuelle Situation vorbereitet.

Bevor meine Familie abreiste, sagten sie mir, dass auch sie eine Veränderung an meiner Mutter im Vergleich zu der Zeit vor Australien bemerkt hatten. Sie wirkte viel gelassener und zufriedener mit ihrer Entscheidung.

Gegen Abend sahen meine Mutter und ich uns ein Video an, das Lee für seine Meditationen verwendet hatte: „Die Stille der Engel“ mit Musik von BK Mauricio San Martin. Das Video zeigt einen Lichtpunkt, der sich langsam auf den Betrachter zubewegt. Ich liebe dieses Video, nicht nur, weil es so beruhigend wirkt und die Visualisierung des eigenen Einswerdens mit dem Licht unterstützt, sondern weil ich so viel Liebe und Dankbarkeit darin spüre. Auch meine Mutter fand es sehr beruhigend und schlief sogleich ein.

•••••

Diese Zeit mit meiner Mutter zu verbringen, war ein unerwartetes Privileg. Tatsächlich gab es eine Zeit, in der ich mich ihr entfremdet fühlte. Meine Mutter, die Älteste von fünf Kindern, hatte sich lange eine grosse Familie gewünscht. Kindererziehung war für sie die bedeutungsvollste und erfüllendste Aufgabe, die man sich vorstellen konnte. Doch in den ersten zwei Ehejahren verlor sie drei Kinder. Die Trauer war still, aber schwer, und der Traum, der ihr einst so sicher erschienen war, schien plötzlich zerbrechlich. Sie stürzte sich in ihre Arbeit, so sehr, dass ihr Chef ihr eine Beförderung anbot. Sie war dankbar und stolz, denn sie hätte die Chance noch so gerne ergriffen, doch sie hatte gerade erfahren, dass sie wieder schwanger war, und dieses Mal wollte sie kein Risiko eingehen. Schweren Herzens lehnte sie die Beförderung ab und gab ihre Karriere auf, um all ihre Energie auf ein Ziel zu konzentrieren: ihren Traum von einer Familie zu verwirklichen.

Die Angst meiner Mutter, ein weiteres Baby zu verlieren, begleitete sie ständig. Doch trotz dieser Angst verlief die Schwangerschaft planmässig - bis kurz vor Schluss. Wenige Tage nach dem errechneten Geburtstermin entwickelte sie eine Eklampsie und musste ins Krankenhaus eingeliefert werden. Die Komplikationen waren lebensbedrohlich und machten einen Notkaiserschnitt erforderlich. Es war eine traumatische Geburt; die Dringlichkeit war so extrem, dass der Arzt während der Operation versehentlich die Kopfhaut des Babys verletzte. Aber es war auch ein Sonntag, der laut Mama immer ein Glückstag war, und wider Erwarten überlebten Mutter und Kind.

Mama war neunundzwanzig, was damals für eine Erstgebärende als alt galt. Aber das war ihr egal. Sie war überglücklich, endlich ihr erstes Kind im Arm halten zu können. Und ja, dieser Junge war ich. Nach all den Verlusten und Schwierigkeiten auf dem Weg zur Mutterschaft war sie unglaublich beschützend. Ich wurde geliebt, umsorgt und mit Freude und Fürsorge behütet. Sie strahlte, wenn Fremde ihren süssen kleinen Jungen bewunderten, liebte es, Mutter zu sein, und hoffte immer noch, ihre Familie zu vergrössern. Sie wollte nicht, dass ich als Einzelkind aufwachsen müsste. Nach dem traumatischen Erlebnis meiner Geburt war klar, dass es nicht einfacher werden würde, ein weiteres Kind zu bekommen. Der Traum von vier oder fünf Kindern war zwar verblasst, aber nicht verschwunden. Sie war fest entschlossen, mir wenigstens ein Geschwisterchen zu schenken. Doch es folgten weitere Fehlgeburten.

Die Ärzte sagten meiner Mutter schliesslich, dass sie, wenn sie noch ein Kind wollte, die gesamte Schwangerschaft im Krankenhaus verbringen müsse - liegend, jeglichen Stress vermeidend und emotionale Höhen und Tiefen minimierend. Selbst Freude könne gefährlich sein. Schweren Herzens willigte sie ein. Sie war bereit, alles zu tun, um ein weiteres Kind auszutragen. Sie liess sich ins Krankenhaus einweisen und ergab sich. Sie gab vorübergehend die Fürsorge für mich auf, gab ihre Freiheit auf, gab die Kontrolle ab - wieder einmal -, um ihren Traum zu verwirklichen. Mein Vater, der Vollzeit arbeitete und oft wegen seines Militärdienstes abwesend war, konnte sich nicht allein um mich kümmern, da er damals nur an den Wochenenden zu Hause war. So kam ich in die Obhut meiner Patentante, die bereits drei ältere Söhne hatte.

Es war eine grosszügige Geste meiner Patentante. Ich wurde jederzeit gut versorgt und umsorgt. Rein äusserlich war alles in Ordnung. Aber ich war drei Jahre alt, und ich hatte das Gefühl, Mama sei weg, ohne zu wissen, warum. Ein Teil von mir fühlte sich zurückgewiesen, verlassen und allein gelassen. Ich wusste nicht, dass sie jeden Tag im Krankenhausbett lag, allein mit ihren Ängsten und Hoffnungen und mit Valium sediert, um sie während der gesamten Schwangerschaft zu beruhigen. Ich wusste nicht, dass sie das alles für mich, für uns tat. Ich konnte das aussergewöhnliche Opfer, das Mama brachte, nicht wirklich begreifen oder wertschätzen. Ich wusste nur, dass sie nicht da war.

Ich bin mir nicht sicher, wie oft wir Mama im Krankenhaus

besuchen durften. Jegliche äusseren Auslöser für emotionale Schwankungen mussten vermieden werden. Sicherlich haben wir sie besucht. Aber ich war zu jung, um es zu verstehen, zu jung, um den Kontext zu erfassen.

Auch Mama muss gelitten haben. Acht Monate lang lag sie dort, medikamentös ruhiggestellt und isoliert, ständig überwacht, lag da und wartete, hoffte, dass diese Schwangerschaft gut verlaufen würde, dass sie nicht noch ein Kind verlieren würde. Sie ergab sich der Stille. Sie ergab sich ihrem Körper. Sie ergab sich dem Schmerz, für das Kind, das sie bereits hatte, nicht Mutter sein zu können.

Und dann, nach all dem Warten, Beobachten und Sorgen, wurde ein kleines Mädchen geboren - meine Schwester. Eine Frühgeburt, aber gesund.

Mama war erschöpft. Sie hatte alles in ihrer Macht Stehende getan, um meine Schwester auf die Welt zu bringen, und es war ihr gelungen, aber zu einem hohen Preis. Als sie nach Hause kam, musste sie ihre Kräfte, ihre Routinen und die Bindung zu uns beiden (wieder) aufbauen. Sie war auch von den Medikamenten, die sie während der Schwangerschaft unterstützt hatten, abhängig geworden und brauchte Zeit, um sich vollständig zu erholen.

Auch ich kam nach Hause. Ich war froh, wieder da zu sein. Ich liebte meine kleine Schwester über alles und kümmerte mich liebevoll um sie. Aber etwas hatte sich verändert. Damals konnte ich das Ausmass dessen, was Mama getan hatte, noch nicht erfassen. Ich wusste nur, dass ich weggegeben worden war. Jahrelang verweigerte ich ihr ihre Umarmungen. Nicht aus Bosheit, sondern als ob ein Teil von mir sagen wollte: Du hast mich verlassen, und ich möchte, dass du weisst, wie sich das angefühlt hat.

Ich sehe jetzt, mit den Augen eines Erwachsenen, die aussergewöhnliche Hingabe, die Mama aufbringen musste, um ihre Entscheidung zu treffen. Das Opfer. Die Einsamkeit. Das Vertrauen, das sie ins Leben, in die Liebe, in die Hoffnung auf etwas Besseres für uns setzte. Und ich weiss - sie hätte alles wieder genauso gemacht.

*„Es ist egal, wie langsam du gehst,
solange du nicht stehen bleibst.“*

KONFUZIUS

TAG 2

KEINE ZIELLINIE

Mama fühlte sich heute ganz durchschnittlich. Kopfschmerzen, Schwindel und ein ständiges Gefühl der Gebrechlichkeit begleiteten sie über Stunden.

Wenn sie sich unwohl, eingeschränkt und schwach fühlte, wenn ihr die Worte fehlten oder ihre Sprache stockte, teilte ich eine Vision mit ihr: reine, unbegrenzte Lichtenergie zu werden, frei von Nackenschmerzen, frei von der Schwere in ihren Beinen und von der Last ihres gebrechlichen Körpers. Tränen kamen ihr, als ich von dieser Freiheit sprach.

„Das ist eine wunderbare, aber auch harte Unterstützung", sagte Lee, als ich es ihm erzählte. „Die Herausforderung für sie, wenn sie mit normativem Bewusstsein kämpft, ist ihre Ungeduld. Schmerz, Körper, Empfindungen und jegliche Gedanken des Begehrens sind an Zeit und Raum gebunden; solche Erfahrungen rufen eine subtile Form ungeduldigen Leidens hervor."

Die Zeit begann ihr zu entgleiten. Nachdem sie von 15:00 bis 16:00 Uhr ihre Lieblingsfernsehsendung gesehen hatte, schlief sie ein, wachte um 17:00 Uhr auf und rief aus: „Wow, die Nachbarn sind schon wach, und du auch!“ Es schien, als habe sie ihre Abendmedikamente bereits um 16:00 Uhr eingenommen, weil sie dachte, es sei Schlafenszeit, und später verwechselte sie den späten Nachmittag mit dem frühen Morgen. Doch inmitten dieser Verwirrung erlebte sie immer wieder Momente strahlender Klarheit. Sie weinte, nicht nur, weil sie sich unwohl und schwach fühlte, sondern auch aus tiefer Dankbarkeit.

Ihre Worte fielen ihr immer schwerer. Sie konnte sich an gewisse Namen nicht mehr erinnern. Sie verstand Dinge falsch und ermüdete schnell. Aber wir sprachen noch einmal über das Hospiz. Ich fragte sie, ob sie am Ende immer noch dorthin gehen wolle oder lieber zu Hause bleiben wolle. „Wenn möglich, bleibe ich lieber hier“, sagte sie leise. „Dann muss ich mir keine Gedanken darüber machen, was ich für den Transport anziehen soll.“ Ich versicherte ihr, dass ich mein Möglichstes tun würde, damit dies möglich sei - dass sie bis zum Schluss zu Hause bleiben könne. Ihr Gesichtsausdruck wurde weicher, und ich hoffte, dass sie, nun da diese Sorge verschwunden war, leichter loslassen könnte.

Heute erlebte wir einen wunderschönen Moment, als meine Frau anrief, um sich bei meiner Mutter für einen Ring zu bedanken, den sie ihr geschenkt hatte. Die Dankbarkeit der beiden war zart und von Tränen begleitet. Meine Mutter hatte sich immer eine Schwiegertochter gewünscht, die sich wie eine zweite Tochter anfühlte, jemanden, zu dem sie eine tiefe Verbindung aufbauen konnte. Diese Art von Nähe war ihr in der Vergangenheit manchmal schwer zu erreichen gewesen, aber heute fühlte sie sich zum ersten Mal tief verbunden. Sie drückte ihre Liebe nicht nur für meine Frau aus, sondern auch für die Art, wie sie ihre beiden Enkelkinder liebevoll grossgezogen hatte. Für mich fühlte es sich an, als sei etwas lange Unvollendetes endlich zu einem liebevollen und vollkommenen Abschluss gekommen.

•••••

Als ich klein war, wohnten wir auf einem steilen Hügel, ziemlich weit von der Schule entfernt. Die meisten Kinder blieben nach dem Unterricht zum Spielen, aber für mich kam das Spielen erst an zweiter Stelle. Hausaufgaben mussten zuerst erledigt werden. „Erst die Arbeit, dann das Vergnügen" war die Devise. Ich erinnere mich an die Enttäuschung, in der Schule anzukommen, gerade als der Spass sich dem Ende zuneigte und mit der Zeit begann ich, mich dagegen zu wehren - nicht lautstark, sondern auf meine eigene, leise Art. Ich schob meine Hausaufgaben immer weiter hinaus, bis die Zeit zum Spielen endgültig vorbei war. Ich hörte

Musik, versuchte, meine Schwester abzulenken, alles, nur nicht, mich zu konzentrieren. Das brachte mich immer in Schwierigkeiten.

Vielleicht, weil ich der Ältere war, derjenige, der die Grenzen austestete, geriet ich viel öfter in Schwierigkeiten als meine Schwester. Sie sah mir beim Scheitern und Zurechtgewiesen werden zu und lernte schnell, dasselbe Schicksal zu vermeiden. Sie hielt sich an die Regeln. Ich widersetzte mich ihnen. Nicht mit grossem Aufbegehren, sondern mit kleinen Akten des Trotzes, wie zum Beispiel, mein Skateboard in der Nähe der Garage zu verstecken, nachdem mir verboten worden war, damit zur Schule zu fahren, und es trotzdem zu benutzen - bis ich eines Tages übel stürzte und mit einem verstauchten Arm nach Hause kam. Alles, was ich zu hören bekam, war: „Siehst du? Ich hab's dir doch gesagt." Jeder Misserfolg wurde zu einer neuen Herausforderung: nochmal versuchen; besser machen.

Gegen Ende der Grundschule brachte mich meine Mutter zu einem Psychologen, um testen zu lassen, ob ich intelligent genug für die Oberstufe war. Sie meinte es gut, aber es tat trotzdem weh. Es ist eine unangenehme Erfahrung, wenn die eigene Mutter Zweifel an der eigenen Intelligenz hat. Die Tests in der Praxis des Psychologen waren gar nicht so schlimm, aber als er mich im Unterricht beobachtete, fühlte ich mich beschämt und blossgestellt, als ob sich alle fragten, was wohl mit mir nicht stimmte.

Genügte ich? Die Antwort zerstreute zum Glück Mamas Zweifel. Ich war äusserst intelligent, mir fehlte nur das Interesse. Ich tat, was ich tun musste, um zu bestehen und kein bisschen mehr. Meine Schwester hingegen war die Vorbildliche und Fleissige von uns beiden: Sie lernte ständig, war immer erfolgreich und bescherte Mama viele Momente des Stolzes.

Meine stolzen Momente waren selten akademischer Natur. Ich verkaufte die meisten Lottoscheine für die Spendensammlung des Chors und sang mit dem Chor in Konzerten und auf Schallplatten. Später glänzte ich beim Sport. Dort fühlte ich mich erfolgreich. Dort fühlte ich mich gesehen.

Mama wollte uns nie bewusst das Gefühl vermitteln, nicht gut genug zu sein. Sie ermutigte uns immer und sagte uns stets, dass wir gut genug waren, so wie wir waren. Aber Kinder hören mit mehr als nur ihren Ohren. Sie hören nicht nur zu, sie beobachten, sie fühlen. Und wenn man aufwächst und spürt oder mitbekommt, welche Erfolge gefeiert und geteilt werden, beginnt man, sich seine eigene Vorstellung davon zu machen, was wichtig ist und was nicht.

Ich mache Mama keine Vorwürfe. Das sind Geschichten, die wir alle erben: „Ich bin nicht klug genug", „Ich bin nicht stark genug", „Ich bin nicht attraktiv genug". Aber irgendwann müssen wir entscheiden, ob wir diese Geschichten weiter erzählen wollen. Es ist egal, worum es geht; wichtig ist, was du selber glaubst. Die Menschen um dich herum können den ganzen Tag das Gegenteil behaupten, aber es wird erst dann etwas bewirken, wenn du dich entscheidest, es zu glauben. Du hast es selbst in der Hand. Wenn du eine Überzeugung ändern willst, musst du dich dafür entscheiden. Du musst dich selbst davon überzeugen, dass eine alte Überzeugung nicht mehr stimmt und dich für eine bessere, stärkende Alternative begeistern.

Das habe ich viel später gelernt. Zuerst im Sport, dann beim Militär. Früher zitterte ich vor Angst, wenn ich in der Schule Präsentationen halten musste, lief knallrot an, mein Herz raste. Aber vor einer Gruppe Soldaten musste ich mich zusammenreissen. Ich musste verstehen, dass ich nicht da war, weil ich perfekt war. Ich war da, weil ich in dem Moment etwas mehr wusste als sie. Es war meine Aufgabe zu führen. Und ich wollte, dass sie mir folgten, nicht aus Angst oder wegen meines Dienstgrads, sondern weil sie mir vertrauten.

Dieser Wandel vollzog sich nicht über Nacht. Aber es begann mit einer Entscheidung: daran zu glauben, dass ich etwas Wertvolles besass, und an diesem Glauben festzuhalten, selbst wenn er wackelig war. Genug zu sein war kein Ziel. Es war eine Entscheidung, die ich immer wieder treffen musste.

Vielleicht war nicht meine Intelligenz oder meine Leistung entscheidend, sondern dass ich immer wieder da war - hartnäckig, neugierig, bereit, es zu versuchen. Ich habe nicht immer alles richtig gemacht. Oft musste ich scheitern, um etwas richtig zu lernen, egal wie sehr meine Eltern mich davor beschützen wollten. Aber so lernte ich am besten. Nicht indem ich Fehler vermied, sondern indem ich ihnen immer wieder direkt ins Auge sah und jedes Mal besser scheiterte.

•••••

„Dem Problem direkt begegnen“ und „jedes Mal besser scheitern“ - so mussten Mama und ich mit dem Durst umgehen, denn er war wieder einmal ein zentrales Thema. Wir probierten den Schwammstab, den uns die Pflegekräfte gaben, als sanftere Alternative zu den Zitronenstäbchen, die Mama zu süss und intensiv fand. Mit dem Schwamm konnte sie jeden Geschmack probieren, den sie mochte, aber nicht trinken wollte, wie Kaffee oder mit Vitaminen angereichertes Wasser. Sie tauchte ihn gern ein und saugte daran. Das spendete ihr Trost und Erleichterung, obwohl sie schliesslich mehr Wasser trank, als sie beabsichtigt hatte. Manchmal stellte ich das Glas nach dreimaligem Eintauchen vorsichtig beiseite oder bot ihr nur den Schwamm an. Aber wenn ich kurz wegging und sie von einem Nickerchen aufwachte, nahm sie sich trotzdem selbst ein Glas. Und ich liess sie. Wenn es ihr Trost spendete, wenn es ihr auch nur einen Moment der Erleichterung verschaffte, wollte ich es ihr nicht vorenthalten. Selbst wenn es länger dauern würde. Solange sie sich ihrer Absicht bewusst war, vertraute ich ihren Entscheidungen.

In diesem Balanceakt lag etwas Feinfühliges - ihre Entscheidung zu fasten zu respektieren und gleichzeitig dem natürlichen Selbsterhaltungstrieb nachzukommen, der in dieser letzten Phase auftrat. Lee erklärte: „Es gibt ein häufiges automatisches Verhalten bei dem instinktiv auf Selbstschutz- und Überlebensreaktionen zurückgegriffen wird. Sie wollen sich nicht bewusst länger am Leben erhalten als nötig, sondern nehmen ‚versehentlich' mehr Nahrung zu sich, insbesondere Süsses oder Bitteres."

Später erzählte mir Mama erneut, wie traurig sie ihre Schwäche machte. Ich fragte sie, ob sie sich immer noch sicher sei, dass dies der richtige Weg für sie sei. „Ja", sagte sie ganz bestimmt. „Das ist immer noch richtig." Es war eine starke Bestätigung. Es funktionierte immer noch, es ergab immer noch Sinn, solange wir miteinander reden konnten, solange sie es mir selbst sagen konnte.

Dann sagte Mama etwas Merkwürdiges: „Ich kann das Ziel nicht sehen. Es scheint ewig zu dauern." Ich versuchte es mit der Metapher des Skimarathons, da meine Mutter früher solche Läufe absolviert hatte und ich es auch getan habe. Diese 42 Kilometer können sich endlos anfühlen, besonders wenn die Bedingungen schwierig sind oder der Wind unerbittlich gegen einen bläst. Aber sie erinnerte mich daran, dass sie bei Rennen immer wusste, wo das Ziel war und sich oft die ganze Zeit über berauscht fühlte. Diesmal war es anders. Also bot ich ihr eine andere Sichtweise an. Ich versuchte, ihre Wahrnehmung, dass es „ewig dauert", umzudeuten, indem ich darauf hinwies, dass es über 85 Jahre gedauert hatte, bis sie diesen Punkt erreicht hatte, und dass es nicht wieder so lange dauern würde. Ich sagte ihr, dass jeder Tag sie dem Ziel näherbringt. Dass sie eines Tages, nach einem einzigen tiefen Atemzug, einfach ihrem Atem folgen und Licht sein wird.

Lee sprach mir erneut Mut zu: „Das Wichtigste, um Ruhe zu bewahren, um der Leuchtturm im Sturm zu sein, ist Energie und liebevolle Konzentration. Ich bin froh, dass du so gut zur dir schaust. Du wirst immer feinfühliger und weniger intellektuell beschäftigt sein, immer mehr spirituell. Du wirst einfach „wissen", was sie will. Das Ziel ist vorbestimmt, der Weg einfach. Hinein ins Licht. Du wirst diesen Moment auch erkennen. Es wird sein, als wäre sie nicht mehr „Mama" - nur noch pure, wundervolle Energie."

„Jeder Misserfolg ist ein Schritt zum Erfolg.“

WILLIAM WHEWELL

TAG 3

ECHOS DER VERGANGENHEIT

Heute flossen weniger Tränen über Mamas Gesundheitszustand. Stattdessen war da etwas Sanfteres, Akzeptanzvolleres, als ob sie sich langsam in die Situation einfügte, sich entspannte. Sogar ein Lächeln huschte ein paarmal über ihre Lippen.

Sie bewegte sich nicht mehr selbstständig in der Wohnung, aber sie ging immer noch allein ins Badezimmer. Diese Widerstandsfähigkeit war tief in ihr verwurzelt. Ich vermutete, sie hatte im Leben viele Gelegenheiten gehabt, diese besondere Stärke zu entwickeln: die Flucht während des Krieges, der Neuanfang, das mühsame Zusammenkratzen für Brot während ihrer Studienzeit. Später trainierte sie diese Stärke gezielt und trieb ihren Körper bis weit in ihre Sechziger hinein zu Skimarathons.

Mamas Durst schien heute weniger drängend. Sie trank weniger und benutzte den Schwammstab nur noch gelegentlich. Oft döste sie ein und ruhte sich zwischen den Gesprächen aus.

Wir verbrachten einige Zeit damit, alte Fotoalben durchzublättern: ihre Kindheit auf dem Land, ihre Studienzeit, Bergwanderungen, Reisen in ferne Länder. Sie erzählte von ihren Abenteuern, von der Faszination, die Welt zu sehen. Sie erinnerte sich an all die wunderbaren Orte, die sie besucht hatte, und teilte ihre liebsten Reisegeschichten. Ein Moment stiller Dankbarkeit durchzog ihre Worte: „Ohne deinen Vater hätte ich diese Orte nie gesehen.“

•••••

Meine Mutter liebte das Reisen über alles, aber nicht im üblichen Sinne, Reiseziele abzuhaken oder möglichst viele Sehenswürdigkeiten zu besichtigen. Für sie war Reisen ein Erlebnis, das man fühlen, nicht nur sehen musste. Es ging ums Eintauchen, darum, die Essenz eines Ortes in sich aufzunehmen und sie so lange auf sich wirken zu lassen, bis sie sich auf subtile Weise veränderte.

Sie und mein Vater reisten viel - über Kontinente und Jahrzehnte hinweg. Von den Küsten Portugals bis zu den Bergen Bhutans, von pulsierenden Metropolen wie Bangkok und Peking bis zu beschaulichen Wanderungen auf dem Jakobsweg - sie erlebten eine aussergewöhnliche Vielfalt an Landschaften und Kulturen. Doch obwohl beide die Liebe zum Reisen teilten, hätten ihre Reisestile unterschiedlicher nicht sein können.

Mein Vater war der Planer, der Rastlose, der Reisende, der alles sehen und dokumentieren wollte: jedes Denkmal, jedes Museum, jeden Tempel, jeden Strandabschnitt. Er sammelte winzige Sandproben von verschiedenen Küsten und markierte sie akribisch. Ihre Reisen waren bis ins kleinste Detail durchgeplant: volle Tage, straffe Reiserouten und minimale Freizeit. Für ihn lag die Freude darin, die Welt einzufangen.

Meine Mutter ging anders ans Reisen heran. Sie bereitete sich gern vor. Monate im Voraus begann sie, über die Orte zu lesen, ihre Geschichten kennenzulernen und sich vorzustellen, wie es dort sein würde. Doch vor Ort wollte sie die Dinge verlangsamen, jeden Ort bewusst und neugierig erleben. Das Tempo meines Vaters konnte sie überfordern. Sie brauchte Zeit: zum Sitzen, zum Durchatmen, um einen Ort auf sich wirken zu lassen. Oft konnte sie nach Tagen voller Besichtigungen nicht schlafen. Ihre Gedanken schweiften noch immer durch die Kopfsteinpflastergassen oder tauchte erneut in die Geräusche eines örtlichen Marktes ein. Die Reise liess sie nicht los, lange nachdem der Tag zu Ende war.

Um zur Ruhe zu kommen und nachzudenken, begann meine Mutter, detaillierte Reisetagebücher zu schreiben. Nicht nur, wohin sie reisten und was sie sahen, sondern auch, wie sich die Orte anfühlten: das Licht, die Gerüche, die

Menschen. Die Tagebücher waren voller Erinnerungen, voller emotionaler Wahrheiten und illustriert mit Fotos, die sie und mein Vater unterwegs gemacht hatten. Diese Tagebücher wurden für sie zu einem Weg, das turbulente Leben zu verarbeiten, Momente festzuhalten, bevor sie vorüberzogen.

Einer ihrer Einträge lautet:

> *Wir unterbrechen unsere Reise erneut für den lokalen Markt in Nampan. Was für ein Erlebnis! Diese Gesichter - interessant, freundlich, fröhlich. Farbenfrohe Trachten, eine grosse Auswahl an appetitlichen, farbenfrohen und duftenden Früchten, Gewürzen, Gemüse, Haushaltswaren, Stoffen und vielem mehr auf breiten Weidenkörben! Eingewickelt in Hyazinthenblätter. Kein Wort wird laut gesprochen; die Menschen haben Zeit zum Essen, Rauchen, Plaudern, Stillen und Feilschen. Sie sind unter sich, zufrieden und erfolgreich in ihren Geschäften. Die Moderne hat noch keinen Einzug gehalten, alles ist in bester Harmonie. Ich könnte ewig hier verweilen! Doch die nahegelegene Phan-Daw-U-Pagode wartet auf unseren Besuch.*

Dies war mehr als nur die Beschreibung eines Marktes; es war ein eingefrorener Moment: Wie sie den feinen Rhythmus des alltäglichen Lebens an einem Ort fern der Heimat einfing. Sie sah es nicht nur, sie fühlte es. Und genau das machte ihre Erlebnisse so reichhaltig und bedeutungsvoll.

Bhutan und der Jakobsweg blieben ihre Lieblingsziele - beides Reisen, die ebenso sehr die Erkundung der Welt nach innen wie nach aussen erforderten. Sie strahlten eine gewisse Stille aus, nach der sie sich immer mehr sehnte. Die Wanderung auf dem Jakobsweg beispielsweise war nicht nur eine körperliche Herausforderung, sondern auch eine Möglichkeit, Ablenkungen abzuschütteln und sich ihren Gedanken, Gefühlen und Verletzlichkeiten zu stellen. Sie reiste nicht einfach durch eine Landschaft, sondern durch sich selbst.

Und dann war da noch dieses tiefe Gefühl der Spiritualität, das so viele ihrer Reisen prägte, besonders wenn sie und Papa Orte besuchten, an denen uralte Weisheit und spirituelle Praktiken das Fundament der Kultur bildeten. Einer ihrer bewegendsten Momente erlebte sie beim Besuch eines Klosters in Myanmar:

> *Vorbei an den schwimmenden Gärten erreichten wir Nga Phe Kyaung, das Kloster der springenden Katzen, das fröhlichste und angesehenste der Klöster am See. Von aussen unscheinbar, beeindruckt das Innere mit hohen, dunkelroten Teakholzsäulen, die mit Gold verziert sind und das Dach über dem weiten, kühlen Raum mit seinem sauberen Holzboden tragen. Die sechs Bewohner unterhalten uns auf Bastmatten mit Tee und gerösteten Bohnen und lassen ihre dressierten Katzen durch einen hochgehaltenen Reifen springen.*

Es war ein einfacher, aber kraftvoller Moment. Das Bild der durch die Reifen springenden Katzen war eindrucksvoll, aber es war die zugrunde liegende Demut und Freude, die Mama berührte - Eigenschaften, die mit ihrem tiefen Verständnis dafür, was es bedeutet, an einem Ort präsent zu sein, in Resonanz standen.

Selbst an diesen Orten suchte die Seele meiner Mutter. Sie fühlte sich zur Stille der buddhistischen Lehren hingezogen, zu der Demut und dem Frieden, die die Kultur durchdrangen. Und sie begann, den spirituellen Faden zu erkennen, der sich durch alle Orte zog, die sie besuchte, auch wenn die Formen der Praxis unterschiedlich waren. Ihre stille Liebe zu den Lehren des Ostens fand ihr Echo in den Landschaften ihrer Reisen.

Hier wird deutlich, wie eng Intha's Leben mit ihrer Liebe zu Buddha verbunden ist. Nichts ist schwieriger, als Demut zu üben. Nichts ist unglaublicher, als den unruhigen Geist zur Ruhe bringen zu wollen, um im Glück des Auges zu verweilen und die Welt mit Dankbarkeit zu betrachten. Auf der behaglichen Rückreise schwebt die Seele entspannt und nachdenklich im sanften Luftstrom.

In diesen Momenten begann sie etwas Tieferes über sich selbst zu verstehen: das Bedürfnis, innezuhalten, die Stille zu geniessen, im Hier und Jetzt zu sein. Mein Vater teilte dieses Bedürfnis nicht immer. Er war auf seine Weise zufrieden. Doch es war deutlich, dass sich Mamas Seele zur ruhigeren, introspektiveren Seite des Lebens hingezogen fühlte.

Ihre Reisen drehten sich um ihre persönliche Entwicklung. Sie sammelte nicht einfach nur Postkarten oder Souvenirs, sondern Erfahrungen und Lektionen, die sie ihr Leben lang begleiten sollten. Kein Wunder also, dass sie, selbst als sie im Alter ruhiger wurde, diese Lektionen in Ehren hielt und immer wieder Fragen stellte und suchte.

Die Reisen meiner Mutter war stets zweigeteilt: die äussere Reise durch Kulturen, Landschaften und Geschichte und die innere Reise hin zu Stille, Sinn und Seele. Sie hatte nicht immer die Zeit oder den Raum, sich der zweiten Seite voll und ganz hinzugeben, doch sie war da, still und leise neben der ersten. Letztendlich offenbarten die Geschichten, die sie erzählte, die Fragen, die sie stellte, und ihre ruhige Ausstrahlung eine Frau, die eine weite Reise unternommen hatte - nicht nur um die Welt, sondern auch tief in ihr eigenes Inneres.

•••••

Das Durchblättern von Fotoalben war jetzt einfacher als Lesen. Doch selbst das wurde nach einer Weile anstrengend. Meine Mutter hatte ihre Bücher schon aufgegeben. „Es ist jetzt zu anstrengend“, sagte sie, „selbst im Liegen.“ Da sie aber Geschichten immer geliebt hatte, las ich ihr eine ihrer Lieblingsgeschichten - die Möve Jonathan - vor. Zusammengerollt im Bett lauschte sie, wie ein Kind, dem eine Gutenachtgeschichte vorgelesen wird. Es hatte etwas Zartes und Vollkommenes - ein Kreis, der sich sanft schloss.

Der Höhepunkt des Tages war ein Anruf einer alten Freundin, die einst zu ihren engsten Vertrauten gehört hatte und deren Mann der beste Freund meines Vaters gewesen war. Jahrelang waren sie zu viert um die Welt gereist. Dann, wie es manchmal so ist, verloren sie sich aus den Augen. Letztes Jahr, nach dem der Ehemann ihrer Freundin verstorben war, schrieb meine Mutter einen Kondolenzbrief, und sie hatten kurz wieder Kontakt. Doch meine Mutter schien immer noch einen nagenden Schmerz zu spüren: das Gefühl, nicht akzeptiert, vielleicht sogar zurückgewiesen zu werden. Und dann rief heute völlig unerwartet ihre Freundin an, und sie unterhielten sich lange. Sie erinnerten sich an die schönen Zeiten. Sie sprachen offen über ihre persönlichen Erfahrungen und darüber, was sie aneinander schätzten. Sie würdigten die Lebenswege der jeweils anderen: was es bedeutete, an der Seite eines sterbenden Ehemanns zu stehen, wie es sich anfühlte, ihn zu verlieren. Sie sprachen über Schmerz, über Dankbarkeit und über die vielschichtige Schönheit ihrer gemeinsamen Geschichte. Und als das Gespräch endete, vergoss Mama ein paar Tränen - nicht der

Trauer, sondern der Erleichterung, des Loslassens.

Ich fand es wunderbar, wie das so spontan geschah. Es fühlte sich an, als ob etwas Altes weicher geworden wäre. Als ob sich ein weiterer Knoten gelöst hätte, der Mama hoffentlich half, sich leichter zu fühlen und vergangene Verletzungen und Enttäuschungen loszulassen. Vielleicht helfen unsere täglichen Meditationen diesen Raum in Liebe, Dankbarkeit und Frieden zu bewahren, diese Türen zu öffnen. Vielleicht ist aber auch nichts davon Zufall.

Am Ende des Tages schrieb mir Lee:

Deine Frau hat die Atmosphäre wunderbar aufrechterhalten, und ihr Anruf mit deiner Mutter gestern hat ihr geholfen, sich als Teil des Ganzen zu fühlen. All das wurde durch deine Klarheit und dein Engagement ermöglicht. Deine Mutter hat die Voraussetzungen geschaffen, und deine Reinheit, deine guten Absichten und dein Bewusstsein als Instrument haben es ermöglicht, gesegnet und ihm die Erlaubnis zum Erfolg gegeben.

Ich fühle mich stark. Leicht. Erfüllt von Liebe und Mitgefühl. Ich bin im Frieden.

„Ich habe mit mehreren Zen-Meistern zusammengelebt - und alle waren Katzen.“

ECKHART TOLLE

TAG 4
EIN LETZTER TOAST

Mama hatte am Vortag angekündigt, morgens baden zu wollen. Als ich also das Rauschen des Wassers hörte, machte ich mir keine Sorgen. Sie schien noch sicher auf den Beinen zu sein. Doch dann plötzlich - ein dumpfer Schlag, ein Platschen. Es klang, als wäre sie ausgerutscht. Ich eilte nach unten und fragte, ob sie Hilfe brauche. Sie erzählte mir, dass sie problemlos in die Wanne gestiegen sei, aber beim Aussteigen zweimal ausgerutscht sei und es nun nicht mehr alleine schaffe. Sie nahm meine Hilfe an, und ich half ihr vorsichtig heraus.

Mama beschloss, dass dies ihr letztes Bad allein sein würde. Wir vereinbarten, in ein paar Tagen Unterstützung vom Pflegedienst zu holen. Lustigerweise meldeten sich sowohl der Arzt als auch der Pflegedienst noch am selben Tag, um nachzufragen, wie es ihr gehe. Wir berichteten von dem Vorfall und gaben ihnen einen allgemeinen Überblick.

Noch sei keine Hilfe nötig, sagten wir, aber das würde sich wahrscheinlich bald ändern.

Wir passten auch an, wie Mama ihren Durst stillte. Sie hatte das Gefühl, die Schwammstäbchen würden ihr zu viel Flüssigkeit geben, und sie wollte weniger. Also kaufte ich eine kleine Sprühflasche - nur ein feiner Nebel, um ihren Mund zu befeuchten, ohne dass sie trinken musste. Das gefiel ihr viel besser. Es gab ihr mehr Kontrolle, mehr Wohlbefinden.

Mein Unterstützungsteam und ich hatten morgens, als wir uns trafen, mit einer neuen Meditation begonnen. Sie hatte mich zu Tränen gerührt. Lee hatte eine geführte Visualisierung aufgenommen: Wir alle versammelten uns mit Mama an ihrem Lieblings-Bergsee, standen gemeinsam am Ufer, blickten hinaus und spürten die Stille ... und liessen sie los. Es war, als würden wir den Moment proben, unsere emotionale Stärke trainieren, ihr alles Gute für ihre Reise wünschen und ihr für alles danken, was sie jedem von uns in diesem Leben bedeutet hatte. Es war das erste Mal, dass sich der Abschied wirklich anfühlte. Wir beschlossen, diese Meditation von nun an jeden Morgen zu machen, bis Mama in Frieden ruhen konnte. Später teilte ich die Meditation mit Mama. Ich erzählte von dem Tal und dem See, und sie bekam Tränen in den Augen. „Ich werde meinen Mann wiedersehen", sagte sie leise. Und sie erinnerte sich an die Wildblumen, die Wanderwege, die Bergpanoramen, die sie auf ihren unzähligen Wanderungen mit meinem Vater in dieser Gegend genossen hatte.

Mama war den ganzen Tag entspannt. Ihre Kopfschmerzen waren verschwunden. Sie blieb im Bett, abgesehen von den Toilettengängen, und machte zwischen den Telefonaten lange Nickerchen. Sie führte mehrere schöne Gespräche mit Freundinnen. Dieser sanfte Strom der Verbundenheit, der Wertschätzung, hielt an. Besonders berührt war sie von den unerwarteten Blumen ihrer Nachbarn - Menschen, die sie erst vor Kurzem kennengelernt, aber schnell ins Herz geschlossen hatte. Auch sie hatten Medizin studiert, waren während des Krieges auf der Flucht gewesen und hatten ihre Heimat verlassen. Diese gemeinsame Erfahrung verband sie. Diese gegenseitige Dankbarkeit dafür, in der Schweiz Frieden gefunden zu haben.

•••••

In ihrem aktiven Leben trieb Mama Leichtathletik, wanderte, schwamm, fuhr Mountainbike und Ski. Diese Liebe zur Bewegung gab sie ganz natürlich an uns weiter. Sonntags verbrachten wir oft im Vita Parcours, einem Fitnessparcours im Wald mit verschiedenen Trainingsstationen zur Kräftigung des Körpers. Anfangs machten wir nur die Übungen an jeder Station und gingen zwischen ihnen zu Fuss. Doch schon bald rannten wir die Runde, absolvierten mehrere Runden, stoppten unsere Zeit und steigerten uns jede Woche ein bisschen. Schliesslich schaffte ich drei Runden, während meine Eltern zwei liefen, immer ermutigt, noch mehr zu versuchen.

Im Garten spielten wir Badminton und Tischtennis, lernten Handstände und Radschläge und übten Klimmzüge am Reck. Mama brachte uns schon früh Schwimmen und Skifahren bei. Besonders das Skifahren war für sie eine grosse Herausforderung - die langen Tage auf der Piste, im Schneepflug mit einem von uns zwischen ihren Beinen, geduldig führend, bis wir unser Gleichgewicht fanden. Ich war früh vom Wintersportfieber gepackt und es hat mich nie wieder losgelassen.

Die Sommerferien waren da keine Ausnahme - immer aktiv. Wir wanderten durch die Alpen und schwammen in kristallklaren, eiskalten Bergseen. Wir lernten Wassersportarten kennen: Wasserski, Kajakfahren, Segeln. Ich spielte Tennis und Beachvolleyball und wurde gut im Bodysurfen. Jede neue Sportart brachte mir neue Fähigkeiten, neue Erkenntnisse darüber, was ich alles kann. Mit jedem bestiegenen Berg und jeder gemeisterten Herausforderung gewann ich mehr Selbstvertrauen.

Obwohl meine Mutter sich jetzt nicht mehr viel bewegen konnte, liebte sie es immer noch, diese Sportarten zu verfolgen, besonders wenn ihre Lieblingssportler antraten. Wir sahen uns tagsüber gemeinsam ein Skirennen an und spekulierten über die Chancen des Schweizer Teams bei der bevorstehenden Weltmeisterschaft. Als ich jünger war, sahen wir uns während der Skisaison die meisten Skirennen im Fernsehen an und feuerten unsere Schweizer Skirennfahrer an. Mein Idol und Lieblingsrennfahrer war Bernhard Russi, der in den Siebzigern Weltmeister und Olympiasieger wurde.

Wintersport war eine Familientradition, nicht nur auf der Piste, sondern auch im Wohnzimmer. Vor jeder Skisaison trainierten wir gemeinsam: Beinkraft, Rumpfstabilität, Gleichgewicht. Der Höhepunkt war ein Fernsehtraining mit Bernhard Russi. Wir hielten die Abfahrtsposition und simulierten ein Lauberhornrennen, eine der legendärsten und längsten Abfahrten der Welt. Zweieinhalb Minuten lang in der Hocke, wir legten uns in die Kurven, machten Sprünge in der Abfahrtshaltung vor dem Fernseher und jubelten, als wir die imaginäre Ziellinie überquerten. Es machte Spass, schweisste uns zusammen und war ein richtiges Ganzkörpertraining.

Wenn Skifahren nicht möglich war, rodelten wir. Wir bauten unsere eigenen Schlittenbahnen, indem wir auf Plastiktüten den Hang hinunterrutschten. Dann benutzten wir die Tüten als Schlitten und rasten lachend die Bahn hinuter, bis wir klatschnass und ausser Atem waren. Manchmal besuchten wir in den Winterferien heisse Quellen: ein surreales Erlebnis, in dampfendes Wasser einzutauchen, umgeben von einer verschneiten Winterlandschaft. Es war so erfrischend und belebend, aus dem Pool zu steigen, sich in den Schnee zu legen und dann wieder ins dampfende Wasser zu springen.

Neben dem Skirennen lasen Mama und ich weitere Geschichten und blätterten in Fotoalben. Wie immer sah sie von 15 bis 16 Uhr ihre Lieblingsserie im Fernsehen. Diese Stunde gehörte mir. Ich ging spazieren, um die Natur zu geniessen, den Duft der Bäume und des Himmels einzuatmen und neue Kraft zu tanken. Dieser tägliche Spaziergang, zusammen mit meinen Meditationen und den abendlichen Nachbesprechungen mit Lee, war für mich unerlässlich, um meine Energie zu regulieren und meine innere Mitte zu bewahren.

Als ich zurückkam, erzählte Mama mir, dass sie während der Sendung gesehen hatte, wie Leute mit Wein anstiessen, und gedacht hatte: „Oh, ich würde so gerne noch einmal anstossen." Also kaufte ich eine kleine Flasche Prosecco, gab einen winzigen Tropfen in ihren Mundspray, schenkte mir ein kleines Glas ein, und wir stiessen an. Es gefiel ihr sehr. Wir lachten und überlegten, welche anderen Geschmacksrichtungen wir noch in das Spray mischen könnten. Es war unbeschwert, fröhlich, spielerisch: ein seltener und kostbarer Moment der Heiterkeit.

An diesem Abend schickte mir Lee eine besonders ermutigende Nachricht, die mir neue Kraft und Zuversicht auf unserem gemeinsamen Weg gab:

Es ist so berührend, deine Liebe zu ihr zu spüren. Und während du voller Dankbarkeit bist für ihr Vertrauen, dich zum Werkzeug auf ihrem Weg zu machen, bist du im Fach Drama das perfekte Werkzeug - mit deiner Offenheit, deinem Humor und deiner Fürsorge. Sie kann sich glücklich schätzen, einen solchen Sohn, eine solche Seele an ihrer Seite zu haben, die mit ihr im harmonischen Tanz dem Licht entgegengeht. Wunderbar.

“Frei von Begierden zu sein macht dich freier als die Erfüllung all deiner Begierden.“

PETER NOLL

TAG 5

DURST IST DURST

Mama hatte gestern den ganzen Tag über so diszipliniert getrunken, aber in der Nacht musste ich zweimal aufstehen. Sie irrte wankend durch die Dunkelheit und versuchte, ein weiteres Glas Wasser zu holen. Anstatt ihren Gaumen nur mit dem Spray zu befeuchten, hatte sie den Deckel abgeschraubt und die Flasche in grossen Schlücken geleert.

„Durst ist Durst", sagte sie.

Ich wusste nicht, was ich tun sollte. Sollte ich sie an die Folgen erinnern? Sollte ich streng sein? Oder sollte ich es einfach so hinnehmen, ohne zu urteilen? Der Arzt schien nicht allzu besorgt, dass sie zwei bis drei Deziliter getrunken hatte. Er versicherte mir, dass selbst diese Menge noch weit unter dem liege, was der Körper brauche, und irgendwann nicht mehr ausreichen würde.

Lee gab einen Denkanstoss:

Wir müssen die Tiefe und Beständigkeit des subtilen Bewusstseins erhöhen. Da jeder Schluck dazu beiträgt, ihr Dasein in diesem Körper zu verlängern, müssen wir eine noch friedlichere Atmosphäre schaffen, in die sie eintauchen kann. Unsere Aufgabe ist es, ihr Wohlbefinden zu fördern - körperlich (schmerzfrei), mental (über das Leiden hinweg) und spirituell - und sie durch unsere Präsenz und unsere Schwingungen an ihre grenzenlose Natur erinnern.

Gestern war alles unbeschwert und fröhlich gewesen. Heute war es gedrückt. Mama spürte die Schwere ihres Körpers: ihre Beine, ihren Nacken, ihre Arme. Auf dem Rücken liegend fühlte sie sich noch recht stark, aber ich glaubte, sie überschätzte ihre Kraft. Ich bemerkte, dass ihr Gang immer unsicherer, weniger gefestigt war. Ich dachte, es sei an der Zeit, die Krankenschwestern zu rufen.

Mama begann angesichts des langsamen Fortschritts und der langen Dauer des Prozesses entmutigt zu sein. Ich versuchte, den Fokus zu verlagern - sie von der Traurigkeit hin zu einem Gefühl einer würdigenden Feier des Lebens zu lenken. Angesichts ihres erfüllten Lebens sollte der Übergang vielleicht genauso erfüllt sein: kein Sprint über 100 Meter, sondern ein würdiger Abschluss eines gut gelebten Lebens.

•••••

Dank Mamas Weitsicht lernte ich schon früh, dass manche

Dinge im Leben eher einem Marathon als einem Sprint gleichen. Auch wenn ich manchmal distanziert und rebellisch war, blieb sie immer beschützend und zutiefst unterstützend und war überzeugt davon, in unseren frühen Jahren wirklich präsent zu sein. Vielleicht wollte sie damit wiedergutmachen, dass sie mich so jung weggegeben hatte, oder vielleicht tat sie einfach nur, was ihrer Meinung nach eine gute Mutter tun sollte. Wie dem auch sei, sie war immer für uns da. Manchmal holte sie mich vom Kindergarten ab, um mich vor den Kindern zu beschützen, die mich mobbten. Als ich älter war, ermutigte sie mich, mich zu wehren. „Lass dich nicht länger herumschubsen", sagte sie einmal. „Mir ist es egal, ob ich ihre Zahnarztrechnung bezahlen muss." So weit kam es nie, aber ich wehrte mich. Ich stand für mich selbst ein. Einmal. Und das reichte völlig. Ich wurde nie wieder gemobbt.

Die Dinge begannen sich für mich wirklich zu verändern, als ich einer Handballmannschaft beitrat. Jahrelang hatte ich in einem bekannten Knabenchor gesungen. Ich liebte die Musik, die Disziplin, die Kunst. Ich genoss den ganzen Prozess: Gesangsunterricht, Proben, Aufnahmen und Konzerte. Aber ich mochte es nicht, endlosen Predigten zuzuhören und darauf zu warten, dass unser Moment zum Singen kam. Mir wurde während der Gottesdienste oft schwindelig und ich sehnte mich nach Bewegung. Ich brauchte etwas Körperlicheres. Ich musste stärker werden.

Meine Mutter ermutigte mich nicht nur in den Ferien zu Bewegung, sie bestand darauf, dass ich eine Sportart fand, die ich regelmässig ausüben konnte. Ich wollte Tennis spielen, nachdem mir ein Trainer in einem Ferienlager gesagt hatte, ich könnte der nächste Björn Borg werden. Wahrscheinlich sagte er das allen Kindern, um sie zum Spielen zu animieren, aber ich glaubte ihm. Meine Mutter war jedoch nicht überzeugt. Tennis war teuer und zu einsam. Sie bestand darauf, dass eine Mannschaftssportart besser für mich wäre. „Du bist schon recht selbstständig“, sagte sie. „Im Team lernst du mehr.“

Meine Mutter hatte Recht.

Mein Sportlehrer in der Schule brachte mich zum Handball. Er bot zusätzliches Training nach dem Unterricht an, und mein bester Freund und ich beschlossen, es auszuprobieren. Diese Entscheidung veränderte mein Leben und prägte einen Grossteil meiner Jugend. Mein Freund und ich traten bald dem besten Verein der Region bei. Ich war ihm dankbar, dass er diesen Weg mit mir ging; das erleichterte mir den Einstieg ins Team ungemein.

Meine Eltern unterstützten meine Schwester und mich in unseren jeweiligen Sportarten sehr. Sie waren mit ganzem Herzen dabei. Mein Vater fuhr mich und meine Teamkollegen zu Auswärtsspielen, feuerte uns vom Spielfeldrand aus an und analysierte die Spiele anschliessend mit uns: Was funktionierte, was nicht, was wir als Nächstes versuchen sollten. Er sammelte sogar jeden Zeitungsausschnitt über unsere Mannschaften. Meine Mutter, die immer daran dachte, gute Grundlagen zu schaffen, schleppte kiloweise Essen über hundert Stufen hinunter zum Haus, um sicherzustellen, dass wir genug Energie hatten, um durchzuhalten.

Gute Leistungen brachten viele Vorteile mit sich. Wir bekamen Lob, machten Fortschritte und erregten Aufmerksamkeit. Aber vor allem gab uns der Sport eine Verbindung. Zu uns selbst. Zu unserem Körper. Und ganz besonders zu unseren Eltern. Sie halfen mir, meinen inneren Kritiker an Tagen mit einem schlechten Spiel zu zügeln und auch auf dem Boden zu bleiben, wenn ich ein wirklich gutes Spiel abgeliefert hatte. Wir lachten, analysierten und entwickelten gemeinsam Strategien, ärgerten uns über schlechte Schiedsrichterentscheidungen und träumten von Meisterschaften, die wir auch feierten. Es war die Sprache unserer gemeinsamen Leidenschaft.

Als Teenager wurde Sport mein Ausgleich. All die Anspannung, Frustration und der Teenagerfrust entluden sich auf dem Spielfeld. Nach zwei oder mehr Stunden Training hatte ich keine Energie mehr, mich wie ein trotziger Teenager zu streiten. Ich war ruhig, fokussiert und zufrieden, was sich positiv auf meine Konzentration beim Lernen auswirkte.

Ich wurde sehr ehrgeizig und wollte unbedingt der beste Spieler werden, der ich sein konnte. Ich trainierte bis zu achtmal die Woche. Und je mehr ich trainierte, desto stärker wurde ich - nicht nur körperlich, sondern auch mental. Und je stärker ich wurde, desto mehr wuchs mein Selbstvertrauen. Sport machte mich zu einem Teamplayer und lehrte mich Disziplin. Wenn ich hart trainierte, 110 % gab und konstant blieb, ergaben sich Chancen. Ich wurde Stammspieler in meinem Team; und wir gewannen Spiel um Spiel. Ich bekam die Möglichkeit, mit der Herrenmannschaft zu trainieren, und wurde für ein zusätzliches Training mit dem Nationaltrainer ausgewählt. Ich genoss jede Minute. All die Herausforderungen: mehr Gewicht stemmen, schneller laufen, höher springen, meine Fähigkeiten und Techniken verbessern, das Spiel antizipieren und Tore schiessen. Und wenn wir als Team hart arbeiteten und einen guten Teamgeist hatten, würden wir Spiele und Meisterschaften gewinnen und gemeinsam feiern können.

Die Leute um mich herum wurden aufmerksam. Plötzlich war ich nicht mehr das Kind, das in der Schule gemobbt wurde. Ich wurde in jeder Sportart als Erster gewählt, und die Mobber, die mich einst verfolgt hatten, liessen mich in Ruhe und verschwanden aus dem Blickfeld. Diese Wendung tat meinem Selbstwertgefühl unglaublich gut.

Handball war für mich eine grossartige Lebensschule. Er gab mir nicht nur Kraft, sondern ich verstand auch, dass Erfolg kein Sprint ist. Er erforderte einen klaren Fokus und verlangte Organisation, Zeitmanagement und Disziplin. Ich lernte, Prioritäten zu setzen, effizient zu sein und meine Energie gut einzusetzen.

•••••

Ich fragte Mama, ob sie noch mit jemandem sprechen wolle - um etwas abzuschliessen, sich zu bedanken oder jemanden über ihre Entscheidung zu informieren. Dabei kam einer ihrer Brüder ins Spiel, der gerade im Urlaub war und nicht erreichbar war. Sie wollte ihm sagen, wie dankbar sie ihm war: für seinen Besuch, für seine Teilnahme an ihrem 50. Geburtstag und dafür, dass er ihr beigestanden hatte, selbst als andere es nicht taten. Ich schrieb ihre Nachricht auf, um sie ihm nach seiner Rückkehr weiterzuleiten.

Lee gab mir am Ende des Tages folgendes Feedback:

> *Du machst das so gut. Du hast alles bestens im Griff. Und sie ist immer noch so wach und selbstsicher. Du bist einfach grossartig ... und du gehst so bewusst und erfolgreich vor. Ich bin so stolz auf dich - und unsere gegenseitige Unterstützung hilft mir auch bei meinen Herausforderungen. Konzentriere dich weiterhin darauf, die Atmosphäre für deine Mutter wiederherzustellen, aber das tust du ja bereits.*

Es tat gut zu wissen, dass das, was wir taten, auch Lee half. Sind wir nicht alle miteinander verbunden?

„Ich glaube, unsere Aufgabe als Eltern ist es, unseren Kindern Wurzeln zum Wachsen und Flügel zum Fliegen zu geben.“

DEBORAH NORVILLE

TAG 6

DIE BEDEUTUNG KLEINER DINGE

Jetzt verstand ich, was Lee mit emotionaler Achterbahnfahrt gemeint hatte. Wir hatten ein paar gute Tage, gefolgt von schlechten, dann wieder einen Aufschwung, nur um dann wieder abzustürzen. Nach dem Tiefpunkt am Vortag hatte ich gehofft, dass es heute wieder etwas besser werden würde.

Ich bin nachts ein paar Mal aufgewacht, um nach Mama zu sehen. Sie war wach und musste ihren Hals befeuchten oder auf die Toilette. Ich wollte jetzt lieber bei ihr sein, wenn sie nachts aufwachte, nur für alle Fälle. Sie war unsicherer auf den Beinen, besonders nach dem Schlafen, und ein Sturz war das Letzte, was wir brauchten.

Tagsüber schlief sie viel mehr als sonst und holte so die unruhige Nacht nach. Nach einem ihrer Nickerchen sah sie richtig strahlend aus. Sie überraschte mich immer wieder.

Ihre Entschlossenheit und ihr Wunsch, selbstständig zu bleiben, waren erstaunlich. Selbst als sie langsamer wurde, bestand sie darauf, alleine auf die Toilette zu gehen.

Sie versuchte weiterhin, weniger zu trinken. Jeder Morgen begann gleich: „Heute muss ich versuchen, weniger zu trinken. Ich werde versuchen, gar nichts zu trinken." Das klappte meistens eine Weile, aber die Trockenheit in ihrem Hals wurde schliesslich zu unangenehm. Zum Glück wirkte das Spray Wunder und brachte schnelle Linderung.

Sie erwähnte wieder leichte Kopfschmerzen und ein leichtes Unwohlsein im Bauch. Sie hatte seit einigen Tagen keinen Stuhlgang mehr gehabt, was angesichts ihrer fehlenden Nahrungsaufnahme Sinn ergab. Trotzdem wunderte ich mich. Ich legte meine Hände sanft auf ihren Bauch und ertastete einige harte, pulsierende Stellen. Ich massierte sie sanft und atmete Licht in die verspannten Bereiche. Sie empfand die Berührung als wohltuend, und die Wärme meiner Hände schien sie zu beruhigen. Langsam begannen sich die Verspannungen zu lösen.

Mitten in all dem hatte ich eine dreistündige Videokonferenz. Ich hatte versucht, meinen Kalender so frei wie möglich zu halten, um Ablenkungen zu vermeiden. Aber diese Konferenz liess sich nicht verschieben. Zum Glück war es die letzte in meinem Kalender. Trotzdem zehrte sie überraschend viel an mir. Sich auf etwas anderes konzentrieren zu müssen - irgendetwas anderes als die Pflege meiner Mutter - fühlte sich falsch an, als würde ich innerlich auseinandergerissen.

Am Ende des Tages war ich erschöpft, aber auch erleichtert. Von nun an konnte ich mich voll und ganz auf meine Mutter konzentrieren. Es standen keine weiteren Pläne an. Keine Ablenkungen mehr. Ein ausschliesslicher Fokus auf ihren Weg. So wie meine Schwester und ich einst ihr ganzer Fokus gewesen waren - bis wir mit eigenen Flügeln fliegen konnten.

Nur das. Nur sie.

•••••

Wie die meisten Eltern versuchten auch meine, mich vor schmerzhaften Fehlern zu bewahren. Und wie die meisten Kinder hörte ich selten zu, sehr zum Ärger meines Vaters. Ich bestand darauf, alles auf die harte Tour zu lernen, meinen eigenen Weg zu gehen, selbst wenn ich dabei kläglich scheiterte. Ich hasste es, zu hören: „Siehst du, ich hab's dir ja gesagt." Ich glaubte, jeder sei anders, und selbst wenn ich scheitern würde, könnten meine Erkenntnisse daraus anders sein als die meiner Eltern. Ich wollte meiner Neugier folgen, durch praktisches Tun lernen. Es wäre vielleicht weniger schmerzhaft gewesen, weniger stur zu sein, zuzuhören und zu tun, was man mir sagte, aber ich lernte so viel mehr aus meinen Fehlern. Nach jedem Misserfolg wieder aufzustehen, stärkte meine Widerstandsfähigkeit, meinen

Einfallsreichtum und meine Kraft und machte mich zu dem Menschen, der ich heute bin.

Mein Vater sah Risiken, wo ich Chancen sah. Für ihn war die Genesung eines Menschen von Krebs ein Ausnahmefall; für mich war es der Beweis, dass etwas möglich ist. Er glaubte an Pläne und Zeitvorgaben. Ich glaubte daran, die sich auf einem von Sinn geleitetem Weg bietenden Chancen zu ergreifen. Um Exzellenz zu erreichen, glaubte ich daran, Stärken hervorzuheben und zu fördern, was gut funktionierte. Er hingegen fand alles, was nicht funktionierte. Keiner von uns hatte Unrecht, wir lebten einfach nach unterschiedlichen Kompassen.

Nach zwei Jahren BWL und einem Praktikum bei IBM wurde mir ein Platz in einem neuen Projekt angeboten: die Entwicklung eines wegweisenden Wirtschaftssimulationsspiels für einen ihrer Kunden. Es war eine sechsmonatige Chance, und ich wollte sie unbedingt ergreifen. Das bedeutete jedoch, dass ich mein Studium für ein weiteres Jahr unterbrechen musste. Ich dachte, ich könnte das Geld nutzen, um die anderen sechs Monate mein Englisch zu verbessern, nicht in einer traditionellen Sprachschule, sondern durch betriebswirtschaftliche Kurse auf Englisch. Ich bewarb mich an den zehn besten US-Universitäten und wurde von neun angenommen. Ich entschied mich für Berkeley und gegen Harvard, Stanford und Yale. Der Plan sah vor, mit einem Standby-Ticket durch die USA zu fliegen und im Anschluss an das Studium einen Roadtrip quer durchs Land zu machen. Für mich war es eine einmalige Erfahrung, die mich von anderen abheben würde. Für meinen Vater war es eine Ablenkung, eine Verzögerung. Er bestellte mich in sein Büro. Er sass aufrecht in seinem Ledersessel; ich sass tiefer auf dem Sofa. Uns trennte ein schwerer Holzschreibtisch. Eine klassische Status-Ungleichheit. Er sagte mir unverblümt: „So wirst du dein Studium nie abschliessen. Ich erwarte, dass du bleibst und es so schnell wie möglich abschliesst, genau wie ich das getan habe. Solange ich zahle, machst du es nach meinen Vorstellungen."

„Na schön", sagte ich. „Dann finanziere ich den Rest meines Studiums selbst. Aber ich mache es auf meine Art." Wie so oft zuvor war ich stur und bereit, die Konsequenzen meiner Entscheidungen zu tragen. Ich hatte keine Ahnung, wie ich mein Studium finanzieren sollte, aber ich wusste innerlich, dass ich einen Weg finden würde.

Wir stritten weiter, und er versuchte mehrmals, mich umzustimmen, aber ich stand fest.

Nach dem Gespräch kam meine Mutter zu mir. Sie hatte alles mitgehört. Sie lächelte mich an. „Ich bin stolz auf dich, dass du dich ihm widersetzt hast. Mach, woran du glaubst." Ich brauchte diese Ermutigung damals nicht, um meine Entscheidung zu treffen, aber sie bedeutete mir trotzdem sehr viel. Es war ihre Art zu sagen: Ich sehe dich, ich glaube an dich, sei einfach du selbst.

Und das tat ich.

Das zusätzliche Jahr Auszeit vom Studium zu nehmen, war das Beste, was ich tun konnte. Ich habe während dieses ersten Projekts so viel gelernt. Es hat mir sehr gefallen, Teil eines innovativen Teams zu sein, das ein gemeinsames Ziel verfolgte und an etwas arbeitete, das kreatives, kritisches Denken und echte Eigenverantwortung erforderte. Ich hatte die Gelegenheit, mit Führungskräften zu sprechen, die ich sonst nie kennengelernt hätte, und mich in einem professionellen Umfeld zu beweisen. Einer dieser Kontakte lud mich später ein, nach meiner Rückkehr in die Unternehmensberatung einzusteigen, für die er arbeitete. Es wurde der bestbezahlte Nebenjob, den ich mir hätte wünschen können, nicht nur finanziell - er half mir, den Rest meines Studiums zu finanzieren -, sondern auch, weil er mir die Möglichkeit gab, mich persönlich und beruflich weiterzuentwickeln.

Die Beratung war klein, daher war ich in fast alle Bereiche eingebunden. Ich musste mich regelmässig vor skeptischen Kunden beweisen, die allein aufgrund meines Alters meine Glaubwürdigkeit infrage stellten. Es gab viele Momente, in denen ich mich unzulänglich hätte fühlen können, aber das tat ich nicht. Ich stellte mich immer wieder neuen Herausforderungen, und schon bald wurden mir mehr Verantwortung und eigene kleine Projekte anvertraut.

Dieses Jahr erweiterte meinen Horizont weit über die

Arbeit hinaus. Zum ersten Mal reiste ich für längere Zeit allein ins Ausland. Ich hatte zwar schon kürzere Reisen unternommen, meist innerhalb Europas, aber das war anders. Ich erkundete einen ganz neuen Kontinent. Mein Ziel für den ersten Monat war einfach: so viel wie möglich von den USA sehen, inklusive abgelegener Nationalparks, die ich vielleicht nie wieder erreichen würde. Ich hatte keinen konkreten Plan oder Reiseroute. Ich fand ein Standby-Ticket, mit dem ich einen ganzen Monat lang überall im Land hinfliegen konnte. Für einen Studenten mit knappem Budget war das ein absoluter Glücksgriff. Ich buchte die Flüge direkt aus dem Flugkatalog - Flüge mit Verpflegung, Kino und idealerweise Nachtflügen, damit ich keine Unterkunft bezahlen musste. Am Ende des Monats hatte ich 44 Flüge hinter mir und unglaubliche Städte gesehen, die ich schon immer besuchen wollte.

In meiner ersten Nacht in New York verirrte ich mich in einem gefährlichen Viertel von Brooklyn und hatte das Glück, von einer netten Frau "gerettet" und in Sicherheit gebracht zu werden. Auf dem Transatlantikflug hatte ich einen New Yorker Entertainer kennengelernt, der mir später die Stadt zeigte. Ich ergatterte in letzter Minute Tickets für „Cats" am Times Square und genoss die Energie des Big Apple, bevor meine fliegende Reise richtig begann.

Im Epcot Center in Orlando gab es aufregende Achterbahnen und in Los Angeles Studiobesichtigungen.

Ich bestaunte die Niagarafälle, unternahm eine Bootsfahrt durch die Everglades, um Alligatoren zu sehen, und fuhr durch die unberührte Schönheit des Yellowstone-Nationalparks. Beim Schnorcheln in Key West holte ich mir einen Sonnenbrand, besuchte alle Katzen in Hemingways Haus und schlenderte durch die charmanten Strassen von Savannah und Charleston. Ich erkundete Boston, besichtigte Harvard, bewunderte die Villen der Reichen und Berühmten auf Martha's Vineyard und ass Muschelsuppe und Hummer in Maine. Ich wurde sogar eingeladen, mit dem Jungfernflug von Newark nach San Francisco zu fliegen - inklusive Frühstücksbuffet vor dem Einsteigen und kostenlosem Champagner an Bord.

Müde vom Fliegen war ich erleichtert, als ich endlich an einem Ort ankam: der UC Berkeley. Ich wohnte im International House, hoch oben auf einem Hügel mit atemberaubendem Blick auf Berkeley und die Bucht von San Francisco. Dort studierte ich Strategie und Marketing und bearbeitete Fallstudien mit klugen BWL-Studenten. Wie erhofft, war ich dort der einzige Nicht-Muttersprachler, was ein vollständiges Eintauchen in die Sprache bedeutete: Aufgaben, Präsentationen, alles. Zum Glück hatte ein Monat Reisen meine Sprachkenntnisse bereits verbessert. Es gab zwar immer noch viele Momente, in denen ich mich von dem Gedanken hätte entmutigen lassen können, nicht gut genug Englisch zu sprechen, aber das tat ich nicht. Es ist unglaublich, wie schnell man sich anpassen und lernen kann, wenn man vollständig in eine neue Sprache eintaucht.

Das International House bot zahlreiche Möglichkeiten, Kontakte zu Studenten anderer Fachrichtungen zu knüpfen. Ich freundete mich mit einer Australierin an, die ich an meinem ersten Tag kennengelernt hatte. Wir arbeiteten oft bis spät in die Nacht an unseren Aufgaben, und unsere Wochenenden waren voller kleiner Abenteuer: Fahrten mit der Strassenbahn in San Francisco, Spaziergänge durch Parks, Überquerung der Golden Gate Bridge und ein Besuch in Alcatraz. Wir wanderten durch die spektakulären Urwälder des Redwood-Nationalparks, bestaunten die Granitriesen Half Dome und El Capitan im Yosemite-Nationalpark und besuchten Konzerte im Greek Theatre. Ansonsten genossen wir das Studentenleben: Abende mit Billardspielen, Filmen und anregenden Gesprächen bis spät in die Nacht. Die Zeit verging wie im Flug.

Nach dem Studium kaufte ich mir für ein paar Hundert Dollar einen alten gelben Fiat, um quer durchs Land zu fahren. Inspiriert von meinen Plänen fragte sie, ob sie mich begleiten dürfe. Ohne feste Route folgten wir unserer Neugier und lebten im Hier und Jetzt.

Wir fuhren den Highway 1 entlang, vorbei an Los Angeles und San Diego, nach Baja California in Mexiko und dann über den Joshua-Tree-Nationalpark zurück. Wir durchquerten das Death Valley mit seinen farbenprächtigen Felsen und salzigen Ebenen in einem Auto, das regelmässig überhitzte. In der Stille und Ruhe der Mojave-Wüste erlebten wir einen atemberaubenden Sonnenuntergang mit 180 Grad Himmel und ohne jegliche Zivilisation in Sichtweite und fanden uns dann plötzlich im Neonchaos von Las Vegas wieder.

Die historische Route 66 führte uns zum Grand Canyon. Jemand hatte uns empfohlen, ihn am besten zu erleben, indem man zum Dorf Supai im Havasupai-Indianerreservat wandert. Wir folgten dem schmalen Pfad hinunter, überquerten einen kleinen Bach und badeten in den türkisfarbenen Becken der Havasu Falls, deren Schönheit uns überwältigte. Während wir unsere letzte Mahlzeit im Dorf einnahmen, ahnten wir nichts von dem bevorstehenden Wetterumschwung. Plötzlich verdunkelte sich der Himmel und es begann heftig zu regnen. Zuerst wollten wir einfach abwarten. Doch als der Regen nicht aufhörte, beschlossen wir, trotzdem weiterzuwandern. Wir staunten über die vielen Wasserfälle, die sich am Rand der Schlucht gebildet hatten, schenkten dem aber keine weitere Beachtung. Wir sahen einige Leute mit ihren Pferden rennen und fragten uns, was los war. Als wir dann den breitesten Teil der Schlucht erreichten, sahen wir es: eine gewaltige Wasserwand, so breit wie das Tal, die auf uns zuschwappte. Der einst winzige Bach war zu einem reissenden Fluss angeschwollen, der plötzlich unmöglich zu überqueren war.

Wir kletterten mit einem der einheimischen Indianer auf

höher gelegenes Gelände. Mitten im Fluss stand ein kleines Haus. Vor unseren Augen brach das Geländer am Eingang zusammen. „Das hat mein Grossvater gebaut", sagte er. „Es war nicht sehr stabil." Augenblicke später stürzte das ganze Haus ein und verschwand in den Fluten. Er seufzte. Verzweifelt. „Ich habe meine Taschenlampe dort drinnen vergessen." Sprachlos und fassungslos starrten wir auf die Trümmer seines Hauses, bis er vorschlug, dass wir alle ins Dorf zurückkehren sollten. Der Fluss war zu gefährlich zum Überqueren, und wir konnten an diesem Tag nicht mehr weiterwandern.

Zurück im Dorf wurden Notunterkünfte in der Schulturnhalle eingerichtet. Wir hatten grosses Glück, dass wir zuvor von den tiefer gelegenen Wasserfällen und Becken ins Dorf gewandert waren, denn das Tal verengt sich, je weiter man in die Schlucht hinabsteigt. Viele Menschen befanden sich noch dort unten, als die Sturzflut sie überraschte. In dieser Nacht ritten die Havasupai immer wieder hinunter, um diejenigen zu retten, die zwischen den Wasserfällen eingeschlossen waren. Wir verteilten warme Getränke und hörten uns ihre Geschichten von Rettung und Überleben an. Glücklicherweise wurde niemand schwer verletzt, obwohl am Morgen noch einige vermisst wurden.

Alle Wege waren weggespült, und es war unmöglich, hinauszuwandern. Schliesslich, zur allgemeinen Erleichterung, flog die Armee Hubschrauber ein, um die

Gestrandeten zu retten. Als wir zum Rückweg zu unseren Autos abhoben, schien die Sonne wieder und wir genossen einen letzten, atemberaubenden Blick auf den Canyon von oben. Müde, aber dankbar setzten wir unsere Reise fort.

Ich war so froh, dass ich an mich geglaubt und das Jahr durchgezogen hatte. Ironischerweise war es genau dieses Jahr - diese wilden Erlebnisse, diese unsicheren Entscheidungen -, das am Ende meines Studiums die Aufmerksamkeit von Arbeitgebern und Personalvermittlern auf sich zog. Obwohl andere bessere akademische Leistungen hatten, wurde ich mit Interviewanfragen überhäuft. Das war eine Bestätigung. Im Leben, so schien es, ginge es um mehr als nur Noten. Die Leute suchten nach etwas anderem: nach einer gewissen Leidenschaft, nach einem Funken. Und den hatte ich.

Rückblickend entfaltete sich dieses Jahr wie eine lange Lektion in Vertrauen. Jeder Tag barg seine eigenen Unbekannten - mal berauschend, mal beunruhigend, mal ein wenig gefährlich -, aber irgendwie fand ich immer meinen Weg. Ich lernte, in mich hineinzuhören, meiner Neugier zu folgen, ohne eine Karte zu brauchen und meiner Intuition die Führung zu überlassen. Selbst in Momenten der Angst oder Verwirrung schien mich etwas Beständiges zu halten, und ich ging gestärkt, selbstbewusster und unversehrt daraus hervor. Es war ein Jahr, das mir auf eine Weise, die ich noch nicht benennen konnte, beibrachte, dass ich mich ins Unbekannte wagen und mich davon tragen lassen konnte.

•••••

Nach meinem Studienabschluss und mit einem Jobangebot in der Tasche brauchte ich dringend eine Auszeit. Die Prüfungen hatten mich völlig ausgelaugt, und das Ende einer langen Beziehung lastete schwer auf mir. Also machte ich mich auf den Weg - nach Australien. Ich brauchte Abstand, Sonne und Meer. Einen anderen Horizont.

Schon bald lernte ich tauchen - und war begeistert. Ich wurde Divemaster und arbeitete mehrere Monate für die Tauchschule. Jeden Tag unternahmen wir zwei Tauchgänge mit Gästen, und auf dem Rückweg tauchten wir selbst - oft auf der Suche nach Langusten, die dann unser Abendessen wurden. Wir erkundeten Schiffswracks, Höhlen und Korallenriffe. Ich lernte, mich auf die Unterwasserwelt einzulassen, auf die leisen Klicks zu achten und Fische an ihrer Form und Bewegung zu erkennen. Einmal warf mich der Skipper - im wahrsten Sinne des Wortes - ins kalte Wasser und forderte mich auf, den Touristen zu zeigen, wie man mit den Robben spielt. Ich hatte das noch nie zuvor gemacht. Zum Glück waren die Robben zutraulich. Tauchen wurde zu einer Art Medizin. Wie schwebend im Schoss von Mutter Natur: sicher, geborgen, still. Es schenkte mir die Ruhe, die ich zum Entspannen brauchte.

Nach diesen Erfahrungen und der Wertschätzung der australischen Natur aus allen Perspektiven wurde mir klar, dass ich nicht für ein Pharmaunternehmen oder einen Grosskonzern arbeiten wollte, trotz der Karrierechancen und der Möglichkeit, alle zwei Monate ein anderes Land zu sehen. Ich wollte meinen eigenen Weg gehen und die Welt nach meinen Vorstellungen entdecken.

Ein paar Wochen später, nach einem langen Tauchtag zurück in Fremantle, erhielt ich einen Anruf von der Unternehmensberatung, für die ich während meines Studiums gearbeitet hatte. Eines meiner Strategiepapiere war bei einem Kunden gut angekommen. Sie wollten die Strategie umsetzen und fragten, ob ich in der nächsten Phase dabei sein wolle. Sie boten mir sogar einen Hin- und Rückflug an. Es war eine dieser seltenen Gelegenheiten, die das Leben einem bietet, wenn man sie am wenigsten erwartet. Ich sagte zu, wohl wissend, dass ich meine Reise später jederzeit fortsetzen konnte. Natürlich war es nicht nur ein Projekt. Ich arbeitete an vielen. Ich half bei der Entwicklung eines neuen Serviceangebots und engagierte mich in der Geschäftsentwicklung. Ich musste Kaltakquise betreiben und lernte, Ablehnung direkt zu verkraften. Niemandem machte das Spass, also erfanden wir ein Spiel. Wir veranstalteten regelmässig Kaltakquise-Wettbewerbe, um zu sehen, wer innerhalb einer Stunde die meisten Termine vereinbaren konnte. Ich habe mich immer gut geschlagen. Der Wettbewerb störte mich nicht. Im Gegenteil, er machte die Sache spannend.

Der Firmeninhaber erkannte mein Potenzial und bot mir bald etwas Grosses an: die Chance, eine neue Filiale in einer Stadt in der Nähe meiner Heimatstadt zu eröffnen. Ich dachte lange und gründlich darüber nach. Es war eine unglaubliche Gelegenheit. Und ich weiss, meine Mutter hätte es geliebt. Es hätte mich näher an mein Zuhause - näher zu ihr - gebracht. Aber tief in meinem Herzen wusste ich, wenn ich zusagen würde, würde ich alles geben. Ich rechnete damit, dass der Aufbau einer erfolgreichen Filiale mindestens fünf Jahre, vielleicht auch länger, dauern würde. Und ich war noch nicht bereit, fünf Jahre meines Lebens zu opfern. Noch nicht. „Vielen Dank", sagte ich. „Ich fühle mich geehrt. Aber ich muss erst mal mein Reisefieber stillen, bevor ich mich auf so ein Projekt einlassen kann." Und schwupps, war ich weg.

Diesmal war es jedoch anders. Kein Auslandssemester. Keine Sommerreise. Nicht das übliche Studium fernab von zu Hause mit Festnetzanschluss, bei dem ich zwar immer ein paar Wochen weg war, aber jedes Wochenende nach Hause kommen konnte. Diesmal wusste ich nicht, wann oder ob ich überhaupt zurückkehren würde.

Ich weiss, dass es etwas in meiner Mutter aufgewühlt hat. Ihr Erstgeborener verliess nicht einfach nur wieder sein Zuhause, er verschwand in der Welt und würde unerreichbar sein. Meine ersten Reiseziele: Thailand, Vietnam und Kambodscha. Thailand galt als sicher, aber Vietnam hatte sich erst vor Kurzem wieder für Touristen geöffnet. Die

Regierung war noch immer dabei, auf dem Land Minen zu räumen - hässliche Erinnerungen an den Vietnamkrieg. In Kambodscha waren die UN-Truppen gerade erst abgezogen, und es gab immer noch vereinzelte Angriffe der Roten Khmer. Ich wollte die Welt entdecken, so viele magische Orte wie möglich sehen, ohne mir Sorgen machen zu müssen. Und während ich voller Aufregung und Neugier war, trug meine Mutter die Last der Ungewissheit: Konfliktgebiete, fremde Kulturen, Risiken, die sie weder mindern noch vollständig verstehen konnte.

Wir hatten keine Handys. Kein Skype. Kein Zoom. Kein WhatsApp. Kein FaceTime. Kein GPS-Tracking. Internetcafés waren selten, besonders in Kambodscha und Vietnam, wo die Infrastruktur noch im Aufbau war und E-Mail noch in den Kinderschuhen steckte. Anders als mein Vater, der immer genau wusste, in welchem Hotel er während einer ganzen Reise übernachten würde, war ich nicht gerade der organisierteste Reisende. Ich buchte nicht im Voraus und hinterliess keine Kontaktdaten. Ich verliess mich auf Empfehlungen, den Lonely Planet und mein Bauchgefühl. Ich übernachtete in einfachen Pensionen, nicht in grossen Hotels mit zuverlässiger Telefonverbindung. Manchmal vergingen Wochen, ohne dass ich anrief oder eine Nachricht schickte. Meine Mutter hatte nur verstreute Postkarten, selten einen kurzen Anruf von der Telefonzelle und ihre unendliche mütterliche Geduld. „Ich habe mich sehr über deinen Anruf gefreut", schrieb meine Mutter einmal, „und würde mich natürlich sehr freuen, öfter anzurufen - nicht um alte Probleme in neuem Gewand zu besprechen, sondern um zu hören, wie es meinem Herzenssohn geht." Mein Vater fügte pragmatischer hinzu: „Das würden wir wahrscheinlich ab und zu auch tun, wenn wir abschätzen könnten, wann, wo und wie beschäftigt du bist. Wir mögen Anrufbeantworter einfach nicht." Es war eine andere Welt - eine Welt des Wartens, Ratens und Hoffens auf Kontakt.

Als Vater verstehe ich heute, wie schwer das für meine Mutter gewesen sein muss. Ich bin so dankbar, dass wir heute die Technologie haben, die es uns ermöglicht, regelmässig mit unseren Kindern im Kontakt zu stehen, sei es auch nur mit einem Foto oder einer kurzen Nachricht, die uns wissen lässt, wo sie sind und dass es ihnen gut geht.

Damals waren diese langen Phasen der Stille normal. Meine Mutter war in einer Zeit aufgewachsen, in der man nur über handgeschriebene Briefe kommunizieren konnte. Aber das machte es nicht leichter. Es war eben so. Und für sie war es nie eine einfache Entscheidung, mich gehen zu lassen; es war eine Notwendigkeit, an die sie sich gewöhnen musste.

Während ich die beste Zeit meines Lebens hatte, durch Dschungel wanderte, in Wasserfällen und an einsamen Stränden schwamm, von den Spuren jüngster Gräueltaten zu Tränen gerührt war, durch Tempelruinen streifte und ehrfürchtig vor Angkor Wat stand, wartete sie, hoffte.

Vielleicht glaubte sie, ich würde zurückkommen, sobald das Geld ausging.

Aber ich kam nicht.

Ich besuchte meine Familie zwar einmal im Jahr kurz, doch es sollten fast zwanzig Jahre vergehen, bis ich endgültig zurückkehrte. In diesen Jahren der Trennung prägte die Distanz nicht nur meinen physischen Aufenthaltsort, sondern auch meine Beziehung zu meiner Familie: wie und wo wir einander sehen konnten und was wir voneinander erwarteten. In dieser Zeit wachsender Distanz und sich verändernder Rollen schrieb mein Vater: „Die Studentenzeit neigt sich dem Ende zu, und die Freude über die Gastfreundschaft ist mit einer gewissen Erwartung der Gegenseitigkeit verbunden."

Während meines Auslandsaufenthalts, als ich mich immer weiter in unbekanntes Terrain vorwagte - sowohl geografisch als auch emotional -, stellte ich mir immer tiefere Fragen. Wie sieht Liebe aus, wenn man nicht mehr das Kind zu Hause ist? Was geschieht, wenn Liebe Erwartungen mit sich bringt? Oder wenn man das Gefühl bekommt, dass man missverstanden werden könnte, wenn man sich selbst treu bleibt? Für mich war Liebe bedingungslos: schön, selbstlos, schmerzhaft.

Als ich begann, mein eigenes Leben zu gestalten, wuchs in mir der Wunsch nach mehr als nur Unterstützung oder Zustimmung meiner Eltern. Ich wollte gehört werden, ohne

Angst widersprechen können, anderer Meinung sein und mich trotzdem geliebt fühlen. So vieles in meiner Kindheit war von Antworten wie „So ist es eben“ geprägt. Und lange Zeit habe ich das akzeptiert. Doch mit zunehmendem Alter sehnte ich mich nach Gesprächen, nicht nach voreiligen Schlüssen.

In einem meiner Briefe schrieb ich:

Gibt es in der Liebe immer Harmonie? Sind sich die Menschen immer einig? Oder gibt es auch Raum für Meinungsverschiedenheiten? Ich glaube, man kann nur aus Auseinandersetzungen lernen. Im Leben lernt man durch Probleme. Es wäre langweilig, wenn immer alles glattliefe - dann gäbe es nichts zu lernen. Wenn ich Mamas Verhalten hinterfrage oder versuche, die Beweggründe dafür zu verstehen, heisst das nicht, dass ich es nicht akzeptiere. Ich möchte einfach nur verstehen, was los ist. Mein Brief sollte ein konstruktives Gespräch anstossen, um Missverständnisse auszuräumen - nicht einen grossen Konflikt auslösen.

Eines Tages, nachdem ich einen nachdenklichen Brief von einem meiner Elternteile erhalten hatte, war ich sehr froh, dass es endlich zu einer Diskussion gekommen war. Es fühlte sich an, als hätte sich etwas verändert, als könnten wir eine andere Art von Beziehung eingehen - weniger rollenbestimmt, mehr geprägt von gegenseitigem Respekt. Es lief nicht immer alles glatt. Aber in diesem Moment blitzte etwas Neues auf: Wir sprachen miteinander als Menschen, nicht nur als Eltern und Kind.

Ich wusste, das war erst der Anfang. Die Liebe und die Verbindung zu meinen Eltern neu zu definieren - über Distanz, Zeit und Wandel hinweg - würde eine Reise voller unbeantworteter Fragen sein. Aber zum ersten Mal war ich bereit, sie laut auszusprechen.

TAG 7

DAS VERSPRECHEN, WIEDERZUKOMMEN

Mama war heute geistig hellwach. Ihre Sprache war noch immer klar und ihre Erinnerung so scharf, dass sie mir Geschichten erzählte, die ich noch nie gehört hatte: Momentaufnahmen aus ihrer Kindheit und Jugend, die irgendwie bis jetzt verborgen geblieben waren. Diese stillen Offenbarungen fühlten sich an wie kleine Schätze, zarte Bruchstücke ihres Lebens, die sie mir anvertraute, als ahnte sie, dass es vielleicht nicht mehr viele Gelegenheiten dazu geben würde.

Obwohl ich manchmal etwas lauter sprechen musste, um gehört zu werden, lag es nicht an Verwirrung oder nachlassender Konzentration, sondern einfach an ihrem Hörvermögen, und dafür war ich dankbar. Unsere Gespräche waren nach wie vor reichhaltig und voller Humor, Herzlichkeit und dem vertrauten Rhythmus unserer Verbindung.

Sie hatte wieder kaum Wasser getrunken - so dachte ich -, bis ich sie plötzlich in der Küche fand, allein stehend und auf der Suche nach etwas zu trinken. Zum Glück war ich nur ein Zimmer weiter. Ich schaffte es, sie sicher zurück in ihr Bett zu bringen, aber der Vorfall erinnerte mich daran, wie unberechenbar die Dinge jetzt waren und wie Wachsamkeit zu meinem neuen Modus der Liebe geworden war.

Wir sahen uns gemeinsam ein weiteres Skirennen an. Mama hatte sich in Decken eingekuschelt, kommentierte leise, feuerte ihren Lieblingsskifahrer begeistert an und feierte seinen Sieg, als wäre es ihr eigener - ein kleiner Lichtblick in einer ansonsten ungewissen Zeit. Er schien in Topform zu sein, gerade rechtzeitig für die Weltmeisterschaften in der darauffolgenden Woche.

Meine Schwester kam zu Besuch, was mir die Gelegenheit gab, ihnen etwas Zeit für sich zu geben, vielleicht um Dinge zu besprechen, die Raum und Privatsphäre brauchten. Ich nutzte die Gelegenheit für eine längere Auszeit, traf mich mit einer guten Freundin und unternahm einen langen, wohltuenden Spaziergang. Mir war gar nicht bewusst gewesen, wie sehr ich das gebraucht hatte, bis ich draussen an der frischen Luft war, umgeben vom beruhigenden Rhythmus der Natur. Es war mehr als eine Pause - es war wie ein Neustart.

Mama war emotional, als ich ging. Wir hatten nun eine

Woche zusammen gewohnt, und in dieser Zeit war unsere Bindung noch stärker geworden als zuvor. Ich war zwar jeden Tag spazieren gegangen, aber ich war noch nie so lange weg gewesen, seit ich angekommen war. Sie liess mich versprechen, dass ich zurückkommen würde, und das tat ich auch - natürlich tat ich das.

•••••

Ich hatte nicht vor, in Japan zu bleiben. Nicht ursprünglich. Aber wie heisst es so schön: Nichts, was das Leben verändert, beginnt mit einem ausgeklügelten Plan. Japan sollte nur eine Zwischenstation auf meiner Reise sein: ein kultureller Abstecher, eine Gelegenheit, alte Tauchfreunde aus Australien und einen Freund aus einem Sprachaustausch in Aix-en-Provence von vor langer Zeit wiederzutreffen. Neugier und Zufall hatten mich dorthin geführt. Doch einige unerwartete Begegnungen veränderten mein Leben auf subtile Weise.

Eine der ersten Begegnungen war mit einem kräftigen, bärtigen Australier, der aussah, als hätte er schon so einiges durchgemacht. Er gab mir etwas wie einen Kompass, nicht zur Orientierung, sondern zur Unterscheidung. „Hinterfrage jeden Gedanken, der mit ‚Ich sollte' beginnt", sagte er. „Wer sagt das? Wer sagt, dass du das tun solltest? Tu nichts aus einer eingebildeten Verpflichtung heraus. Tu es, weil du es willst." Er schenkte mir auch einen neuen Wortschatz - oder besser gesagt, nahm mir einen. „Kein Wünschen, Hoffen oder Versuchen mehr", sagte er. „Entweder du gibst alles, oder du lässt es bleiben."

Das hat mich geprägt.

Dann lernte ich eine Gruppe französischer Expats kennen, die in Tokio geschäftlich tätig waren. Sie zeigten mir, was jenseits meiner gewohnten Umgebung möglich war. Wir trafen uns in einem französischen Café in Harajuku, dem pulsierenden Zentrum für Jugend und Kreativität in Tokio. Dort wurde ich von einem anderen Franzosen, der für Dr. Kuniaki Imoto, auch bekannt als Imoto Sensei, in seinem Dojo in Harajuku übersetzte, mit Seitai bekannt gemacht. Vor jeder Trainingseinheit machten wir spezielle Übungen, um unsere Lebensenergie zu steigern und unsere Hände zu „aktivieren", indem wir unsere Achtsamkeit wie einen Muskel trainierten. Ich ahmte Bewegungen nach, spiegelte die Berührung des Sensei wider und erntete anerkennendes Nicken. Etwas in mir öffnete sich.

Schliesslich lud mich Lee ganz unkompliziert zu einer Probe seiner Theatergruppe ein. Ich nahm die Einladung an, nicht aus Höflichkeit, sondern weil ich es wollte. Ich war neugierig. Die Bühne hatte schon immer eine gewisse Anziehungskraft auf mich ausgeübt: etwas, das in meiner Fantasie aufblitzte, aber nie wirklich Wirklichkeit wurde.

Die Probe war anders als alles, was ich je erlebt hatte. Es

war, als schlüpfte ich in eine andere Version von mir selbst - eine, die ich stillschweigend unter der Vernunft begraben hatte. Es war nicht einfach nur eine Probe. Lee bat jeden von uns, eine kurze Performance basierend auf einer persönlichen Peinlichkeit zu entwickeln und eine Figur zu erschaffen, deren ganzes Wesen von diesem einen Moment geprägt war. Es war roh, beunruhigend und völlig ausserhalb meiner Komfortzone - aber auch elektrisierend. Ich hatte immer Angst davor gehabt, ausgelacht zu werden, Angst davor, dass zu viel von mir preiszugeben zu Spott oder Ablehnung führen würde. Aber die Schönheit des Theaters liegt darin, dass es das Gewöhnliche sprengt. Indem ich die Geschichte bis ins Lächerliche übertrieb, fand ich eine neue Freiheit. Je mehr ich mich in die Absurdität der Peinlichkeit hineinsteigerte, desto lauter lachte das Publikum. Lachen, nicht über mich, sondern mit mir. Es war befreiend.

Die Bühne erweiterte nicht nur meine Komfortzone - sie sprengte sie bis ins Mark. Sie sprengte selbstauferlegte Grenzen und half mir, persönlich zu wachsen. Sie entfesselte etwas in mir. Zum ersten Mal erkannte ich, dass die Bühne nicht nur ein Ort für Aufführungen war, sondern ein Ort der Transformation. Ich hatte in der Unternehmensberatung gearbeitet, um mein Studium zu finanzieren. Dort lernte ich Strategie, systemisches Denken, Strukturen und Lösungen zu erkennen. Doch die Schauspielerei offenbarte mir etwas, das die Beratung nie berührt hatte: Transformation beginnt im Inneren. Die besten Strategien der Welt verfehlen ihre Wirkung, wenn die Menschen dahinter nicht mit ihnen mitwachsen - insbesondere die Führungskräfte. Diese Erkenntnis packte mich tief. Wenn ich Unternehmen wirklich zum Wachstum verhelfen wollte, musste ich sowohl die Unternehmen als auch ihre Mitarbeiter weiterentwickeln.

Ich spürte, dass es noch so viel mehr für mich zu entdecken gab - über mich selbst, über die Kunst des Theaters, über die Stille der Meditation und die subtile Weisheit des Seitai.

Also blieb ich in Japan.

Es war eine schwierige Entscheidung. Ich war mitten in meiner Asienreise und durch den Zwischenstopp in Japan verschob ich die Idee, „nach Hause zu kommen", in eine noch ungewisse Zukunft. Freunde und ehemalige Kollegen warnten mich, ich würde meine Karriere ruinieren. „Wenn du bleibst", sagten sie, „findest du in der Schweiz nie wieder einen Job." Für mich waren diese Aussagen Ausdruck meiner eigenen Zweifel, nur lauter als sonst. Aber ich bekräftigte immer wieder, dass dies mein Weg war. Ich sagte mir, je mehr ich wuchs, desto erfolgreicher würde ich werden und desto leiser würden diese Stimmen - in mir und um mich herum.

Und dann waren da die Erdbeben. Tokio bebte oft. Manche waren sanft, rhythmisch wie ein Atemzug. Andere trafen wie ein Schlag der Wahrheit. Man konnte nicht viel tun, wenn ein Erdbeben zuschlug. Entweder man arrangierte sich damit oder nicht. Sie wurden schnell Teil meines neuen Alltags, und bald machte ich mir keine grossen Sorgen mehr. Meine Mutter hingegen war besorgt, besonders wenn die Schweizer Nachrichten von Erdbeben in Japan berichteten. „Wie geht es dir? Melde dich endlich! Ich habe schon ewig nichts mehr von dir gehört - und nach so einem Erdbeben mache ich mir echt Sorgen", flehte sie mich einmal an.

Immerhin hatte ich eine Zeit lang eine feste Adresse. Das beruhigte sie ein wenig.

Meine Mutter verfolgte meine Reise mit Briefen voller sanfter Sorge und starker Mutterliebe. „Mein Herzenskind", schrieb sie. „Bleib gesund und halte an deinem Glück fest. Du wirst dich nicht verirren, das weiss ich, aber ich möchte gern wissen, wo du bist, was du machst und wie es dir geht."

Natürlich konnte ich von meinem Lernweg nicht leben und Tokio war eine der teuersten Städte der Welt. Meine Mutter hatte Angst, ich würde in einer Schuhschachtel leben. Es war eine sehr schwierige Zeit für sie. Inspiriert von französischen Unternehmern und einer brasilianisch-japanischen Frau, die einen kleinen Bekleidungsladen führte, wagte ich den Sprung ins kalte Wasser und gründete mit minimalem Startkapital ein eigenes Unternehmen. Ich investierte meine gesamten Ersparnisse in die Produktion von Damenbekleidung und begann, sie zu importieren - meine eigenen Designs, intuitiv ausgewählt und geprägt von dem, was ich für die Vorlieben meiner zukünftigen Kundinnen hielt. Ich hatte keine Kontakte, keine Erfahrung und sprach kaum Japanisch.

Es begann mit einer Tasche voller Muster und einem hoffnungsvollen, etwas unbeholfenen Versuch: „Hallo. Ich habe Muster. Würden Sie welche kaufen?“

Als ich es meiner Mutter erzählte, überraschte sie mich. „Da bist du in deinem Element“, schrieb sie. „Es kann nichts schiefgehen, denn du kannst dich auf deinen Geschmack und deine Intuition verlassen - und weil du ein Verkaufstalent bist.“

Nach und nach wuchs das Geschäft. Aus einem bescheidenen Anfang entstanden ein Lieferwagen, ein wachsendes Netzwerk und schliesslich ein Showroom, den Boutique-Einkäufer aus ganz Japan besuchten. Mein Durchbruch kam, als zwei frühe Kunden, die sich anfangs nichts leisten konnten, mir eine Chance gaben. Ich überzeugte sie, eine kleine Lieferung in Kommission zu nehmen. Innerhalb weniger Wochen war alles verkauft, und sie wollten mehr. Ihr Geschäft befand sich zufällig in einem der angesagtesten Viertel Tokios. Stylisten verschiedener Modemagazine entdeckten meine Stücke und begannen, sie zu präsentieren - mit dem Namen des Geschäfts meiner Kunden. Das Telefon stand nicht mehr still.

Es gab noch ein paar andere glückliche Zufälle, wie zum Beispiel, dass ich mich auf dem Weg zu einer neuen Kundin verfuhr und dabei zufällig ein anderes Geschäft entdeckte, das sich als Teil einer Kette mit sieben Filialen entpuppte. Da war auch ein Grosskunde, der mir ein Kleid gab, das jahrelang sein Bestseller gewesen war, und mich bat, es aus anderen Materialien anzufertigen. Es wurde zu einem meiner Bestseller.

Aber die Wahrheit ist: Ich habe hart gearbeitet, war pünktlich, habe meine Kundinnen gut bedient und auf mein Bauchgefühl vertraut.

Je erfolgreicher ich wurde, desto ruhiger wurden die Briefe meiner Mutter. „Schön zu wissen, dass es dir gut geht und du optimistisch bist." Ich erinnere mich nicht an alle Briefe, aber mein Vater war ein Bewahrer von Erinnerungen, ein stiller Archivar des Herzschlags unserer Familie. Er bewahrte die Worte auf, die ich nach Hause schickte, und die, die sie zurückschickten. Und wenn ich sie heute lese, höre ich die Sorge, die ich einst beiseite geschoben habe. Ich sehe, wie eng unsere Leben trotz der Entfernung miteinander verwoben blieben. Meine Mutter war Tausende von Kilometern entfernt, aber nie weit von meiner Seite.

Ich hatte nie versprochen, zurückzukehren, aber über die Jahre nahm ich es mir zur Gewohnheit, einmal im Jahr nach Hause zu fahren - nicht, weil es ganz oben auf meiner Reiseliste stand, sondern weil es mir wichtig war. Ich wollte mich mit meinen Wurzeln verbinden, nachsehen wie es allen geht, den Kontakt aufrechterhalten.

An Weihnachten beschloss ich einmal spontan, meine Eltern mit einem zehntägigen Besuch zu überraschen. Als ich anrief, um ihnen die Idee mitzuteilen, erwartete ich Begeisterung. Doch nach einer langen Pause kam die Antwort: „Okay ... komm für vier Tage." Ich hörte eher Zögern als Begeisterung oder Freude. Später erklärte mir mein Vater, dass sie mit mehr Vorlaufzeit besser hätten planen können. Besuche stressten meine Mutter, weil sie alles perfekt haben wollte. Ich verstand das, auch wenn es weh tat. Daraufhin schrieb ich:

> *Es tut mir leid, dass mein Leben nicht immer so gut durchgeplant ist. Ich bin Spontaneität gewohnt, aber ich verstehe, dass euer Leben mit Plänen besser funktioniert. Ich akzeptiere das - und ich weiss Mamas Mühe sehr zu schätzen, auch wenn ich fest davon überzeugt bin, dass wir ohne all die Vorbereitungen genauso viel Spass hätten.*

Ich meinte es ehrlich. Aber ein Teil von mir wünschte sich auch, dass mein Erscheinen - so wie ich es getan hatte - genügt hätte.

•••••

Nachdem meine Schwester ihren Besuch beendet hatte, ging ich zurück zu Mamas Wohnung. Als ich durch die Tür trat, wirkte Mama erleichtert. „Du hast dein Versprechen gehalten", sagte sie leise. Ich nickte. „Und du deins", erwiderte ich.

Der Arzt hatte versucht anzurufen, während ich weg war, aber mein Akku war leer. Ich stellte mir vor, dass wir uns Anfang der neuen Woche austauschen würden. Im Moment gab es keine dringenden medizinischen Fragen. Nur Anwesenheit. Nur Zeit.

Damit endete die erste Woche - eine Woche, die sich bereits wie eine Ewigkeit angefühlt hatte. Ein ruhiger Rhythmus hatte sich eingestellt, als hätten wir einen Pakt geschlossen, auch wenn sich die Bedingungen ständig änderten. Und dennoch fragte ich mich, was die nächsten sieben Tage von mir verlangen würden.

„Liebe heisst, Angst loszulassen.“

GERALD JAMPOLSKY

TAG 8

SÜSSE REBELLIONEN

Es gab nicht viel zu berichten, zumindest nicht vordergründig. Mama hatte den Grossteil des Tages verschlafen, und wenn sie wach war, fühlte sie sich elend: schwach, wackelig auf den Beinen und betäubt von einer Leere, die sie sich nicht erklären konnte. Ausser, als ihr Lieblingsskirennfahrer wieder gewann. Für einen kurzen Moment strahlte Mamas Gesicht auf eine Weise, die ich schon lange nicht mehr gesehen hatte. Sie sagte nicht viel, sondern schaute einfach zufrieden zu, ihre Augen folgten den Kurven und Triumphen, als wäre der Sieg ihr eigener. Vielleicht war er es ja auch. Diese kleinen Freuden bedeuteten jetzt mehr denn je.

Und dann, wie aus dem Nichts, sagte sie: „Ach, wie sehr wünschte ich, ich könnte einen grossen Krug Bier trinken."

„Als ob das helfen würde", dachte ich überrascht. Ein Bier. Ich konnte mich nicht erinnern, Mama das jemals zuvor sagen gehört zu haben. Sie war nie eine Trinkerin - vielleicht ab und zu ein Glas Wein, etwas Likör zum Nachtisch, hin und wieder einen Whisky, wenn die Migräne zuschlug. Aber Bier? Niemals.

Natürlich ging es ihr nicht wirklich um das Getränk selbst. Es war das Gefühl, das es verkörperte: Genuss, eine Art Normalität, die still und leise, Stück für Stück, verschwunden war. Also gab ich, ganz im Geiste dieses Moments, einen Schuss Whisky in ihr Wasserspray. Eine kleine, süsse Rebellion. Es hob ihre Stimmung, und dieser kleine Schalk blitzte wieder in ihren Augen auf.

Später beschrieb Mama ein seltsames Gefühl: eine „Leere im Kopf", eine stille, beunruhigende Distanz zu ihren Gedanken. Lee sagte, das sei eine häufige Reaktion, wenn der Körper (in seinen Worten) „beginnt, sich selbst zu verzehren", und fügte hinzu, dass es schliesslich zu Euphorie führen würde.

Das war seltsam beruhigend. Mama hatte auf dieses Gefühl gewartet - auf ein sanftes Loslassen. Aus meiner Sicht hatte sich seit Mitte der Woche kaum etwas verändert, nur kleine, schleichende Veränderungen, die sich weder wie Fortschritt anfühlten noch so aussahen. Vielleicht war das die wahre Bedeutung von Übergang: sanft, subtil und ganz von der Person selbst gestaltet. Mama hatte so lange so gut auf sich geachtet. Ihr Körper war ihr treuer Verbündeter gewesen, ihre Widerstandsfähigkeit durch Jahrzehnte voller Herausforderungen und Zielstrebigkeit gestärkt. Vielleicht hielt diese Stärke sie nun auch noch ein wenig länger mit der Welt verbunden.

•••••

Als meine Schwester und ich Kinder waren, fuhr Mama einen orangefarbenen Mini. Er war klein und voller Lebensgeist, genau wie sie. Eines Tages, auf dem Heimweg vom Einkaufen, hielt sie an einer roten Ampel. Hinter ihr verwechselte eine junge Frau, die ihren bestandenen Führerschein gefeiert hatte, Bremse und Gaspedal und krachte ungebremst in Mamas Auto. Die frühen Mini-Modelle hatten keine Kopfstützen, und der Aufprall verursachte ein schweres Schleudertrauma, das Mama ihr Leben lang chronische Nackenschmerzen, Migräne und Schwindelanfälle bescherte. Es war kein stechender Schmerz, sondern ein anhaltender, immer wiederkehrender, schleichender Schmerz, der sie langsam zermürbte. Sie versuchte alles: Physiotherapie, Massage, Akupunktur, Chiropraktik und Osteopathie. Nichts half vollständig. Manchmal reichte schon eine falsche Bewegung, ein Wetterumschwung oder ein kühler Luftzug im Nacken, und der Schmerz kehrte mit voller Wucht zurück. Sie lernte, damit zu leben und die Schmerzen mit Spezialkissen, warmen Schals, Voltaren-Pflastern und, an besonders schlimmen Tagen, einem Schluck Whisky gegen die Migräne zu lindern.

Jahre später unterzog sich meine Mutter aufgrund zunehmender Knieschmerzen einer Meniskusoperation. Diese brachte ihr viele Jahre Linderung, doch schliesslich kehrten die Schmerzen zurück. Ihr wurde ein künstliches Kniegelenk empfohlen, und nachdem sie mit anderen Betroffenen gesprochen hatte, die positive Erfahrungen gemacht hatten, willigte sie ein.

Laut dem Chirurgen verlief die Operation erfolgreich. Doch der Genesungsverlauf meiner Mutter erzählte eine andere Geschichte. Die Schmerzen hielten lange an, nachdem sie hätten abklingen sollen. Meine Mutter, die nie etwas dem Zufall überliess, hielt sich genau an ihren Rehabilitationsplan, doch die Beschwerden verschlimmerten sich nur. Als sie mit ihren Bedenken zum Chirurgen zurückkehrte, wies er sie ab und erklärte ihr, es sei alles nur Einbildung. Einmal schlug er ihr sogar vor, einen Psychiater aufzusuchen. Es war eine desorientierende und demütigende Erfahrung. Sie begann, an sich selbst zu zweifeln - an ihrem eigenen Körper, an ihren eigenen Instinkten. Doch der Schmerz war real. Nach zwei qualvollen Jahren holte sie eine zweite Meinung ein. Der neue Arzt warf nur einen Blick auf die Aufnahmen und stellte die Diagnose: Der Chirurg hatte ihr ein Kniegelenk in Männergrösse eingesetzt, viel zu gross für ihr Bein. Es passte überhaupt nicht. Ihr Schmerz, ihr Instinkt, hatten von Anfang an recht.

Konfrontiert mit dieser Diagnose, gab der ursprüngliche

Chirurg endlich seinen Fehler zu. Diese Bestätigung wirkte seltsam tröstlich. Sie war nicht verrückt. Sie kannte ihren Körper besser als jeder andere, und wieder einmal hatte sie ihm richtig vertraut. Doch das heilte den Schaden nicht. Ein vollständiger Gelenkersatz hätte eine umfangreiche und riskante Operation erfordert. Stattdessen entschied sie sich für einen kleineren Korrektureingriff, um die Lockerheit zu reduzieren und die Beweglichkeit zu verbessern. Es half, aber der Schmerz verschwand nie ganz. Sie benutzte Gehstöcke, um ihre Gelenke zu entlasten, und wechselte vom Skating- zum klassischen Langlaufstil, um die seitliche Belastung zu minimieren.

Meine Mutter liess sich vom Schmerz nicht unterkriegen. Sie passte sich mit stiller Entschlossenheit an. Sie fand Wege, damit umzugehen: Kräftigungsübungen, tägliche Spaziergänge, Heimtrainer-Training, Magnetbänder und Salben. Stück für Stück baute sie sich ein Leben trotz der Schmerzen auf. Kein Leben, das von ihnen bestimmt wurde, sondern ein Leben, das sie sorgsam um die Schmerzen herum gestaltete. Sie gab nie auf, sich zu verbessern, und liess sich nie davon abhalten, die Dinge zu tun, die sie liebte. Es war einfach ein weiterer Begleiter auf ihrem Weg: eine weitere Herausforderung, der sie mit Anmut und Entschlossenheit begegnete.

Ich hatte selbst Knieprobleme, meine Operationen erfolgten jedoch Jahre nach denen meiner Mutter. Lange Zeit mied ich eine Operation ganz, auch wegen ihrer Erfahrung. Mitanzusehen, wie sie mit Schmerzen, Ablehnung und einer langen, komplizierten Genesung kämpfte, hat mich geprägt. Ich glaubte, dass man, sobald man mit Knieoperationen beginnt, unweigerlich in Richtung eines künstlichen Gelenks gerät. Das war nicht ganz rational - die Zeiten hatten sich geändert, die Verfahren hatten sich verbessert -, aber dieser Glaube liess sich nur schwer ablegen. Schliesslich, als ich das Gelenk nicht mehr stabilisieren konnte, fügte ich mich der Operation. Es war weitaus weniger belastend als der Eingriff, den meine Mutter über sich ergehen lassen musste, aber trotzdem konnte ich ihre Frustration über den Genesungsprozess nachempfinden und verstand dadurch noch besser, was sie all die Jahre durchgemacht hatte.

Trotz der Widerstandsfähigkeit meiner Mutter blieb ein weiter stiller Feind über dreissig Jahre lang an ihr haften: Bluthochdruck. Die Ursache war unklar. Ihr Lebensstil war allem Anschein nach bemerkenswert gesund. Sie ernährte sich gut, bewegte sich regelmässig und achtete auf das, was sie ass und trank, aber auch darauf, dass sie alles in Massen ass und trank. Doch die Werte sprachen eine andere Sprache. Und für jemanden, der nur allzu gut wusste, was diese Zahlen bedeuten konnten - einen Schlaganfall, einen Herzinfarkt, einen plötzlichen Zusammenbruch -, wurde es nicht nur eine Krankheit, sondern eine Quelle tiefen und chronischen Stresses.

Die Suche nach den richtigen Medikamenten war ein ständiger Kampf. Manche machten sie schläfrig oder schwindelig, andere verursachten Magenbeschwerden. Einige wenige lösten Kopfschmerzen aus oder brachten sie völlig aus dem Gleichgewicht. Kaum hatte sie ein wirksames Medikament gefunden, veränderte sich die Reaktion ihres Körpers, und der Anpassungsprozess begann von neuem. Es gab Phasen, in denen sie sich wieder wohlfühlte und die Situation im Griff hatte. Doch dann, scheinbar aus dem Nichts, traten Blutdruckspitzen auf, manchmal bis zu 240 mmHg.

Diese Episoden ängstigten sie, nicht nur wegen der Zahlen, sondern weil sie die Veränderung kommen spürte. Sie war auf ihren Körper so eingestellt, wie es nur jahrelange medizinische Ausbildung und eigene Erfahrung vermitteln können. Sie spürte, wenn der Druck stieg - an ihrem Puls, an den Schläfen, an ihrem Atem, an ihren Augen - und sie mass ihn, bestätigte ihn und versuchte, ihn zu senken. Doch diese Wachsamkeit hatte ihren Preis. Das Bewusstsein, das ihr Sicherheit gab, schürte gleichzeitig ein wachsendes Angstgefühl. Sie wusste zu viel. Sie konnte sich jedes mögliche Ergebnis ausmalen. Und diese Angst verschlimmerte das Problem mitunter nur noch.

Dennoch - erstaunlicherweise - machte Mama weiter. Es wurde Teil ihres Lebens: kein bestimmendes Merkmal, aber ein ständiger Begleiter. Es prägte ihre Tage, ihre Routinen, ihr Energieniveau. Aber es nahm ihr nie ganz den Lebensmut. Sie blieb engagiert, aktiv und ganz für ihre Mitmenschen da. Sie lernte einfach, mit einem Sturm zu leben, der immer am Horizont drohte, und ihrem inneren Kompass zu vertrauen, der sie durch jede Kurve führte.

Mama hörte nie auf zu lachen, hörte nie auf, da zu sein, gab nie auf. Der Schmerz mag sie begleitet haben, aber er wies ihr nie den Weg - sie selbst tat es. Und damit lehrte sie uns etwas, das man weder verschreiben noch messen kann: wie man voll und ganz lebt, auch wenn der Körper es einem nicht immer erlaubt.

•••••

Obwohl ich dachte, es könnten Mamas Stärke und Widerstandsfähigkeit sein, die sie mit der Welt verbanden, meinte Lee, dass meine Anwesenheit und Unterstützung ihren Willen zum Bleiben vielleicht nur verstärkten. Dieser Gedanke traf mich tief. Mir gefiel der Gedanke nicht, dass ich der Grund für die Verzögerung sein könnte. Ich hatte Mama immer wieder versichert, dass wir bereit wären - dass sie nicht unseretwegen bleiben müsse, dass sie gehen könne, sobald sie bereit sei. Trotzdem fragte ich mich, ob meine Anwesenheit - meine stille Aufmerksamkeit, die Art, wie ich Decken faltete oder ihre Hand hielt - unsichtbare Fäden zog, die sie noch nicht lösen konnte.

Lee schrieb voller Wärme, Stolz und Dankbarkeit. Er hatte am Tag zuvor mit einem Jain-Asketen über Mamas Weg gesprochen. Der Asket hatte den spirituellen Wert dieses Prozesses beschrieben, die reinigende Wirkung in der Jain-Tradition und wie die endgültige Hingabe oft eintritt, wenn die Organe still und leise ihre Funktion einstellen, idealerweise im Schlaf.

Meine Gedanken wanderten zur Leber. Sobald sie versagte, würden unverarbeitete Giftstoffe das Gehirn überfluten und Halluzinationen hervorrufen. Ein Zerfall. Ich hatte immer angenommen, dass sich das Bewusstsein mit diesem Versagen auflöst. Aber vielleicht könnte es anders geschehen - eine sanftere Hingabe. Vielleicht im Schlaf, vielleicht in Stille.

Auch Lee hatte das ebenfalls beobachtet. Doch schliesslich sagte er: „Was immer im karmischen Muster, im Lebensdrama angelegt ist, wird geschehen."

Und so kehrte ich zu dem zurück, was ich wusste: dass kein Abschied dem anderen gleicht, dass der Weg geformt wird durch ein gelebtes Leben, durch eine geprägte Denkweise, durch einen Körper, den man liebt oder gegen den man kämpft, und durch eine Seele, die entscheidet, wann sie loslässt. Meine einzige Aufgabe war es, für alles, was geschah, präsent zu sein, voll und ganz, demütig, ohne zu urteilen oder Erwartungen zu haben.

In jener Nacht, kurz bevor sie einschlief, wandte sich

Mama an mich. „Danke“, flüsterte sie, „dass du mich auf diesem Weg unterstützt hast. Dass du mir erlaubt hast, in der Geborgenheit meines Zuhauses zu bleiben.“

Dankbarkeit, umhüllt von Hingabe.

„Hab Geduld. Alles ist erst schwer,
bevor es leicht wird.“

SAADI VON SCHIRAZ

TAG 9
LOSLASSEN ÜBEN

Immer noch durstig und immer noch mit Whisky und Wasser besprüht.

Mamas Nachbarin rief wieder an und versuchte, sie zu einem Herzschrittmacher zu überreden. Ihr Mann hat selbst einen - obwohl er laut Mama oft sagte, er wünschte, er hätte keinen. Für Mama stand das gar nicht zur Debatte. Sie verstand sowohl die Möglichkeiten als auch die Grenzen. Keine weiteren Tests. Keine weiteren Analysen. Keine Eingriffe. Sie war sich im Klaren. Sie hatte sich mit ihrem Weg abgefunden.

Später bekamen wir unseren ersten Besuch von der SPITEX-Krankenschwester. Mama erwähnte, dass sie seit zehn Tagen keinen Stuhlgang hatte. Die Krankenschwester untersuchte sie sorgfältig. Ihr Bauch war weich, keine akuten Schmerzen, und sie hatte noch regelmässig Blähungen: ein gutes Zeichen, zumindest vorerst. Sie hatte etwa elf

Kilo abgenommen und hatte überhaupt keinen Appetit. Es hatte Momente der Desorientierung gegeben. Trotzdem war ihr Geist grösstenteils klar. Sie fühlte sich, alles in allem, überraschend gut.

Die Krankenschwester riet ihr, nicht mehr allein aufzustehen. Es war einfach zu riskant. Ihre Beine waren zu schwach geworden, ihr Gleichgewicht zu zerbrechlich. Doch die Krankenschwester bemerkte, dass sie selbst in diesem geschwächten Zustand noch „sehr stark" sei. „Es kann noch eine Weile dauern." Länger, als Mama gehofft hatte. Länger, als sie darauf vorbereitet war. Diese Nachricht löste etwas in ihr aus. Alte Stimmen tauchten wieder auf. „Nicht gut genug", murmelte sie. „Immer noch hier. Noch nicht fertig."

•••••

Besuche von Mamas Eltern waren oft Anlässe, die ihre tiefsten Ängste auslösten. Besonders Weihnachten war eine Zeit, in der der Druck, alles perfekt machen zu müssen, fast unerträglich schien. Da ihre Eltern jeweils eine lange Autofahrt vor sich hatten, blieben sie meist mehrere Tage, und Mama war schon lange vorher gestresst. Sie wollte, dass alles perfekt war, als müsste sie sich, vor allem ihrer Mutter, erneut beweisen. Sie wollte den Besuch ihrer Mutter auf irgendeine Weise aussergewöhnlich gestalten. Es ging nicht nur darum, das Gästezimmer wie eine Hotelsuite aussehen zu lassen; das ganze Haus musste blitzblank sein. Mama ging über ihre übliche Putzroutine hinaus und staubte und polierte jedes Regal, bis kein Staubkorn mehr zu sehen war.

Mama plante für jeden Tag ihres Besuchs ein köstliches Drei-Gänge-Menü, jedes mit einem leckeren Dessert zum Abschluss. Sie kaufte akribisch ein und begann schon Tage im Voraus mit den Vorbereitungen. Weihnachten war ohne selbstgebackene Plätzchen und einen Dresdner Weihnachtsstollen nicht komplett: ein saftiges, dichtes Früchtebrot voller kandierter Früchte, Rosinen und warmer Gewürze. Viele ihrer Rezepte erforderten lange, aufwendige Vorbereitungen, darunter das Kühlen über Nacht vor dem Backen. Meine Schwester und ich wurden oft eingeladen, bei den einfacheren Rezepten zu helfen, und wir naschten eifrig von den Resten und leckten die Schüsseln blank. Bei den kniffligeren Rezepten arbeitete Mama lieber allein. Tag für Tag backte sie unermüdlich und produzierte neben unzähligen Stollen auch Dosen voller Mailänderli, Lebkuchen mit Zitronenzuckerglasur, Schokoladen-Mandel-Basler Brunsli, deutschen Zimtsternen und hellen Anisbrötli. Es gab immer so viele Plätzchen, dass sie bis weit in den Januar hineinreichten.

Mamas Mühe erstreckte sich auch auf die Dekoration: ein Adventskranz mit vier leuchtenden Kerzen, mit Nelken gespickte Orangen, eine Weihnachtspyramide aus dem Erzgebirge, eine Krippe und ein Baum mit traditionellem, handgefertigtem Schmuck - darunter ein Engelsorchester, echte Kerzen und sorgfältig verpackte Geschenke.

Und dann war da natürlich noch das Flötenkonzert am Weihnachtstag, das wir gemeinsam vortragen sollten. Wir suchten die Lieder gemeinsam aus. Mama lernte sie auch und übte wochenlang mit uns, damit wir als Familie zusammen spielen konnten.

Das war Weihnachten, aber Mama kümmerte sich bei jedem Besuch mit diesem Mass an Fürsorge das ganze Jahr über, mit Blumenarrangements passend zur Jahreszeit oder zum Anlass, Drei-Gänge-Menüs und Kuchen am Nachmittag. Ob Dresdner Eierschecke, saftiger Schokoladenkuchen, Karottenkuchen, Linzer Torte oder saisonale Aprikosen-, Pflaumen- oder Apfelwähe mit viel Schlagsahne - es gab immer etwas Schönes und Reichhaltiges.

Doch trotz all dieser Mühe machte sich Mama unaufhörlich Sorgen. Würde es reichen? Würde alles nach Plan laufen? In den Tagen vor der Ankunft ihrer Eltern war die Anspannung greifbar. Wir wussten, dass wir ihr besser aus dem Weg gingen, denn wenn wir zusätzlichen Stress verursachten, würde Papa sofort eingreifen, um sie zu beschützen.

Sobald die Gäste da waren, war Mama tadellos gekleidet und voll konzentriert und aufmerksam, um die perfekte Gastgeberin zu sein. Während Papa die Aufgaben im Gästebereich übernahm - Gäste begrüssen, Getränke einschenken und Smalltalk halten -, arbeitete Mama unermüdlich in der Küche. Wir Kinder mussten uns gut anziehen und uns von unserer besten Seite zeigen, oft mit dem Gefühl, gesehen, aber nicht gehört werden zu dürfen. Mama war von morgens bis abends aktiv. Sie war bei jedem Gespräch dabei, servierte jede Mahlzeit mit Sorgfalt und hielt die Küche makellos sauber. Nach dem Mittagessen, wenn sich ihre Eltern zur Ruhe zogen, räumten wir auf, während Mama mit den Vorbereitungen für die nächste Mahlzeit begann. Bis sie selbst bereit für eine kurze Pause war, waren ihre Eltern meist schon wieder auf den Beinen, erfrischt und fragten: „Und was kommt als Nächstes?“ Papa war zwar hauptsächlich für die Aktivitäten zuständig, aber Mama fühlte sich verantwortlich - keine Lücken durften sein. Den Missfallen ihrer Mutter wollte sie unbedingt vermeiden.

Spaziergänge im Wald waren üblich, wenn keine besonderen Anlässe oder Ausstellungsbesuche geplant waren. Manchmal fuhren sie zu einem Lieblingsplatz, manchmal spazierten sie auf einem nahegelegenen Wanderweg - immer sorgfältig ausgewählt, unter Berücksichtigung des Wetters, der körperlichen Verfassung ihrer Eltern und der Sehenswürdigkeiten. Diese Spaziergänge gaben ihren Eltern die Gelegenheit, sich mit Mama, Papa und uns zu unterhalten. Nach dem Spaziergang ruhten sich alle mit ihren müden Gliedern auf dem Sofa aus, genossen die Aussicht und die Möglichkeit für weitere Gespräche, während Mama den Tisch für den Kaffee deckte - immer mehr als genug. Der Kaffee zog sich oft bis zum Beginn der Abendessenvorbereitungen hin, dann ging es für Mama von vorne los. Nach dem Essen unterhielten sich die Erwachsenen über dies und das oder hörten Musik bis spät in die Nacht, während wir Kinder ins Bett geschickt wurden.

Diese kräftezehrende Routine wiederholte sich Tag für Tag. Mama war ständig unter Dampf und konnte sich selten entspannen oder einfach den Moment geniessen. Sie arbeitete ununterbrochen, machte sich Sorgen, präsentierte sich - ihr Kochen, Ihre Strickereien und die Fortschritte ihrer Kinder -, scheinbar verzweifelt bemüht, jegliche Kritik zu vermeiden und die Anerkennung ihrer Mutter zu gewinnen. Nach solchen Besuchen war Mama völlig erschöpft.

Was genau Mamas Stress bei diesen Besuchen auslöste, ist unklar. Ihre Mutter sagte selten etwas direkt. Vielleicht war es ein flüchtiger Blick, ein Gesichtsausdruck oder eine unausgesprochene Erwartung, die hinter der Frage „Was machen wir als Nächstes?“ mitschwang. Solche Momente wiegen schwerer, wenn man glaubt, dass ein Mädchen nur halb so viel wert ist wie ein Junge. Ich glaube, Mama setzte sich selbst enorm unter Druck, was ihren Stress noch verstärkte, und war zutiefst erleichtert, wenn ein Besuch ohne Zwischenfälle verlief.

Als Kinder waren wir Teil dieser „Vorstellung“. Wir machten uns schick, versuchten, uns perfekt zu benehmen, und fürchteten Papas Tadel, falls wir einen Fehler machten. Dadurch fühlten sich die Besuche wie eine wichtige Aufführung an, bei der jeder sein Bestes geben musste. Obwohl wir uns nicht bewusst Sorgen machten, gut genug zu sein, war die Anspannung spürbar. Auch wir waren nervös und fragten uns, ob wir das Richtige sagten oder taten.

Was zwischen den Besuchen geschah, war ebenfalls wichtig. Mama war stolz auf unsere Erfolge und wollte sie unbedingt mit ihren Eltern teilen. Ich glaube nicht, dass sie uns in einem Konkurrenzkampf vergleichen wollte, aber es schwang ein unterschwelliger Vergleich mit - etwas, das ich, wie ich mich erinnere, auch ansprach und ihr sagte, dass es mir nicht gefiel. Was ich damals nicht begriff, war, wie sehr ich diesen Druck bereits selbst auf mir trug.

•••••

Obwohl Mama im Sterben lag, war es ihr wichtig, gut auszusehen, und so bat sie die Krankenschwester, ihr die Haare zu waschen. Wir wechselten auch ihre Bettwäsche und gaben ihr einen frischen Schlafanzug. Sie fühlte sich erfrischt und kuschelte sich mit einem Lächeln ins Bett. Ihr Körper versagte, aber es gab immer noch Momente des Trostes.

Lee schrieb in seiner gewohnt reflektierten Art Folgendes:

„Als Menschen klammern wir uns ans Leben - oder an unsere Vorstellung davon - selbst im Schmerz. Das ist bewundernswert und tragisch zugleich. Wir verwechseln Leben mit Tun - Reden, Planen, Drängen -, anstatt einfach nur zu sein. Frieden ist etwas, dem wir uns widersetzen, das wir unterschätzen ... bis er der einzige Ausweg ist. Aber auf den Tod zu warten, ist doch nicht der Sinn des Lebens, oder? Es geht darum, diesen kostbaren Zeitraum zu nutzen - um füreinander da zu sein und nach und nach das Festhalten loszulassen. Um Gegensätze wie Ungeduld, Kontrollsucht und Urteilsvermögen loszulassen. Jetzt ist die Zeit, das Fliegen zu üben."

Nachdem die Krankenschwester gegangen war, versuchte ich, mit Mama über das Loslassen zu sprechen. „Aber ich bin bereit loszulassen", beharrte sie. „Ich weiss nur nicht, wovon ich loslassen soll."

Ich legte Ihr die Vermutung nah, dass Loslassen nicht nur bedeutet, Besitztümer zu reduzieren oder ein Testament zu schreiben. Es geht nicht nur darum, offene Angelegenheiten zu regeln oder Abschied zu nehmen. Es ist mehr, als sein Leben, seine Erfahrungen und Menschen, Treffen, Gespräche und Ähnliches loszulassen. Wahres Loslassen bedeutet, den emotionalen Ballast abzuwerfen: Schuldgefühle, Scham, Enttäuschung, Verrat, Angst, Reue, Stolz.

„Vielleicht könntest du damit anfangen, den Gedanken loszulassen, dass du erbärmlich bist, weil das so lange dauert“, sagte ich zu ihr. „Dass du nicht gut genug bist, weil du es nicht „richtig gemacht“ hast. Dass du schwach bist oder immer noch zu viel trinkst. Was wäre, wenn du einfach hier sein könntest, genau so, wie du bist, und das genügen würde? Wisse, dass der Übergang unvermeidlich ist und gib das Wann und Wie auf. Lass alle Erwartungen an den Prozess los.“

Lee stimmte von ganzem Herzen zu.

Es ist auch eine Reflexion für uns. Können wir auch loslassen? Können wir in einem Zustand sanfter Bereitschaft leben - sodass wir, wenn unser Moment kommt, bereits losgelassen haben? Vielleicht können wir diese Energie in uns regenerieren, sodass die Schwingung friedvollen Fortbestehens ihre Gedanken erfasst.

Später an diesem Tag teilte ich meinen Austausch mit Lee in einer Nachricht an die Familie:

Wenn wir alle miteinander verbunden sind, was bedeutet das dann für jeden Einzelnen von uns? Was können wir loslassen? Welche Urteile tragen wir in uns - über unseren Körper, unser Gewicht, unseren Fortschritt, unsere Kreativität, unseren Wert? Welche alten Glaubenssätze halten uns zurück -

über das Gefühl, geliebt zu werden, über den Zwang, etwas erreichen zu müssen, darüber, wie die Dinge jetzt aussehen sollten?

Indem wir diese Urteile loslassen - indem wir die Glaubenssätze, die uns zurückhalten, ablegen - schaffen wir Raum, um das anzunehmen, was ist. Wir finden zu uns selbst, zu einem tieferen Frieden, und wir werden freier, in unserem Fluss zu leben, Freude zu erleben ohne den ständigen Druck inneren Widerstands. Und während wir uns verändern, verändert sich auch die Energie um uns herum. Diese Schwingung der Befreiung, der Hingabe, wirkt nicht nur auf uns - sie breitet sich aus. Sie schafft ein Feld, das es auch anderen leichter macht, loszulassen. Auch Mama. Vielleicht gerade Mama. Indem wir an uns selbst arbeiten, begleiten wir sie nicht nur auf ihrem Weg - wir gehen ihn mit ihr, Schritt für Schritt, Atemzug für Atemzug. Was meint ihr? Was wäre, wenn gerade unser Loslassen ihr einen friedlicheren Übergang ermöglicht? Zeit für etwas Selbstreflexion ...?

TAG 10

TODMÜDE

Mamas Zustand war nun seit etwa einer Woche unverändert. Sie döste oft den ganzen Vormittag und verschlief den Rest des Tages. Ihr Kopf war meist klar, obwohl sie immer noch durstig und etwas ungeduldig war. Das Wichtigste: Sie hatte keine Schmerzen. Es ging ihr erstaunlich gut ohne ihre Blutdruckmedikamente. Sie nahm jetzt nur noch jeden Abend eine kleine Dosis des Beruhigungsmittels Temesta, um ihre Nerven zu beruhigen.

Jeden Morgen nahm sie sich vor, weniger zu trinken. Doch im Laufe des Tages schwand dieser Vorsatz oft. So blieb sie zwar mobil - wenn auch nur knapp -, schaffte es aber immer noch, selbstständig aufzustehen. Diese Unabhängigkeit bereitete mir zunehmend Sorgen. Sie hatte seit zwei Wochen nichts gegessen und über elf Kilo abgenommen. Ihre Beine wurden immer schwächer, ihr Gleichgewicht von Tag zu Tag wackliger.

Nachts schlief ich kaum. Ich war unruhig und wachte immer wieder auf, gefangen in diesem Halbschlaf, lauschte auf jedes Geräusch aus ihrem Zimmer. Ich wollte einen möglichen Sturz und eine unnötige Verletzung verhindern. Wie schnell ein einziger Fehltritt zu einem vermeidbaren Schaden führen kann! Ich hatte eine Klingel auf ihren Nachttisch gestellt, damit sie um Hilfe rufen konnte, aber sie weigerte sich, sie zu benutzen. Um Hilfe zu bitten, fiel ihr immer noch schwer. Es war eine weitere Haltung, die sie loslassen musste.

Um das Risiko zu minimieren, half ich ihr nun beim Aufsitzen und setzte sie dann auf einen Bürostuhl, mit dem ich sie ins Badezimmer schob. Das war weniger anstrengend für sie und insgesamt sicherer.

Obwohl sie ihr übliches Abführmittel eingenommen hatte, hatte sie immer noch keinen Stuhlgang. Wir sprachen mit dem Arzt, der ruhig und beruhigend blieb. Angesichts der Umstände war er zufrieden mit ihrem Zustand: keine Schmerzen und auf ihre Weise stabil. Längere Verstopfung könne jedoch zu Verwirrtheit führen. Er erklärte, dass es trotz fehlender Nahrungsaufnahme gelegentlich zu Stuhlgang kommen sollte. Da ihr übliches Abführmittel über den Verdauungstrakt wirke, der nun nicht mehr ausreichend aktiv sei, verschrieb er ihr Laxoberon-Tropfen, die über den Blutkreislauf wirken. Er verschrieb ihr auch Morphiumtropfen gegen allfällige Schmerzen oder Atemprobleme, falls ihr Hals zu trocken oder Beschwerden allgemein herausfordernder werden sollten.

Am Vormittag, als ich meine gestrigen Gedanken über das Loslassen fortsetzte, kam ich auf das Thema des Loslassens zurück. Sie erwähnte, dass der 12. Februar der Todestag meines Vaters sei. Ich fragte sie, ob sie bis dahin - also in knapp zwei Wochen - durchhalten wolle. Sie zuckte leicht mit den Achseln, ruhig und gelassen. „Wenn es so lange dauert, dann ist es eben so.“

Dennoch hoffte ich, dass sie den Durst nicht so lange ertragen musste. Später am Tag, um die Stimmung in Richtung Liebe zu lenken, las ich ihr ein Gedicht vor. Es wird oft Charlie Chaplin zugeschrieben und soll an seinem siebzigsten Geburtstag entstanden sein. Ob das stimmt oder nicht, die Worte trafen genau den richtigen Punkt. Sie hörte aufmerksam zu, sichtlich bewegt.

Als ich begann, mich selbst zu lieben,
erkannte ich, dass Kummer und emotionales Leid
nur Warnzeichen dafür sind, dass ich
gegen meine eigene Wahrheit lebte.
Heute weiss ich, das ist Authentizität.

Als ich begann, mich selbst zu lieben,
verstand ich, wie sehr es jemanden verletzen kann,
wenn ich versuche, ihm meine Wünsche aufzuzwingen,
obwohl ich wusste, dass der Zeitpunkt nicht richtig,
und die Person nicht bereit dafür war,
und obwohl diese Person ich selbst war.
Heute nenne ich das Respekt.

Als ich begann, mich selbst zu lieben,
hörte ich auf, mir ein anderes Leben zu wünschen,
und ich konnte sehen, dass alles,
was mich umgab,
mich zum Wachsen einlud.
Heute nenne ich das Reife.

Als ich begann, mich selbst zu lieben,
verstand ich, dass ich unter allen Umständen
zur richtigen Zeit am richtigen Ort bin,
und alles im genau richtigen Moment geschieht.
So konnte ich ruhig sein.
Heute nenne ich das Selbstvertrauen.

Als ich begann, mich selbst zu lieben,
hörte ich auf, mir meine Zeit zu stehlen,
und ich hörte auf, riesige Projekte für die Zukunft zu planen.
Heute tue ich nur noch, was mir Freude und Glück bringt,

Dinge, die ich gerne tue und die mein Herz erfreuen,
und ich tue sie auf meine Weise und in meinem eigenen Rhythmus.
Heute nenne ich das Einfachheit.

Als ich begann, mich selbst zu lieben,
befreite ich mich von allem,
was meiner Gesundheit nicht guttat -
Essen, Menschen, Dinge, Situationen
und alles, was mich herunterzog
und von mir selbst entfernte.
Anfangs nannte ich diese Haltung gesunden Egoismus.
Heute weiss ich, dass es Selbstliebe ist.

Als ich begann, mich selbst zu lieben,
hörte ich auf, immer Recht haben zu wollen,
und seitdem liege ich viel seltener falsch.
Heute habe ich entdeckt, dass das Bescheidenheit ist.

Als ich begann, mich selbst zu lieben,
weigerte ich mich, in der Vergangenheit zu leben
und mir Sorgen um die Zukunft zu machen.
Jetzt lebe ich nur noch im Augenblick,
wo alles geschieht.
Heute lebe ich jeden Tag,
Tag für Tag,
und ich nenne es Erfüllung.

Als ich begann, mich selbst zu lieben,
erkannte ich,
dass mein Verstand mich beunruhigen
und krank machen kann.
Doch als ich ihn mit meinem Herzen verband,
wurde mein Verstand zu einem wertvollen Verbündeten.
Heute nenne ich diese Verbindung Weisheit des Herzens.

Wir brauchen keine Angst mehr vor Streit,
Konfrontationen oder Problemen jeglicher Art
mit uns selbst oder anderen zu haben.
Selbst Sterne kollidieren,
und aus ihrem Zusammenstoss entstehen neue Welten.
Heute weiss ich: Das ist das Leben!

„Dieses Gedicht ist so empfindsam und erfüllend", kommentierte Lee anschliessend. „Es ist wie Nahrung für ihr unruhiges Wesen - es hat ihr sicherlich geholfen, sich zu beruhigen ..."

Am Ende des Tages seufzte Mama. „Ich bin todmüde." Tatsächlich hatte sie fast den ganzen Tag geschlafen.

Lee gab folgende Erklärung:

Todesmüdigkeit nach so viel Ruhe ist ein Zeichen dafür,
dass ihr Körper immer weniger Kontrolle über seine
Selbstregulation hat. Aber das ist gut so. Der tiefe Schlaf

führt sie tiefer in ihre innere Welt. Und wenn sie wach und präsent ist, erfüllst du sie mit schönen Gedanken und Gefühlen der Ruhe und Geborgenheit. Wunderbar gemacht.

Und das, so erkannte ich, war vielleicht die liebevollste Rolle, die ich spielen konnte - nicht zu reparieren, nicht zu drängen, nicht zu planen - einfach nur da zu sein. Ihre letzten Tage mit Sanftheit zu erfüllen. Mit Frieden. Ihr zu helfen, sich daran zu erinnern, selbst als sie es vergass, dass sie tief geliebt wurde.

•••••

Nach sieben Jahren in Japan - in denen sich meine Mutter, so gut es Eltern eben können, mit dem Gedanken an mein Leben im Ausland abgefunden hatte - hatte das Unternehmen, das ich gegründet hatte, um mir Freiheit zu verschaffen, mein Leben völlig eingenommen. Was mit ein paar Mustern in einer Reisetasche und der Hoffnung auf meine ersten dreissig Kunden begonnen hatte, war zu etwas viel Grösserem geworden: zwei Lager-Showrooms - einer in Tokio, einer in Brighton -, ein Katalog, containerweise Lieferungen von Kleidung, Kunsthandwerk und Möbeln in fünf Länder und ein ganzes Team, das alles managte. Es war ein Unternehmen, das ich von Grund auf aufgebaut hatte. Aber es war auch zu etwas geworden, das mich nicht mehr erfüllte.

Ich hatte das Unternehmen gegründet, um mir Zeit zu verschaffen - Zeit, um mich mit Schauspielerei, Meditation und Seitai zu beschäftigen. Und es funktionierte eine Zeit lang. Ich hatte mich von einem Anfänger im Ensemble zum Hauptdarsteller und sogar Regieassistenten in einer multikulturellen Theatergruppe entwickelt. Einmal im Jahr, quasi als Urlaub, tourten wir international. Wir traten in Tokio und in ganz Asien und Europa auf. Ich habe dabei viele wunderbare Erinnerungen gesammelt. Ich erinnere mich noch gut an Auftritte vor ausverkauften Häusern und die Standing Ovations. Es war immer ein aufregendes Erlebnis, auf einer Bühne zu stehen, sei es bei renommierten internationalen Festivals wie Edinburgh und Avignon, in Covent Garden oder in einem knarzenden alten Theater in Barcelona - mit Falltüren unter uns und in die Bausubstanz gehauenen Garderoben.

Ich bin in diesen Jahren enorm gewachsen. Doch irgendwann raubten mir die wachsenden Anforderungen meines Geschäfts die Zeit für Kreativität. Die Proben waren gehetzt, die Inspiration verflog. Ich stagnierte. Ich war müde. Irgendetwas musste sich ändern.

Eine Geschichte, die mir der Vater eines Freundes erzählte, als ich noch BWL studierte, inspirierte mich. Er war einer der angesehensten Professoren seines Fachs gewesen - vielfach publiziert und hochgeschätzt. Doch mit über fünfzig entdeckte er, dass sich seine Leidenschaft der

Ökologie und Nachhaltigkeit zuwandte, Themen, die damals noch niemand lehrte. Er versuchte, diese Themen in den Lehrplan seiner Universität einzubringen, stiess aber überall auf Widerstand. Schliesslich gab er seine Festanstellung und die damit verbundene Sicherheit auf, um seiner Leidenschaft nachzugehen und eine eigene Unternehmensberatung mit dem Fokus auf Ökologie zu gründen. Ich bewunderte seinen Mut. Damals schwor ich mir, ebenfalls den Mut zu haben, mich neu zu orientieren, wenn der Zeitpunkt gekommen war - wenn sich etwas in meinem Leben nicht mehr richtig anfühlte. Und nun war dieser Zeitpunkt gekommen, und ich brauchte den Mut, neu anzufangen.

Wenn ich tiefer in die Schauspielerei einsteigen wollte, brauchte ich eine fundierte Ausbildung. Ich suchte nach Schauspielschulen in den USA, Grossbritannien und Australien. Australien zog mich am stärksten an. Es wirkte am expansivsten, am lebendigsten. Nach monatelangen Verhandlungen verkaufte ich mein florierendes und profitables Unternehmen und verliess die Sicherheit einer Firma, in die ich mein ganzes Herzblut gesteckt hatte. Ich liess den Komfort des Erfolgs hinter mir und stürzte mich - wieder einmal - ins Ungewisse. Diesmal war ich noch weiter von zu Hause entfernt.

Trotz allem war es ein aufregender Moment für mich. Ich war unbeschwert, frei, Neues zu entdecken und zu erkunden. Es war befreiend, mir den Raum und die Möglichkeit zu geben, meiner Leidenschaft zu folgen. Ich wusste, dass ich die richtige Entscheidung für mich getroffen hatte.

Tony Robbins sagte einmal: „Die Qualität deines Lebens steht in direktem Verhältnis zu dem Mass an Unsicherheit, mit dem du gut leben kannst." Mir gefiel dieses Zitat. Es brachte meine Gefühle auf den Punkt. Ich wusste nicht genau, wie sich die Dinge entwickeln würden. Ich war noch nicht einmal an der Schauspielschule angenommen worden, an die ich wollte, aber ich vertraute darauf, dass es klappen würde. Ich wusste, dass ich durch den Verkauf des Unternehmens ein finanzielles Polster hatte - und hatte das Selbstvertrauen, das man gewinnt, wenn man in einem Land, dessen Sprache man einst nicht einmal sprach, etwas aus dem Nichts aufgebaut hat. Wenigstens war ich jetzt auf einem Kontinent mit einer vertrauten Sprache.

Aus der Sicht meiner Mutter war es etwas ganz anderes. Sie hatte Trost darin gefunden zu wissen, dass ich ein stabiles, erfolgreiches Leben führte und ein internationales Unternehmen leitete. Sie hatte mich beim Edinburgh Fringe Festival auf der Bühne gesehen und die Begeisterung miterlebt, die es in mir entfachte, aber die Vorstellung, dass ich all diese Sicherheit aufgeben sollte, um am anderen Ende der Welt Schauspiel zu studieren? Das verunsicherte sie. Es gab zu viele Unbekannte, zu viel Unsicherheit. Und dennoch wünschte sie mir alles Gute und erinnerte mich, wie immer, daran, mein Glück nicht zu vergessen.

Wie sich herausstellte, wurde ich an der Schauspielschule angenommen. Ich stürzte mich mit vollem Elan hinein und genoss die Zeit dort sehr. Ich hatte nebenbei noch etwas Freizeit und konnte verschiedene Kurse zu Leistungspsychologie und Persönlichkeitsentwicklung besuchen, da ich mich selbst noch besser verstehen wollte. Einer dieser Workshops sollte meine Beziehung zu meiner Mutter grundlegend verändern.

In einem Kurs von Dr. John Demartini an der Schauspielschule hörte ich zum ersten Mal die Idee, dass die Qualität unseres Lebens von der Qualität unserer Fragen abhängt. Er erklärte, dass sich durch das Ausbalancieren ungelöster Probleme die emotionale Belastung auflöst und die Dualität zusammenbricht. Wo einst Traurigkeit, Enttäuschung oder Wut waren, empfindet man nun Dankbarkeit, Vergebung und sogar Liebe für das Ereignis oder die damit verbundene Person. Je mehr dieser Ungleichgewichte man ausgleicht, desto mehr findet man zu innerem Frieden und Ganzheit zurück. Der Kurs ermutigte uns, die einseitigen Bedeutungen, die wir Lebensereignissen beimessen, zu hinterfragen - und die verborgenen Segnungen in unserem Schmerz zu entdecken.

Dieser Workshop öffnete etwas in mir.

Bis dahin hatte ich eine tiefe, unbewusste Geschichte mit mir herumgetragen, die davon handelte, als Kind weggegeben worden zu sein - eine Geschichte, die in Traurigkeit,

Ablehnung und Schuldgefühlen wurzelte. Sie war einseitig. Ich hatte nie wirklich das Gesamtbild betrachtet. Doch diese Geschichte hatte mich im Stillen geprägt und beeinflusst, wie ich mich in der Welt bewegte, wie ich mit anderen umging und vor allem, wie ich zu meiner Mutter stand. Diese Perspektive hatte mich verhärtet, mich vor Nähe misstrauisch gemacht und dazu geführt, dass ich Menschen von mir stiess, bevor sie mich verletzen konnten. Ich war aus dem Gleichgewicht. Und weil ich aus dem Gleichgewicht war, war auch meine Beziehung zu meiner Mutter gestört.

Während ich diesen Prozess durchlief - indem ich schwierige Fragen mit radikaler Ehrlichkeit beantwortete - veränderte sich etwas. Ich sah die andere Seite. Das Positive daran. Dank der frühen Trennung von meiner Familie lernte ich, allein zurechtzukommen. Ich wurde früh selbstständig - nicht freiwillig, sondern aus Notwendigkeit. Es lehrte mich Unabhängigkeit: nicht nur, auf eigenen Beinen zu stehen, sondern ihnen auch zu vertrauen. Es gab mir den Mut, die Welt zu erkunden und in Gegenden, in denen ich keine Wurzeln hatte, Unternehmen von Grund auf zu gründen. Wäre ich unter den schützenden Fittichen meiner Mutter geblieben, hätte ich diese Seiten an mir vielleicht nie entdeckt oder das Leben, das ich geführt habe, nie geführt.

Diese Erkenntnis veränderte meine Sichtweise auf das Weggeben grundlegend und ersetzte alte, einschränkende, negative Gefühle durch ein überwältigendes Gefühl der

Dankbarkeit - nicht nur für meine Mutter, sondern auch für die Erfahrung selbst und das Leben, das ich dadurch führen durfte. Zum ersten Mal konnte ich ihre Sichtweise klar verstehen: die Komplexität ihrer Entscheidung und den Mut, den es gekostet haben musste, danach zu handeln. Mir wurde bewusst, welches Opfer sie bringen musste: ein zweites Kind zu bekommen, damit ich nicht allein als Einzelkind durchs Leben gehen müsste. Ich vergab ihr. Ich vergab mir selbst. Und in diesem Moment wurde etwas in mir weicher und die Last, die ich so lange mit mir herumgetragen hatte, fiel von mir ab.

In einem Brief vertraute mir meine Mutter an, dass sie sich vor Jahren „heftig zurückgewiesen" gefühlt hatte - ein Schmerz, der unter der Oberfläche geschlummert hatte. „Ich möchte einfach so akzeptiert werden, wie ich bin", schrieb sie, „mit meinen Entscheidungen und Gefühlen." Beim Lesen dieser Worte spürte ich die Sehnsucht dahinter. Sie bat nicht nur um Vergebung; sie bat darum, gesehen zu werden.

In jenem Jahr liess ich mich zum ersten Mal seit vielen Jahren wieder von meiner Mutter umarmen.

Manchmal müssen wir alles hinter uns lassen - sogar die Versionen von uns selbst, über die wir längst hinausgewachsen sind -, um den Weg zurück zu den Menschen zu finden, die wir lieben. Was ich damals noch nicht wusste: Dieses neue Kapitel der Freiheit würde auch den Beginn einer tieferen Heilung zwischen uns markieren. Die Reise hatte gerade erst begonnen.

„Die Seele heilt im Zusammensein mit Kindern.“

FJODOR DOSTOJEWSKI

TAG 11
DER LUXUS DER TRAURIGKEIT

Mama erzählte, dass sie nachts oft aufgewacht sei. Mir war es nicht aufgefallen, aber ich hatte beobachtet, wie sich ihre Atmung im Schlaf veränderte. Sie atmete vermehrt durch den Mund, der aufgrund ihrer geringen Flüssigkeitszufuhr ohnehin schon trocken war. Gelegentlich verursachte die Mundatmung ein gurgelndes oder schnarchendes Geräusch. Vielleicht beeinträchtigte dies ihre Schlafqualität, ich konnte es aber nicht genau beurteilen. Die SPITEX-Krankenschwester bemerkte, dass Mama zum ersten Mal sagte, es gehe ihr schlechter. Trotzdem schien ihre Atmung grösstenteils entspannt - manchmal etwas geräuschvoll, aber nicht angestrengt. Sie empfahl, die Morphiumtropfen zu verwenden, falls Mamas Atmung schwieriger werden sollte.

Ein weiteres Problem war weiterhin der ausbleibende

Stuhlgang, der nun schon über zwei Wochen anhielt. Mama sagte, die Beschwerden in ihrem Unterleib hätten eine Intensität von fünf auf einer Skala von eins bis zehn erreicht. Sobald ich das Rezept vom Arzt erhalten hatte, würde ich die empfohlenen Laxoberon-Tropfen abholen. In der Zwischenzeit versuchte ich es mit einer sanften Seitai-Bauchmassage und legte ein Wärmekissen auf die betroffene Stelle, um Wärme und Komfort zu spenden. Diese Massnahmen schienen die Beschwerden etwas zu lindern, regten aber keine Darmtätigkeit an.

Lee schlug vor, Mamas Sinne - Düfte und Klänge - als zusätzliche Entspannungsmethoden einzusetzen. Er hatte in ähnlichen Fällen gute Ergebnisse mit Lavendelöl und einem bestimmten Zen-Musikstück erzielt, das das sanfte Rauschen eines kleinen Wasserfalls und plätscherndes Wasser beinhaltete. Könnte das die Darmtätigkeit anregen? Wie sollte überhaupt etwas herauskommen, wenn man zwei Wochen lang nichts gegessen hat? „Rational gesehen ist das richtig“, sagte Lee, „besonders für jemanden, der sein Leben lang regelmässigen Stuhlgang hatte. Manchmal ist es eher psychisch als physisch bedingt. Der Wasserfall könnte helfen, den Geist zu entspannen ... Selbst wenn nichts passiert, merkt sich der Körper den Rhythmus. Deshalb werden Abführmittel erst spät eingesetzt. Es geht nicht nur um das Ergebnis, sondern auch darum, ihr die Geborgenheit eines vertrauten Vorgangs zu vermitteln.“

Und obwohl diese wohltuende Kombination nicht sofort zum Erfolg führte, schuf sie doch ein Gefühl der Ruhe. Die Tropfen kamen später am Tag. Ich drückte die Daumen und hoffte, dass sie ihr die ersehnte Erleichterung bringen würden.

Die Gefühlsschwankungen kamen nun wie Wellen, oft ohne Vorwarnung. Wir konnten lachen und Geschichten erzählen, und plötzlich wurde Mama von ihren Emotionen überwältigt, und es flossen Tränen. Besonders um die Mittagszeit schien sich etwas zu verändern. Sie sagte oft, sie wisse nicht, warum sie so fühlte, aber ich glaubte, dass die Gefühle aus einem bestimmten Grund hochkamen. Normalerweise versuchte ich herauszufinden, wodurch sie ausgelöst wurden, um einen Weg zu finden, die Ursache zu ergründen und ihr zu ermöglichen, loszulassen.

Heute kämpfte sie sehr mit dem Gedanken, ihre Enkelkinder nicht wiederzusehen. Ich fragte sie, ob sie sie nicht noch einmal sehen wolle, auch wenn sich alle schon verabschiedet hatten.

„Das wäre wunderbar", sagte sie.

Wir vereinbarten einen Besuch am Wochenende.

In der Zwischenzeit dachte ich, der Film „Der Himmel über Berlin" könnte meiner Mutter vielleicht eine andere Perspektive auf das Gefühl geben, sie nie wiederzusehen. In dem Film wandeln Engel still unter den Menschen und spenden Trost allein durch ihre Anwesenheit. Sie schenken den Leidenden unsichtbare Hoffnung. Sie können zusehen, aber nicht berühren. Das gab ihr ein tröstliches Bild - die Möglichkeit, dass sie auf irgendeine Weise das Leben ihrer Enkelkinder von einem anderen Ort aus miterleben könnte. Natürlich kann nichts die persönliche Umarmung ersetzen. Aber zum Glück würden sie bald kommen.

•••••

Als ich jünger war, konnte ich mir nicht vorstellen, Vater zu sein. Ich war felsenfest davon überzeugt, keine Kinder zu haben, und erinnere mich noch genau, wie ich meiner Mutter sagte, dass sie bei mir sehr lange auf Enkelkinder warten müsse. Ich bin mir nicht sicher, warum ich so dachte und habe dieses Gefühl nie wirklich hinterfragt. Vielleicht lag es einfach an der Einstellung meiner Generation, die die Welt sehen und sich ein Leben aufbauen wollte, bevor sie Eltern wurde. Oder vielleicht war es eine typische Denkweise der damaligen Zeit, besonders für Männer, die das Leben als etwas ansahen, das man erleben sollte, bevor man die „Verantwortung" für Kinder übernahm. Es war nicht so, dass ich Kinder nicht mochte; ich konnte mich einfach nicht in der Rolle des Vaters sehen.

In meinen ersten Beziehungen kam das Thema oft zur Sprache. Manchmal sagten aussenstehende Leute beiläufig: „Ihr zwei würdet wunderschöne Kinder bekommen."

Wir lächelten, vielleicht geschmeichelt, aber spielten nie ernsthaft mit dem Gedanken, es tatsächlich zu versuchen. Wir waren glücklich genug damit, einfach zu üben und das Leben ohne die zusätzlichen Verpflichtungen der Elternschaft zu geniessen.

Für meine Mutter war das natürlich schwer zu akzeptieren. Sie hatte immer von einer grossen Familie mit vier oder mehr Kindern geträumt. Schliesslich glaubte sie fest daran, dass ein Haus voller Kinder das Herzstück einer lebendigen Familie sei. Da sie selbst aber nur zwei Kinder bekommen konnte, hoffte und betete sie insgeheim, dass sich meine Einstellung zu Kindern eines Tages ändern würde. Obwohl sie nie offen darüber sprach, bin ich mir sicher, dass sie sich wünschte, ich würde mich mit dem Gedanken anfreunden, eine eigene Familie zu gründen. Meine Schwester hatte immer von einem Kinderwunsch gesprochen, also dachte Mama vielleicht, sie könne ihre Hoffnungen auf sie setzen und ich sei aus dem Schneider.

Dann, mit Anfang dreissig, veränderte sich etwas. Ich hatte gerade meine Unternehmen in Japan und Grossbritannien verkauft und war nach Jahren ständigen Reisens bereit, mich an einem Ort niederzulassen. Ich hatte es satt, aus dem Koffer zu leben, und sehnte mich nach einem tieferen Gefühl der Verbundenheit. Nach meinem Umzug nach Australien teilte ich mir eine Wohnung mit einer Bekannten. Eines Tages klopfte es an der Tür. Es war eine Freundin meiner Mitbewohnerin, die sie zu einem Geburtstagsgrillen am Strand abholen wollte. Zwischen uns war sofort eine Verbindung da, und als sie gerade zum Grillen aufbrechen wollten, steckte sie den Kopf in mein Zimmer und fragte: „Willst du mitkommen?“

Eines Nachmittags, noch bevor wir offiziell zusammen waren, stellte ich ihr ganz beiläufig eine scheinbar einfache Frage: „Willst du Kinder?“ Ich hatte mir darüber vorher nie wirklich Gedanken gemacht, aber jetzt fühlte es sich wichtig an: etwas, das geklärt werden musste, bevor wir die Beziehung vertiefen konnten. Irgendetwas hatte in mir Klick gemacht. Vielleicht lag es daran, dass sie etwas älter war als ich, oder vielleicht war ich einfach bereit für den nächsten Schritt.

Etwas später sprachen wir noch einmal über den Gedanken, Kinder zu bekommen. Es war ein unbeschwertes Gespräch darüber, wie viele Kinder wir uns wünschten und wann der beste Zeitpunkt dafür wäre. Wir erzählten weder meiner Mutter noch sonst jemandem davon, und wir sprachen danach auch nie wieder über Kinder. Es war nur dieses eine Gespräch zwischen uns: nichts Dramatisches oder Emotionales. Und obwohl unsere beiden Kinder eine Überraschung waren, kamen sie tatsächlich innerhalb weniger Wochen nach dem von uns damals besprochenen „besten Zeitpunkt“ zur Welt.

Im November desselben Jahres besuchten meine Eltern

zum ersten Mal Australien. Es war ein ganz besonderes Gefühl, sie in dem Land zu haben, das ich zu meiner Heimat gemacht hatte. Meine Mutter war gespannt darauf, diese geheimnisvolle Frau kennenzulernen, die in den letzten Monaten Teil meines Lebens gewesen war, und sie mochte sie auf Anhieb. Sie war fasziniert von ihrer Fähigkeit, Tarotkarten zu lesen, und bat um eine persönliche Lesung. Bei einer Tasse Kaffee setzten sich die beiden hin und begannen. Die letzte Kartenlegung enthüllt üblicherweise eine wichtige Botschaft. Meine Frau starrte lange auf die drei Karten. Verblüfft. Es war glasklar: „Eine überraschende Familie für einen Luftzeichen-Mann." Nach einer langen Pause blickten beide auf. Meine Mutter strahlte über das ganze Gesicht und rief aufgeregt: „Er bekommt ein Baby!"

Einen Monat später waren meine Frau und ich in Byron Bay in unserem Weihnachtsurlaub, um ihre Familie zu besuchen und zu surfen, als wir erfuhren, dass wir tatsächlich ein Baby erwarteten. Es war unerwartet, trotz der vorherigen Tarotlesung, aber unglaublich aufregend. Anstatt die Neuigkeit sofort zu verkünden, beschlossen wir, sie erst einmal für uns zu behalten und die neue Realität zu verarbeiten. Es fühlte sich zu früh an, es zu verkünden, und wir beschlossen, Mama die Nachricht lieber persönlich zu überbringen.

Anfang Januar flog ich zurück nach Hause, um meine Eltern zu besuchen - direkt vom heissen australischen

Sommer in den Schnee der Schweizer Berge. Als wir am Tisch sassen, spürte ich, dass der Moment perfekt war. Also platzte es aus mir heraus. Mamas Reaktion war pure Freude. Sie tanzte vor Freude, lachte und klatschte in die Hände. „Ich wusste es!“, rief sie aus und kniff sich. „Ich hatte es einfach gespürt. Ich kann es nicht glauben; ich werde Oma!“

•••••

Obwohl meine Eltern viel gereist sind, unter anderem nach Australien, blieb Japan ein Reiseziel, das sie nie besucht hatten. Ein enger Freund von ihnen gab einmal zu, nicht zu verstehen, warum sie mich dort nie besucht hatten. Ich auch nicht. Japan hatte vielleicht nicht dieselbe Anziehungskraft auf sie wie Südafrika, Thailand oder Namibia, aber wie ich ihnen einmal schrieb: „Hawaii stand nicht auf meiner Liste, aber es war trotzdem wunderbar, euch alle dort zu treffen und ein gemeinsames Abenteuer zu erleben. Ich habe mich sehr über Mamas Besuch in Edinburgh gefreut, weil sie mich auf der Bühne sehen wollte, um einen Teil meines Lebens mitzuerleben, und nicht, weil es ein Ort auf ihrer Reiseliste war.“

Die Nachricht von dem Baby war ein Wendepunkt, der die Dynamik unserer Beziehung grundlegend veränderte und uns einander näher brachte als je zuvor. Meine Eltern, vor allem meine Mutter, waren überglücklich, und Mama begann erneut eine Reise nach Australien zu planen, um ihr neues Enkelkind kennenzulernen. In der Vergangenheit wirkte ihre Anwesenheit oft durch die Brille ihrer Reiseziele gefiltert. Diesmal fühlte sich der Besuch persönlicher an - es ging mehr um die Familie als nur um das Reiseziel.

Einige Monate später kam unser Erstgeborener zur Welt, und meine Eltern flogen zu uns, um ihn kennenzulernen. Es war Mama wichtig, ihn persönlich zu sehen. Sie blieben aber nur wenige Tage, bevor sie weiterreisten, um Teile Australiens zu erkunden, die sie noch nicht kannten. Ich war zunächst etwas verwirrt über ihre Entscheidung, angesichts der Bedeutung dieses Ereignisses nur so kurz bei uns zu bleiben. Es kam mir wie eine endlos lange Reise für einen so kurzen Besuch vor. „Bleibt doch noch ein bisschen länger", schlug ich vor. Aber meine Eltern hatten immer die Philosophie vertreten, dass Besucher wie Fische sind: Nach drei Tagen fangen sie an zu stinken. Sie wollten nicht zu lange bleiben, aber sie mussten bei diesem ersten Treffen dabei sein. Und schnell wurde klar, warum das so wichtig war. Mama genoss jeden Augenblick und strahlte über das ganze Gesicht vor Freude, ihren Enkel zum ersten Mal im Arm halten zu dürfen. Sie wiegte ihn in ihren Armen und sah ihn mit Tränen in den Augen an. Sie war so stolz. Nach ein paar Tagen hatte sie genug Umarmungen bekommen und unzählige Fotos gemacht. Sie ging mit einem so erfüllten Herzen und erzählte offenbar noch Monate später jedem, der es hören wollte, von jedem einzelnen Moment.

Ich hatte beschlossen, ein Unternehmen zu gründen, als wir erfuhren, dass unser erstes Kind unterwegs war. Obwohl ich gerade erst die Schauspielschule abgeschlossen hatte und auf der Suche nach einem Agenten war, veränderte diese Nachricht alles. Plötzlich dachte ich nicht mehr nur an Castings oder Bühnenlichter, sondern an Sicherheit und Stabilität. Mein Fürsorgeinstinkt erwachte mit voller Wucht. Ich musste etwas Bodenständiges und Echtes aufbauen, etwas, das all meine bisherigen Erfahrungen vereinte: meine Bühnenerfahrung, meine Beratungstätigkeit und meine persönliche Weiterentwicklung. Ich wollte Unternehmen zum Wachstum verhelfen, indem ich die Menschen darin förderte. Das war der Funke für mein neues Unternehmen. Schon bald wurde ich Partner in einer Firma mit gleichgesinnten Fachleuten, die dieselbe Vision teilten.

Als ich meiner Mutter von diesem neuen Weg erzählte, lächelte sie. „Ich finde es toll, wie du dich überall zurechtfindest“, sagte sie. Nach einer Pause fügte sie mit stiller Zufriedenheit hinzu: „Endlich ist dein Weg geradlinig.“ Ich wusste, was sie meinte - ich tingelte nicht länger zwischen Karrieren und Ländern hin und her -, aber ich konnte ihr nicht ganz zustimmen. Mein Weg war nie krumm gewesen, nur verschlungen. Ich brauchte all diese Erfahrungen, und jede Wendung hatte mich dorthin geführt, wo ich war. Nichts davon war vergeudet.

Ein paar Jahre später, als unsere Tochter geboren wurde, besuchten Mama und Papa uns wieder. Diesmal blieb Mama jedoch viel länger, sodass Papa alleine reisen musste. Für sie war die Familie der einzige Grund für ihren Besuch. Sie wollte wirklich in unsere Welt eintauchen, das Leben mit uns teilen und wertvolle Zeit mit ihren Enkelkindern verbringen.

Sie erkannte den Wert des Präsentseins - nicht nur, um unser Familienleben von aussen zu beobachten, sondern um daran teilzuhaben und die Momente mit den Kleinen zu geniessen. Sie kochte, half, unterstützte. Sie hielt und wiegte das Neugeborene, beruhigte es mit sanften Massagen und freute sich über sein Kichern. Mit meinem Sohn genoss sie es, die Welt durch seine Augen zu entdecken - Möwen zu jagen, Sandburgen zu bauen, ihm neue Wörter beizubringen. Bei diesem Besuch ging es nicht darum, Sehenswürdigkeiten abzuhaken. Es ging um Zugehörigkeit.

Eines Tages verbrachten wir Zeit am Strand, und Mama sah mich zum ersten Mal surfen. „Das sieht nach so viel Spass aus“, sagte sie. „Ich würde es auch gern mal versuchen.“ In diesem Moment sah ich, wie sehr sie Lebensfreude verkörperte: offen, unbeschwert, abenteuerlustig und bereit, Neues auszuprobieren. Wir nahmen sie mit aufs Surfbrett und schoben sie auf ein paar kleine Wellen, damit sie erste Erfahrungen sammeln konnte. Sie schaffte es nicht ganz aufzustehen, aber die Freude in ihrem Gesicht, als sie lachend auf den Wellen ritt und den ganzen Weg zum Ufer erreichte, war unbezahlbar.

Nachdem Mama einige Wochen bei uns gelebt und am Alltag ihrer Enkelkinder teilgenommen hatte, hatte sie genug Erinnerungen gesammelt und Fotos gemacht, um erst einmal damit zufrieden zu sein. Sie fühlte sich gesegnet; sie liebte es, Oma unserer Kinder zu sein. Doch es lag auch eine bittersüsse Traurigkeit in der Luft, zu wissen, dass sie so weit weg wohnten. Die Entfernung lastete schwer auf ihr. Sie konnte nicht einfach mal eben nachmittags vorbeischauen, um die Babys zu sehen. Ähnliche Erlebnisse hatte sie ihren eigenen Eltern ermöglicht, aber das hier war eine ganz andere Herausforderung. Wir lebten nicht in einem Nachbarland, sondern auf einem anderen Kontinent. Das hatten meine Frau und ich nicht wirklich bedacht, als wir zum ersten Mal über Kinder sprachen.

Obwohl es schwierig war, taten wir alles, um diese Distanz zu überbrücken. Wir schufen einen regelmässigen Kommunikationsfluss, damit Mama am Fortschritt unserer Kinder teilhaben konnte, an ihren Höhen und Tiefen, mit regelmässigen Telefonaten, E-Mails und später Videoanrufen. Wir teilten jeden Meilenstein, jedes neue Wort, jeden lustigen Moment. Wir schickten Fotos, Neuigkeiten und Geschichten aus ihrem Leben. Mama war bei Geburtstagen, Schulanfang und Strandtagen dabei. Sogar bei unserer Zeit auf dem Bauernhof war sie dabei - sie beobachtete die Kinder beim Füttern der Lämmer und, als wir ein Kängurubaby im

Garten hatten, verfolgte sie dieses Erlebnis per Videoanruf.

Mama druckte diese Fotos aus und gestaltete Alben, die sie stolz ihren Freunden zeigen konnte. Jedes Bild war ein Zeugnis ihrer wachsenden Familie. In Momenten der Sehnsucht, wenn sie ihre Enkelkinder vermisste oder ihr Lachen nicht hören konnte, blätterte sie in den Alben durch die Fotos erinnerte sie sich, wie glücklich sie war, Grossmutter zu sein.

Wann immer es eine Herausforderung oder ein gesundheitliches Problem gab, war sie nur einen Anruf entfernt, immer hilfsbereit und unterstützte uns gern. Meistens hatte sie eine Antwort parat, basierend auf jahrelanger Erfahrung und einem reichen Wissensschatz. Und wenn nicht, vertiefte sie sich, las Artikel und recherchierte zu den Themen, die wir ansprachen, stets bemüht, uns bestmöglich bei der Unterstützung unserer Kinder zu helfen. Ich war unendlich dankbar, sie so einbeziehen zu können: nicht nur ihre Liebe und Fürsorge, sondern auch ihr medizinisches Fachwissen und ihre praktischen Ratschläge.

Die Technologie erleichterte vieles und ermöglichte es uns, Momente unseres Lebens durch unsere Augen zu teilen. Doch nichts konnte die physische Anwesenheit dieser kostbaren Augenblicke ersetzen. Wir konnten sprechen, Bilder und Videos austauschen, aber es ist unersetzlich, ein Enkelkind im Arm zu halten, seinen weichen Hautduft zu riechen und es aufwachsen zu sehen. Das sind die Herausforderungen einer internationalen Beziehung. Ja, wir hätten in die Schweiz zurückziehen können, aber das hätte das Problem nur umgekehrt. Statt weit weg von meiner Familie wären wir weit weg von der meiner Frau gewesen. Hinzu kam, dass mein gegründetes Unternehmen rasant wuchs und meine volle Aufmerksamkeit benötigte.

Das Geschäft florierte und wurde zwei Jahre in Folge in die „Australian Financial Review Fast 100" aufgenommen - eine Liste der am schnellsten wachsenden Unternehmen Australiens. Ich gehörte zu den Leistungsträgern und war eine Führungskraft im Team. Auch mein zweites Geschäftsprojekt lief gut. Wir lebten bescheiden und im Rahmen unserer Möglichkeiten, was mir die gewünschte Flexibilität ermöglichte und es mir erlaubte, jeden Monat so viel wie möglich zu sparen und zu investieren, um eines Tages nicht mehr für Geld arbeiten zu müssen. Wir konnten uns regelmässige Familienurlaube in Australien leisten, und ich konnte die ganze Familie alle 18 Monate in die Schweiz fliegen. Diese Reisen waren jedes Mal lange und kostbare Wochen, entweder über Weihnachten oder im europäischen Sommer.

Doch ein erneuter Umzug in die Schweiz kam einfach nicht in Frage. Die Realität war, dass unsere Familie, obwohl eng verbunden, über den ganzen Globus verstreut war. Aber wir machten das Beste daraus. Und mit jedem Besuch, mit jedem Telefonat wuchsen wir alle auf eine Weise zusammen, die ich mir nie hätte vorstellen können.

•••••

Mama war begeistert von Lees Sicht auf die Trauer: „Traurigkeit ist ein besonderes Geschenk für diejenigen, die das Glück hatten zu lieben und die Ehre hatten, geliebt zu werden.“ Das gab ihr eine neue Perspektive auf ihren Schmerz. Inmitten der Trauer konnte sie Dankbarkeit entdecken.

Diese Dankbarkeit war in den letzten Tagen zu einem wiederkehrenden Thema geworden. Jeden Abend bedankte sich Mama ausdrücklich für meine Pflege und dachte darüber nach, wie viel Glück sie in ihrem Leben gehabt hatte und wie freundlich die Menschen zu ihr gewesen waren. Sie sprach voller Zuneigung von ihren Nachbarn: Seelenverwandte mit gemeinsamen Erinnerungen an den Zweiten Weltkrieg und ähnlichen kulturellen und beruflichen Wurzeln. Sie war enttäuscht, dass sie ihre Freundlichkeit nicht mehr so erwidern konnte, wie sie es sich gewünscht hätte: mit Blumen und einer Einladung. Also betrachteten wir gemeinsam Orchideen, die Lieblingsblumen ihrer Nachbarn und ich versprach, ihnen welche mit ihrem Dank zu überbringen. Das schien ihr eine Last vom Herzen zu nehmen, die Trauer zu vertreiben und ihr noch mehr Dankbarkeit zu schenken.

Später bat sie mich, in ihrem Namen eine Nachricht an meine Familie zu schreiben. Ihre Stimme war an diesem Tag sehr leise, doch ihre Worte waren glasklar:

Vielen Dank noch einmal, dass ihr Oliver hier sein lasst. Er kümmert sich so gut um mich, und ich bin dankbar für euer Verständnis und eure Akzeptanz meines Weges. Es ist nicht so einfach, wie ich dachte. Und ich muss wohl noch mehr Geduld haben. Aber mein Weg ist aufgrund des Zustands meiner Beine und meines Herzens, das unregelmässig schlägt und zu Ohnmachtsanfällen und möglichen Verletzungen führen kann, immer noch der richtige für mich. Ich danke euch, dass ihr jeden Tag an mich denkt. Und ich hoffe für euch, dass ihr, wenn es soweit ist, jemanden haben werdet, der sich so um euch kümmern kann, wie Oliver es für mich tut.

Meine Tochter reagierte mit einer für ihr Alter ungewöhnlichen Freundlichkeit und Reife. Sie sagte, sie solle sich keine Sorgen machen, wir alle verstünden, wie wichtig es für mich sei, jetzt bei ihr zu sein, und wir alle wünschten ihr eine friedliche Reise. Es vollzog sich ein stiller Wandel - einer, der sich nicht mehr an medizinischen Symptomen, sondern an bedeutungsvollen Momenten mass. An Düften und Liedern. In Dankbarkeit, ausgedrückt durch Gesten und geflüsterte Dankesworte am Ende des Tages. Mama trat vom Tun ins Sein ein. Und wir um sie herum lernten, sie dort zu begleiten. Wir lernten, dass Traurigkeit nicht etwas ist, das man beheben, sondern etwas, das man ehren muss. Dass ein einziger Abschied nicht immer genügt. Dass man manchmal nur da sein kann und dass diese Anwesenheit an sich alles ist.

Und als das Wochenende näher rückte, warteten wir - auf einen weiteren Moment, eine weitere Erinnerung, eine weitere Gelegenheit, zu sagen: „Ich bin da."

„Wir sind nicht menschliche Wesen, die eine spirituelle Erfahrung machen, sondern spirituelle Wesen, die eine menschliche Erfahrung machen.“

PIERRE TEILHARD DE CHARDIN

TAG 12

DER WENDEPUNKT

Ich vermute, deshalb habe ich so leicht geschlafen.

Mitten in der Nacht fand ich meine Mutter unsicher durch die Wohnung irrend auf dem Weg zur Küche. Sie schwankte hin und her und konnte sich bei jedem Schritt nur mühsam vor dem Fallen bewahren; sie war kurz davor, das Gleichgewicht zu verlieren. Neben ihrem Bett stand Wasser, aber irgendetwas anderes hatte sie im Dunkeln aufstehen lassen. Alles, was sie sagen konnte, war, wie unendlich durstig sie war. Unruhig fuchtelte sie mit den Händen herum und suchte nach etwas Bestimmtem, aber sie fand nicht die Worte, um mir zu sagen, was sie brauchte. Schliesslich begriff ich, dass sie Sprudelwasser suchte - etwas mit Kohlensäure, etwas Vertrautes. Vorsichtig führte ich sie zurück ins Bett und brachte ihr ein kleines Glas davon. Zum Glück war ich früh aufgewacht und hatte sie gefunden, bevor Schlimmeres passieren konnte.

Der Durst und das damit einhergehende Delirium gehörten zu den beunruhigendsten Symptomen, die ich miterleben musste. Sie erforderten meine ständige Wachsamkeit: einen Zustand höchster Aufmerksamkeit. Ich hatte Mama ein paar Tage zuvor eine Klingel gegeben, in der Hoffnung, sie würde sie benutzen, falls sie etwas brauchte. Aber Mama war schon immer sehr unabhängig, und um Hilfe zu bitten, fiel ihr schwer. Sie wollte niemandem zur Last fallen.

Später am Morgen klingelte die Klingel dann aber doch zum ersten Mal. Mama hatte versucht, sich nach dem Toilettengang zu waschen und war dabei irgendwie in die Badewanne gerutscht. Sie muss sich irgendwie wieder herausgewunden haben und rutschte über den Badezimmerboden, bis sie ihr Bett erreichte. Als sie nicht aufstehen und ins Bett kommen konnte, rief sie mich.

Ich war dankbar, dass Mama die Klingel benutzt hatte, aber beunruhigt, dass sie sie erst nach dem Vorfall nutzte und nicht vorher. Mama hatte ihre Fähigkeiten überschätzt. Im Liegen fühlte sie sich fähig, ja sogar stark, und diese Illusion verflog zu spät. Zum Glück war diesmal nichts Ernstes passiert, ausser ein paar nassen Kleidungsstücken. Sie klagte über Schmerzen in der Schulter. Sie dachte, sie hätte sie sich beim Sturz verletzt. Als ich ihr aber zurück ins Bett half, sie umzog und ihre Schulter untersuchte, war sie nur leicht gerötet. Es gab keinen Riss, keine Prellung, und sie konnte den Arm problemlos bewegen. Später bestätigte die

Pflegekraft, dass keine sichtbare Verletzung vorlag. Mama klagte auch über flache Atmung, was aber wahrscheinlich an der Anstrengung lag. Im Bett schien alles wieder in Ordnung zu sein. Sie sagte, sie sei die ganze Nacht unruhig gewesen - verständlicherweise - und versprach, zu versuchen tagsüber mehr zu schlafen.

Wegen des Schreckens am Morgen einigten wir uns alle auf ein neues Vorgehen. Von nun an sollte Mama mich rufen, bevor sie aufstand, und ich würde ihr mit dem Bürostuhl ins Badezimmer helfen. Die Pflegekraft erklärte ihr das noch einmal so, dass Mama es hören konnte. Sie brachte auch Inkontinenzhosen mit - nur für alle Fälle - und putzte Mamas Zähne, um die Trockenheit in ihrem Mund zu lindern. Mama empfand das als sehr wohltuend. Die einfache Mundpflege brachte unerwartete Erleichterung, viel angenehmer als das ständige Befeuchten von Lippen und Zunge.

Am späten Nachmittag wirkte das neue Abführmittel endlich. Es brachte die dringend benötigte körperliche Erleichterung, aber Mama war danach völlig erschöpft. Nach fast zwei Wochen ohne Stuhlgang musste ihr Körper hart arbeiten, um sich zu entleeren. Es schien, als ob die Ruhe der letzten zehn Tage in eine neue Phase übergegangen wäre. Vielleicht fand Mama Trost in dem Wissen, dass sie „leer" war, dass sie endlich eine lange Liste von Aufgaben erledigt hatte und sich ausruhen durfte.

Mama fragte sich laut, ob es nicht besser wäre, ihre

letzten Tage in einem Hospiz zu verbringen - nicht aus Angst, sondern aus Sorge um mich. Sie wollte mir nicht zur Last fallen. Sie wollte nicht, dass ich die immer schwieriger werdenden Momente miterlebte. Ich sagte ihr, dass ich immer noch daran glaubte, dass wir es zu Hause schaffen und mit allem fertigwerden würden, was auf uns zukam. Dass ich für sie da sein wollte. Dass dies unser gemeinsamer Weg war und ich ihn weiterhin mit ihr gehen wollte. Voll und ganz.

Am späten Nachmittag ging ich spazieren und lief an meinem Elternhaus vorbei. Es war schon vor Jahren verkauft worden und lag nun unter einer riesigen Baustelle begraben. Meine Mutter hatte sich gefragt, was daraus geworden war, also fotografierte ich die Baustelle aus allen Winkeln. Als ich ihr die Bilder zeigte, war sie schockiert von der Grösse der neuen Gebäude - so viel Veränderung an einem Ort, der einst unser Leben geprägt hatte. Trotzdem war sie dankbar, es gesehen zu haben. Auch wenn es nur auf Fotos war.

Es lag eine subtile Veränderung in der Luft - eine Verschiebung des Gewichts. Ihre Kräfte schwanden immer schneller. Meine Wahrnehmung wurde geschärft. Die kleinen Annehmlichkeiten, die wir ihr bieten konnten, wie Sprudelwasser oder Zähneputzen, gewannen an Bedeutung und Gewicht. Sie waren der letzte Luxus, den wir ihr noch geben konnten.

Es herrschte auch eine immer tiefere Stille. Eine Ruhe, die ich nicht recht benennen konnte. Es fühlte sich an, als wäre eine Schwelle überschritten worden. Ich wusste nicht, was der nächste Tag bringen würde - aber ich spürte sein Herannahen, wie den leichten Wind am Rande eines Jahreszeitenwechsels.

Und dennoch, wir gingen diesen Weg gemeinsam weiter. Atemzug für Atemzug. Schritt für Schritt.

„Innerer Frieden kann nur durch Vergebung erreicht werden.“

GERALD JAMPOLSKY

TAG 13

UNVOLLENDETE GESPRÄCHE

Trotz unserer neuen Abmachung klingelte Mama immer noch nicht, wenn sie sich auf den Weg ins Badezimmer machte …

Anfang der Woche hatten wir uns über das Loslassen unterhalten. Damals schien sie sich mit dem Gedanken abgefunden zu haben, dass der Prozess noch zwei Wochen dauern könnte. Doch heute fühlte sich dieses Gespräch wie eine ferne Erinnerung an. Der Tag brachte eine Flut von heftigen Gefühlen mit sich, sie brach in ein langes, schluchzendes Weinen aus und wiederholte unter Tränen: „Ich wünschte nur, es wäre vorbei."

Ich hielt Mamas Hand und tröstete sie so gut ich konnte. Aber innerlich liess mich der Gedanke nicht los, dass, wenn der Prozess letztendlich mit einer Flut von Endorphinen, gefolgt von Leberversagen, Konzentrationsschwierigkeiten und all dem anderen einherging, wir noch weit davon entfernt waren, dass ihr Wunsch in Erfüllung gehen würde.

Und diese Erkenntnis lastete schwer auf mir. Aber es war tröstlich, wieder mit Lee zu sprechen. Wie immer gab mir seine Sichtweise Halt. Er schrieb:

Kein Weg ist jemals gleich. Jede Seele hat ihren eigenen Rhythmus. Es kann plötzlich geschehen, buchstäblich über Nacht. Es ist ein längerer Abschied als erwartet, aber es ist ein Abschied. Ihre Organe werden nach und nach versagen, und wenn die Zeit reif ist, wird sie gehen. Wir dürfen uns aber nicht von ihrer Frustration anstecken lassen. Morphiumtropfen können bei Bedarf Linderung verschaffen.

Der Arzt hatte geraten, Morphium nur zu geben, wenn Mama starke Schmerzen hat oder Atembeschwerden bekommt. Ich wollte aber am nächsten Werktag noch einmal bei ihm nachfragen. Es war ein schmaler Grat - ihre Würde und Selbstbestimmung zu wahren und gleichzeitig alles zu tun, um ihr diese Zeit so angenehm wie möglich zu gestalten.

Lee teilte auch eine weitere Erkenntnis:

Wenn ein Übergang unnötig verzögert oder blockiert wird, selbst wenn der Wille zum Gehen vorhanden ist, deutet das oft auf Bindungen hin - unerledigte Angelegenheiten, emotionale Verstrickungen mit den Kindern, deiner Schwester, ihrem Bruder. Ich werde meine Meditationen intensivieren, um den Karmaausgleich zu unterstützen.

Dieser Gedanke begleitete mich.

Später am Nachmittag nutzte ich die Gelegenheit, um neue Kraft zu tanken. Meine Schwester hatte ihren erneuten Besuch angekündigt, und ich machte mich auf zu einem weiteren Spaziergang durch die vertrauten Wälder - meine ganz persönliche Art von Heilungsritual. Ich folgte alten Pfaden aus meiner Kindheit, vorbei an Höhlen, Weinbergen und den Überresten alter Burgen. Orte, die wir als Familie an so vielen Wochenenden gemeinsam besucht hatten. Unterwegs machte ich ein paar Fotos, um sie meiner Mutter zu zeigen. Ich dachte, sie würde sich freuen zu sehen, wie die Zeit an diesen Orten, die wir einst so gut kannten, Spuren hinterlassen hatte.

Zurück zu Hause hatte der Nachmittag einen wohl hitzigen und komplexen Austausch mit sich gebracht. Ich war nicht dabei - absichtlich -, aber sowohl meine Mutter als auch meine Schwester schilderten unterschiedliche Versionen des Geschehens. Soweit ich es verstand, nutzte meine Mutter den Moment, um etwas auszudrücken, das ihr sehr am Herzen lag: die Hoffnung, dass meine Schwester die Kraft finden würde, eine stark angespannte Beziehung zu heilen. Gleichzeitig öffnete sich meine Schwester und sprach über ihren eigenen Schmerz, bekannte alte Wunden und gab lang gehegten Verletzungen Ausdruck. Und meine Mutter hörte zu. Sie entschuldigte sich, nicht nur für das, was schiefgelaufen war, sondern auch dafür, dass sie es nicht wiedergutmachen konnte.

Anschliessend schrieb mir meine Schwester eine SMS und bedankte sich dafür, dass ich ihr diesen Freiraum gelassen hatte. Ich schätzte die Nachricht, obwohl ich, um es klarzustellen, nicht die Rolle eines Türstehers übernommen hatte. Meine Schwester konnte jederzeit kommen. Ihre Besuche fanden meist an Wochenendnachmittagen statt, bedingt durch ihre beruflichen Verpflichtungen als Ärztin und ihre persönliche Entscheidung. Ich habe ihr nie irgendwelche Einschränkungen auferlegt, und sie wusste, dass die Tür immer offen stand. Was ich aber tat, war, mich während ihrer Besuche bewusst zurückzuhalten und ihr und meiner Mutter den Raum zu geben, das Gespräch zu führen, das sie brauchten, ungestört und unbeobachtet. Ich wollte mich nicht in ihre Angelegenheiten einmischen, denn das war ihre Sache. Ich hatte mich voll und ganz darauf fokussiert, einen Ort des Friedens, der Liebe und der Dankbarkeit zu schaffen, und ich achtete sorgsam darauf, diese Atmosphäre vor allem zu schützen, was mich davon ablenken könnte. Vielleicht hat dieser Freiraum auf irgendeine Weise Heilung ermöglicht. Vielleicht hat er dazu beigetragen, die Luft zu klären und sogar Vergebung zu ermöglichen. Ich habe all das mit Lee geteilt, und er meinte dazu: „Klingt, als ob deine Mutter der Beilegung dieser karmischen Angelegenheit ein Stück näher gekommen ist."

Später am Abend geschah etwas Schönes und Unerwartetes.

Mama hatte plötzlich Heisshunger auf ein paar Löffel ihrer Lieblingssuppe. Nur einen kleinen Vorgeschmack, sagte sie, um sie noch einmal zu kosten, bevor sie sie losliess. Wie es der Zufall wollte, hatte ich selbst geplant, genau diese Suppe zum Abendessen zu essen. Eine kleine, aber perfekte Fügung. Ich kochte sie für sie, und sie kostete sie, so diszipliniert sie auch war, durch ihren Mundspray - gerade so viel, dass sie satt war, ohne ihre Flüssigkeitszufuhr zu überschreiten. Den Rest ass ich an ihrer Seite, und die Geborgenheit dieses gemeinsamen Rituals verankerte uns wieder im Hier und Jetzt.

Es entstand eine ungewohnte Nähe in dieser Zeit - Mama dabei zuzusehen, wie sie langsam zwischen zwei Welten hin und her schwebte. Es gab keinen Leitfaden für diesen Abschnitt. An manchen Tagen schien sie mit überraschender Klarheit ins Leben zurückzukehren, und dann wurde sie plötzlich von Traurigkeit oder Verwirrung überwältigt. Und während all dem begriff ich, dass Sterben nicht nur ein Augenblick ist, sondern ein Prozess: eine vielschichtige, unvorhersehbare, zutiefst persönliche Reise.

Was mir Halt gab, waren die stillen Momente der Besinnlichkeit: der Wunsch nach Suppe, ein Hauch von Vergebung, eine Dankesnachricht, ein gemeinsames Schweigen. Jeder einzelne war ein Faden im Gewebe ihrer letzten Tage. Und obwohl ich nicht wusste, wann das Ende kommen würde, lernte ich, jedem Augenblick bewusst zu begegnen. Denn selbst während wir warteten, ging das Leben weiter.

Und vielleicht fand im Loslassen … etwas Grösseres seinen Weg.

—— ••••• ——

„Wer weiss, dass er genug hat, ist reich.“

LAO TZU

TAG 14
DIE GLÜCKLICHSTE GROSSMUTTER

Mama freute sich sehr darauf, ihre Enkelkinder noch einmal zu sehen. Sie ruhte sich den ganzen Vormittag aus, um ihre Kräfte für ihren Besuch zu schonen. „Ich bin so glücklich, dass das passiert", sagte sie. Lee stimmte zu und bemerkte: „All die Aktivitäten der letzten Tage, einschliesslich des Besuchs deiner Schwester, tun deiner Mutter gut."

Als meine Familie ankam, strahlte sie über das ganze Gesicht. Es gab zärtliche Umarmungen und Küsse. In vielerlei Hinsicht fühlte es sich an wie jeder unserer früheren Besuche, nur dass Mama diesmal im Bett lag, viel schwächer als sonst, und die Kinder etwas achtsamer waren, als sie ihr erzählten, was sie in letzter Zeit beschäftigt und neugierig machte. Sie mussten auch etwas lauter sprechen als sonst, damit Mama alles verstehen konnte.

Sie sprach leise, ihre Stimme war dünn und trocken. Oft machte sie Pausen, um ihren Kiefer zu bewegen, ihn langsam und fast komisch zu dehnen, um die Trockenheit in ihrem Gaumen zu lindern. Dennoch sprach sie klar, gefasst und ohne Drama. Sie erzählte sogar von ihrem Gespräch mit meiner Schwester am Vortag, einschliesslich des emotionalen Moments, als meine Schwester sie bat, nach ihr zu sehen. Mama sagte, sie habe instinktiv zugestimmt, doch die Bitte berührte sie tief im Inneren.

Was mich am meisten beeindruckte, war die völlige Abwesenheit von Schwere. Keine drohende Traurigkeit, kein Gefühl des nahenden Endes, weder bei Mama noch bei den Kindern. Sie sprach ruhig von ihrem Weg und bekräftigte, dass sie trotz Durst und Schwäche dankbar sei, diesen Weg zu gehen und mich an ihrer Seite zu haben.

Mama dankte den Kindern auch noch einmal für ihre wunderschönen Dankesbriefe. Manche ihrer Worte hatten sie überrascht, manche hatten sie zum Lachen gebracht. Sie nannte sich selbst die glücklichste Grossmutter der Welt.

Dieser Moment sagte alles.

Um Mama vor dem zweiten Teil des Besuchs etwas Ruhe zu gönnen, ging ich mit meiner Familie zum Mittagessen. Wir machten einen Spaziergang in Mamas Lieblingswald, einem Waldstück, das sie uns schon oft gezeigt hatte. Es gab uns die Möglichkeit, wieder zueinander zu finden, fernab der Hektik der letzten Wochen, der Telefonate und der stillen

Meditationen.

Am Nachmittag versammelten wir uns wieder um Mama, um in alten Fotoalben zu blättern. Viele der Fotos hatten die Kinder entweder noch nie oder schon seit Jahren nicht mehr gesehen. Es gab Bilder von ihnen als Kleinkinder in Australien - Mamas eigene Aufnahmen von ihren Besuchen dort und auch viele Fotos, die wir ihr per E-Mail geschickt hatten. Ausserdem waren unzählige Schnappschüsse von unseren Besuchen in der Schweiz dabei, als die Kinder noch klein waren.

•••••

Als wir meine Eltern in der Schweiz besuchten, versuchte Mama, jeden Moment bewusst zu erleben. Sie wollte unseren Kindern Erinnerungen schenken, die sie für immer in Ehren halten würden, und das gelang ihr. Sie hatte immer ein volles Programm geplant und alles mit vielen Fotos für ihr Album dokumentiert.

Eines Winters waren die Seen schon vor unserer Ankunft zugefroren und noch nicht von Schnee bedeckt. Sie lagen unter einer dicken, schwarzen Eisschicht, so klar, dass wir die Fische darunter schwimmen sehen konnten. Die Oberfläche glitzerte von gefrorenen Luftblasen, die wie Fossilien eingeschlossen waren, und da waren diese Geräusche: tiefes, hallendes Grollen und unheimliches Knacken, als sänge der

See selbst ein uraltes Lied, und walartige Rufe, die durch das Eis hallten, anders als alles, was wir je gehört hatten. Wir schnallten uns die Schlittschuhe an, packten unseren Erstgeborenen in einen Kinderwagen und glitten gemeinsam durch diese magische Landschaft. Es war ein surreales Erlebnis, eine Mischung aus Schönheit, Fremdartigkeit und Verbundenheit, das ich nie vergessen werde.

Auf derselben Reise fuhren wir mit einer Pferdekutsche durch ein autofreies Tal: Glöckchen klingelten von den Pferden vor uns, Wolldecken hüllten uns ein, Schafwolle polsterte unsere Sitze, und wir atmeten die klare Luft ein, während wir durch die friedliche Winterberglandschaft fuhren. Mama strahlte vor Freude, als sie meinen Sohn mit grossen, staunenden Augen ansah.

Als sie älter wurden, brachte Mama unseren Kindern das Langlaufen bei, unternahm mit ihnen kurze Winterspaziergänge und zeigte ihnen Eichhörnchen, die auf Bäume kletterten, und Tierspuren im Schnee. Immer mit einem Schlitten im Schlepptau, bereit für eine rasante Abfahrt den Hügel hinunter, und lachte dabei unentwegt. Sie brachte ihnen auch bei, wie man Engel in den Schnee macht. An einem Weihnachtsfest verkleidete sie sich gar als Weihnachtsmann - mit tiefer Stimme und dem kompletten Kostüm -, um sie zu überraschen.

Auch im Sommer war meine Mutter voller Freude. Sie bastelte mit den Kindern aus Pappe und Blättern, unternahm mit uns Spaziergänge in ihrem nahegelegenen Wald und führte uns auf Wanderungen entlang ihrer Lieblingsbergpfade. Sie blieb stehen, um Blumen zu bewundern, brachte den Kindern ihre Namen bei und versuchte, Murmeltiere in der Ferne zu entdecken. Wir tranken aus klaren Gebirgsbächen, schwammen in eisigen Alpenseen und erkundeten gemeinsam Tierparks, Kindertheater und ungewöhnliche Museen.

Ein ganz besonderer Ausflug war das Sippenfest: ein Treffen der Grossfamilie an einem Winterwochenende in den Bergen. Sie hatte alle Verwandten eingeladen, die kommen wollten, und viele kamen. Sie brachten Kinder, Lachen und offene Herzen mit. Das Wochenende begann mit Kaffee und Kuchen, gefolgt von einer Schneeschuhwanderung durch einen tiefverschneiten Wald wie aus einem Märchen: schneebedeckte Bäume, tiefe Stille und das Knirschen des frischen Pulverschnees unter den Füssen. Wir posierten für Fotos auf einer Lichtung und machten dann Halt in einer urigen Holzhütte mit einem prasselnden Feuer davor, wo wir uns die Hände wärmten und heissen Glühwein tranken. Drinnen herrschte eine magische Atmosphäre: ein langer Holztisch, rote Wangen vor Kälte, köchelndes Fondue, Wein in Strömen und angeregte Gespräche. Mama sass im Mittelpunkt und lächelte zufrieden. Das war ihr Werk, ihre Art, die Familie zusammenzubringen.

Am nächsten Tag unternahmen wir mit allen eine

Schlittenfahrt auf einer berühmten 5,5 km langen Schlittenstrecke, einer der längsten in der Region. Wir rasten die verschneiten Hänge hinunter und genossen den Panoramablick auf die Berge und die markanten Viadukte, die sich durch das Tal schlängeln. Einige von uns krachten in Schneewehen, andere sausten jubelnd weiter. Mama konnte sich vor Lachen kaum halten. Sie war in ihrem Element. Es war ein fröhliches, unbeschreibliches Chaos.

Dieses Wochenende offenbarte etwas Wesentliches an Mama: ihren Wunsch, nicht nur die Familie zusammenzubringen, sondern gemeinsam mit ihr etwas Bedeutsames zu unternehmen. Sie wollte keine Routinebesuche. Sie wollte etwas Magisches.

Rückblickend erkenne ich, wie bewusst sie vorging, wie viel Mühe sie sich gab, damit unsere Besuche nicht einfach nur Besuche waren, sondern Kapitel in unserer Familiengeschichte. Sie steckte ihr ganzes Herzblut in den Brückenbau über die Distanz, über die Jahre. Und vielleicht ist das das Besondere an Distanz: Sie zwingt einen, bewusster zu handeln. Man plant, man geniesst, man schätzt die kleinen Dinge. Man verwandelt flüchtige Zeit in etwas Unvergessliches.

Wenn das Leben aus kleinen, liebevoll miteinander verbundenen Momenten besteht, dann hat Mama uns mehr solcher Momente geschenkt, als wir damals ahnten. Und jetzt, im Nachhinein, erkenne ich, wie tief all diese Momente in uns allen verwurzelt sind.

Mama hinterliess nicht nur Erinnerungen, sie hinterliess einen Leitfaden, für Präsenz, Freude und dafür, wie man Sinn findet, wenn die Zeit knapp ist. Und doch, selbst mit all diesen Erinnerungen ... nichts bereitet einen auf das letzte Kapitel vor.

•••••

Nachdem meine Familie abgereist war, bat mich Mama, ihnen noch eine Nachricht zu schreiben, um ihnen „für den wundervollen Tag“ zu danken. Dafür, dass sie so fröhlich und freundlich waren und ihr eine friedvolle Reise gewünscht hatten. Sie erzählte mir, wie sehr sie sich gefreut hatte, sie wiederzusehen.

Während ihres Besuchs hatten wir gelacht, in Erinnerungen geschwelgt und gestaunt, wie schnell die Zeit vergangen war. Mama hatte voller Stolz gelächelt und ihren Enkelkindern gesagt, dass sie immer über sie wachen würde, nur eben aus etwas grösserer Entfernung. Es war ein Tag voller Liebe und Dankbarkeit. Diesmal flossen keine Tränen, nur stille Zuneigung, echte Wärme und ein Gefühl von Frieden. Es fühlte sich leicht an. Es fühlte sich echt an. Und Mama schien mit ihrer Entscheidung zutiefst zufrieden.

An diesem Abend strahlte sie förmlich, war voller Freude, voller Liebe und Dankbarkeit, fast berauscht von der Schönheit all dessen. In Frieden. Wenn es jemals einen Moment gab, um Abschied zu nehmen, dann fühlte es sich jetzt so an. Ich erinnere mich, wie ich dachte, wie schön es für sie wäre, wenn sie in diesem Gefühl einschlafen und einfach nicht mehr aufwachen würde.

Wir hatten oft darüber gesprochen, wann man als Athlet aufhören sollte: die Idee, dass es am besten ist, auf dem Höhepunkt, nach einer besonders erfolgreichen Saison oder einem grossen Sieg, abzutreten oder das Spielfeld direkt nach dem Brechen des eigenen Rekords zu verlassen. Heute fühlte es sich wie einer dieser Momente an. Ein Höhepunkt. Ein stiller, persönlicher Sieg.

Und ich dachte ... was für ein perfekter Zeitpunkt, um zu gehen.

TAG 15
DEN RAUM HALTEN

Als ich aufwachte, war ich mir fast sicher, dass meine Mutter gestorben war. Der Tag zuvor hatte sich so vollkommen angefühlt: Ihr Herz war erfüllt, ihre Freude sichtbar. Es wäre ein perfekter Abschluss gewesen. Zuerst war es still in der Wohnung. Ich stand still und lauschte. Dann hörte ich ihren Atem. Ruhig, präsent.

Unglaublich, aber Mama hatte es irgendwie geschafft, trotz ihrer Schwäche am Abend zuvor noch einmal ins Badezimmer zu gehen. Einen Moment lang hinterfragte ich mich. Mache ich etwas falsch? Versage ich? Sollte dieser Übergang nicht sanfter sein? Leichter? Was könnte ich anders machen, um sie besser zu unterstützen?

Aber was dachte ich mir nur? Das war kein Versagen. Es war und war immer noch eine wunderbare Reise, die sich entfaltete. Ein langsames, bewusstes und würdiges Loslassen. Ein Feiern des Lebens. Mama hatte Stück für

Stück losgelassen - von Vorlieben, von Erfahrungen, von Gesprächen, von der Last des Lebens. Gemeinsam hatten wir diesen Raum gestaltet. Wir hatten Geschichten geteilt, Erinnerungen geschaffen und Wege zur Heilung geöffnet. Mit Lee und meiner Familie pflegte und bewahrte ich jeden Tag bewusst eine Atmosphäre der Liebe, des Friedens und der Dankbarkeit - durch Achtsamkeit und Meditation. Meine Mutter hatte selbst gesagt, wie dankbar sie für die Unterstützung, das Zuhause und den Frieden war.

•••••

Ich lebte fast zwanzig Jahre im Ausland. Die Schweiz war mein Geburtsort, aber nicht mehr mein Wohnort. Doch der Gedanke an eine Rückkehr - nur für eine Zeit - schwebte immer im Hinterkopf herum. Zu Beginn unserer Beziehung hatten meine Frau und ich einmal gesagt, dass wir eines Tages für längere Zeit in die Schweiz reisen würden, damit die Kinder sehen könnten, wo ihr Vater aufgewachsen war und den anderen Teil ihrer Wurzeln kennenlernen könnten. Wir dachten, es könnte ein Geschenk sein, den Rhythmus der Jahreszeiten zu erleben, eine andere Kultur kennenzulernen, mehrere Sprachen zu sprechen, durch Wälder zu laufen, in Bergseen zu schwimmen und den Duft von frischem Schnee in der Stille des Morgens zu erfahren.

Und es gab noch einen weiteren, tieferen und persönlicheren

Grund: Meine Eltern kannten ihre Enkelkinder nur von kurzen, flüchtigen Besuchen, Sommerferien, Familientreffen, Tage, die viel zu schnell vergingen. Besonders meiner Mutter fiel das schwer. Sie sehnte sich danach, sie noch besser kennenzulernen, nicht als Besucher, sondern als Teil ihres Alltags. Doch der Zeitpunkt war nie wirklich der richtige gewesen.

Es gab einen Moment, als mein Vater im Krankenhaus lag, und eine Zeit lang sah es ernst aus. Wir telefonierten jeden zweiten Tag, die Gespräche wurden immer inniger, als bereiteten wir uns auf etwas Letztes vor. Aber mein Bauchgefühl sagte mir, dass er wieder gesund werden würde, und so war es auch. Meine Anwesenheit war - noch - nicht nötig. Ich hatte noch Arbeit zu erledigen und Ziele in Australien zu verfolgen. Also blieben wir dort.

Unsere Besuche setzten sich fort, hauptsächlich während der langen australischen Sommerferien von Ende Dezember bis Ende Januar. In der Schweiz bedeutete das jedoch Winter, und die Kinder dort hatten über Weihnachten und Neujahr viel kürzere Ferien und verbrachten oft Zeit mit ihren Familien. Als die Schule in der Schweiz wieder begann, hatten unsere Kinder noch Ferien und wollten unbedingt spielen, aber es gab nicht viele Spielkameraden. Das machte es schwierig, echte Beziehungen aufzubauen.

Eines Tages sagte unsere Tochter: „Ich möchte wissen, wie es wäre, hier zur Schule zu gehen, damit ich mit anderen

Kindern spielen kann und nicht nur zu Besuch bin." Die Idee eines zwölfmonatigen Abenteuers in der Schweiz nahm Gestalt an. Alle waren begeistert. Und da unser Sohn bald die Grundschule abschliessen würde, bot sich uns ein idealer Zeitpunkt für einen Neuanfang. Entweder wir zogen jetzt um oder gar nicht. Wenn wir weiter zuwarteten, würde die Gelegenheit verstreichen. Endlich passte der Zeitpunkt.

Ein grosses Projekt in unserem australischen Unternehmen war gerade abgeschlossen, und ich war bereit, etwas kürzer zu treten und Abstand zu gewinnen. Ich fragte meine Kunden, ob sie weiterhin digital mit mir zusammenarbeiten würden. Unsere ersten virtuellen Sitzungen waren vielversprechend. Es war machbar.

Aber da war noch etwas anderes, das mich zurückzog. Mein Vater, inzwischen 74 Jahre alt, leitete immer noch den Familienbetrieb. Seit über hundert Jahren arbeitete die Familie mit Beton. Wir stellten die praktischen Elemente her, die einen Garten ausmachten, Stützmauern, Pflastersteine und Gartenplatten, sowie Elemente, die Schönheit und Charakter verliehen, wie Bänke, Brunnen und Blumentöpfe. Ein Grossteil unserer Arbeit war Standard, aber wir spezialisierten uns auch auf massgefertigte Elemente für private Gärten und öffentliche Parks. Mein Vater hatte das Unternehmen über 40 Jahre lang geprägt und geleitet. Der Geschäftsführer, dem er die Firma bei seinem Ruhestand anvertraut hatte, sein Nachfolger, musste nach einem Herzinfarkt zurücktreten, und der neu eingestellte Geschäftsführer hatte sich nicht bewährt. Trotz seines Alters und seines nachlassenden Gesundheitszustands übernahm mein Vater die Position wieder. Sehr zum Leidwesen meiner Mutter.

Mein Vater hatte meiner Mutter versprochen, die Firma mit 65 Jahren zu schliessen oder zu verkaufen. Dieses Versprechen verlängerte er dann bis zum Ruhestand seines Nachfolgers. Und dennoch war er wieder da, zurück im Amt und ohne klaren Nachfolgeplan. Sein Antrieb war der Wunsch, weitere seiner langjährigen Mitarbeiter in den Ruhestand zu bringen: ein edles Ziel, doch es bedeutete, dass all die Dinge, die er meiner Mutter für die Zeit nach seiner Pensionierung versprochen hatte, immer weiter aufgeschoben wurden, bis manche davon unerfüllbar waren.

Ich sah mich nicht als sein Nachfolger. Das war nicht der Plan. Aber ich hatte in Australien bereits mehrere Unternehmen bei der Nachfolgeplanung begleitet. Ich kannte den Prozess und konnte bei Bedarf Unterstützung anbieten. Es fühlte sich an, als wäre jetzt der richtige Zeitpunkt, näher zu sein, für ihn da zu sein. Also packten wir unsere Sachen in unserem frisch renovierten Haus und zogen in die Schweiz.

Ich war schon oft umgezogen. Aber dieser Umzug war anders. Das war kein Alleingang. Ich zog mit meiner vierköpfigen Familie um. Und ja, ich „kehrte nach Hause" zurück, aber nur dem Namen nach. Der Ort meiner Kindheit war nur noch eine Erinnerung. Mein altes Netzwerk war längst verstummt. Und wir kehrten nicht in eine der Städte zurück, die ich kannte. Wir brachen zu einem neuen Ort auf, auf Empfehlung eines Freunds, der uns eine bessere Lebensqualität versprochen hatte. Und ich war der Einzige in der Familie, der die Landessprache sprach. Wir gingen nicht zurück, wir fingen neu an. Es kostete mich Mut. Mehr als ich erwartet hatte.

Meine Mutter war überglücklich. Endlich würden ihre Enkelkinder in der Nähe sein, nicht nur Postkarten und Fotos, sondern echte, laute, lachende, grasbefleckte Kinder, die durch ihren Garten tobten.

Das erste Jahr zurück war intensiv. Wir mieteten eine möblierte Wohnung, um uns schnell einzuleben und den Umzugsstress zu minimieren. Und, nur im Notfall, konnten wir jederzeit problemlos wieder schnell weg.

Das war der Plan. Ein Jahr. Ein gemeinsames Abenteuer.

Ich arbeitete nach australischen Arbeitszeiten, von 4:00 Uhr morgens bis zum Mittagessen, um nachmittags für die Kinder da sein zu können: bei den Hausaufgaben helfen und Aktivitäten planen. Ich wollte dieses Jahr füllen, nicht nur für sie, sondern auch für mich. Ich wollte ihnen die Schweiz zeigen, nicht wie ein Tourist sie sieht, sondern so, wie ich sie aus meiner Kindheit kannte: meine Lieblingsorte und die, die ich selbst immer sehen wollte.

Wir erkundeten Gletscher, Schluchten, Höhlen und

Wasserfälle. Wir schwammen in Seen und liessen uns auf Flüssen treiben. Wir besuchten Schlösser, alte Brücken und Tore. Wir sahen uns Freilichttheater an und stellten in der Lindt-Fabrik unsere eigenen Schokoladen-Osterhasen her. Wir genossen die atemberaubende Landschaft bei Fahrten mit alten Dampfzügen, steilen Zahnradbahnen und Dampfbooten. Wir wanderten, zelteten und probierten Käse direkt von der Käserei. Wir schlenderten durch Museen, feierten Fasnacht und bestaunten ehrfürchtig das Feuerwerk, das den Himmel über den Dörfern erleuchtete. Bei manchen Abenteuern konnten meine Eltern dabei sein. Andere hielten wir auf Video und Fotos fest, damit auch sie daran teilhaben konnten. Und wenn die Kinder ihre Grossmutter besuchten, sassen sie mit baumelnden Beinen am Esstisch und erzählten begeistert von ihren Erlebnissen.

Mama hatte natürlich ihr eigenes Programm für sie vorbereitet: Basteln, Geschichten, kleine Schätze im Garten. Sie war in ihrem Element. Strahlend, barfuss im Gras, beobachtete sie ihre Enkelkinder beim Lachen, Streiten, Spiele erfinden und Erinnerungen schaffen an einem Ort, den sie endlich mit ihnen teilen konnte.

Dieses Jahr sollte nur vorübergehend sein. Nur ein Kapitel. Doch das Leben, wie der Körper, hat oft seine eigene Weisheit. Man schmiedet Pläne. Man zieht die Linien mit dem Bleistift. Und dann schlägt das Leben mit etwas anderem zu. Etwas Ungeplantem. Etwas, das alles verändert.

•••••

Ich erinnerte mich wieder daran: Das ist Mamas Weg. Sie braucht die Zeit, die sie braucht. Ich muss alle Erwartungen und vorgefassten Meinungen loslassen, die ich vielleicht darüber habe, wie und wann es geschehen könnte. Ich bin nicht hier, um das Tempo vorzugeben, sondern nur, um den Raum zu schaffen und zu halten. Meine Rolle ist es einfach, präsent zu sein, zu helfen und dem Prozess zu vertrauen. Loszulassen. Und, wenn ich kann, ein Beispiel für dieses Loslassen zu sein. Sie geht den Weg bereits. Sie wird die Schwelle überschreiten, wenn sie bereit ist.

An diesem Tag war ich besonders dankbar für Lees Anwesenheit und seine Gabe, die Dinge aus einer anderen Perspektive zu betrachten. Wir sprachen darüber, und ich fühlte mich gesehen, verankert durch seine bestärkende Energie und seine grosszügigen Worte der Ermutigung:

„Perfekt verarbeitet. Ich spüre gerade so viel Liebe und Wertschätzung für dich. Ich fühle mich so geehrt, dass du mein Freund bist. Stell dir vor, wie glücklich sie ist, dass du, eine Seele wie du, sie auf diesem Weg begleitest. Die Dramaturgie des Lebens ist absolut treffend und immer hilfreich, und hinter der Fassade des Geschehens geschieht Magie, die positive Ergebnisse herbeiführt, selbst für diejenigen, die Mitgefühl ablehnen. Die Magie reiner Gefühle und guter Absichten, sie ist die Summe all der Gespräche, der

Meditation und des Wohlwollens."

Die Krankenschwester kam vorbei, und Mama erzählte, wie müde und schwach sie sei, aber auch, wie voller Dankbarkeit sie sich weiterhin fühle.

Da sie zunehmend Schwierigkeiten beim Schlucken und Atmen hatte, sprach ich erneut mit dem Arzt. Er bestätigte, dass jetzt der richtige Zeitpunkt sei, mit der Verabreichung von Morphin-Tropfen zu beginnen. Obwohl empfohlen wurde, sie stündlich zur Linderung zu geben, waren Mama und ich uns einig, erst mit einer moderateren Dosis zu beginnen. Wir wollten sichergehen, dass sich ihr Körper langsam daran gewöhnt, um mögliche Nebenwirkungen zu vermeiden. Manche Menschen scheinen sie anfangs nicht gut zu vertragen. Es braucht Zeit, bis sich der Körper daran gewöhnt hat. Wir beschlossen also, ihr die empfohlene Tropfenzahl zu geben, aber am ersten Tag nur viermal.

Um den bitteren Geschmack des Morphiums zu mildern, machte ich kleine, aromatisierte Eiswürfel. Sie waren eine Offenbarung. Kühl, wohltuend und gut verträglich, und ausserdem befeuchteten sie beim Schmelzen sanft ihren Hals. Von da an war das ihre bevorzugte Art, Flüssigkeit zu sich zu nehmen.

In der stillen Arbeit der Pflege gibt es keine grossen Gesten, nur kleine, bewusste Liebesbeweise, die sich immer wiederholen. Eiswürfel statt Wasser. Zurückhaltung, wenn ich etwas ändern möchte. Das Loslassen des Zeitplans, den ich mir vorgestellt hatte. Dieser Tag erinnerte mich daran, dass sich das Leben auch dann weiter entfaltet, wenn das Ende nahe scheint. Und in diesem Zwischenraum, irgendwo zwischen Erwartung und Ungewissheit, gibt es immer noch Schönheit. Immer noch Präsenz. Immer noch einen Grund, sich zu entspannen, durchzuatmen und darauf zu vertrauen, dass alles genau so geschieht, wie es geschehen soll.

——— ••••• ———

„Unser eigenes Leben muss unsere Botschaft sein."

THICH NHAT HANH

TAG 16

STILLE AKZEPTANZ

Die Kombination aus Morphiumtropfen und Beruhigungsmitteln schien zu wirken und bescherte meiner Mutter eine ruhige Nacht. Neben der verbesserten Schlafqualität berichtete sie auch von weniger Durst nach der Einnahme der Tropfen, was ein positives Zeichen war. Theoretisch sollte der Prozess umso schneller voranschreiten, je weniger Flüssigkeit sie zu sich nahm.

Meine Mutter erwähnte Schwindel und einen stärkeren Herzschlag als sonst. Angesichts ihrer langjährigen Vorgeschichte mit Bluthochdruck fragte ich mich, ob dies auf einen erneuten Anstieg hindeutete. Fast dreissig Jahre lang hatte meine Mutter ihren Blutdruck gewissenhaft kontrolliert. Als Ärztin waren ihr die Risiken von Bluthochdruck stets bewusst gewesen, insbesondere das erhöhte Risiko für Schlaganfall oder Herzinfarkt bei Werten über 200 mmHg. Manchmal hatte das Messen und Beobachten des

Blutdruckanstiegs innerhalb kurzer Zeit ihre Ängste vor den Folgen verstärkt und die Situation verschlimmert. Wahrscheinlich einer dieser Fälle, in denen Unwissenheit ein Segen gewesen wäre. Doch nun hatte sich ihre Einstellung geändert. Nachdem meine Mutter ihrem Arzt ihre Patientenverfügung mitgeteilt hatte, die auch Anweisungen für den Verzicht auf Wiederbelebungsmassnahmen im Falle eines Schlaganfalls oder Herzinfarkts enthielt, verzichtete sie auf die regelmässige Blutdruckmessung. Stieg ihr Blutdruck, akzeptierte sie es einfach, ohne den Stress und die Angst, die es ihr früher bereitet hatte.

Einige Wochen zuvor hatte ich beim Mittagessen mit einem Freund von der Entscheidung seiner Mutter erfahren, alle ihre Medikamente abzusetzen, nachdem sie sich von ihnen „vergiftet" gefühlt hatte. Trotz der Risiken lebte sie noch drei Jahre ohne jegliche Beeinträchtigungen. Inspiriert von ihrer Geschichte, tat meine Mutter es ihr gleich und setzte ihre Blutdruckmedikamente ab, da auch sie sich von ihnen vergiftet fühlte. Sie war bereit, die möglichen Folgen zu akzeptieren. Gewissermassen sagte sie damit, dass sie sowieso irgendwann sterben würde, also könne sie genauso gut frei von diesen Medikamenten und ohne deren Nebenwirkungen sterben. Es schien, als ob sie sich durch das Absetzen ihrer Medikamente und die Befreiung von der ständigen Sorge um Nebenwirkungen erlaubte, in ihren letzten Tagen friedlicher zu leben.

Natürlich bewegte sich Mama nicht mehr so viel wie früher, aber es war erstaunlich zu sehen, wie frei sie sich fühlte, sowohl geistig als auch körperlich, trotz der Einschränkungen, die ihr Körper ihr nun auferlegte. Er bereitete ihr kaum noch Sorgen. Hin und wieder bemerkte sie Symptome, die sie früher mit Bluthochdruck in Verbindung gebracht hätte. Jetzt war es nur noch das Bewusstsein, dass etwas anders war, ohne dieser Veränderung eine Bedeutung beizumessen. Sie lebte nun in vollkommener Akzeptanz und war dankbar für die Momente, die ihr noch blieben.

Mama erwähnte auch, dass ihr Herz gelegentlich unregelmässig schlug. Dies hatte vor etwa vier Monaten begonnen, als sie mitten im Gespräch plötzlich erstarrte, ins Leere starrte und dann wieder zum Gespräch zurückkehrte. Später erklärte sie, dass sie gespürt habe, wie ihr Herz aussetzte und dann wieder anfing zu schlagen. Ein Gefühl, das seitdem mehrmals aufgetreten war, aber immer im Sitzen und nie beim Gehen, was sie hätte ohnmächtig werden oder stürzen lassen können.

Neben dem unregelmässigen Herzschlag beschrieb Mama auch leichte Übelkeit und ein seltsames Brennen in beiden Achselhöhlen. Zuerst war nur die rechte Seite betroffen, was sie auf einen Sturz im Badezimmer zurückführte, doch nun hatte sich das Leiden auf beide Seiten ausgebreitet. Ich vermutete, es könnte ein Anzeichen für beginnendes Leberversagen sein, wodurch sich Giftstoffe ansammeln und über andere Wege ausgeschieden werden. Die Krankenschwester bemerkte keine sichtbaren Veränderungen und sagte, sie würde den Arzt konsultieren. Dieser war nicht sonderlich besorgt, empfahl uns aber, die Situation zu beobachten. Er merkte ausserdem an, dass manche Menschen nach der Einnahme von Morphium Übelkeit verspüren, die in der Regel nach einigen Tagen wieder abklingt.

•••••

Ursprünglich war der Plan einfach gewesen: ein Jahr in der Schweiz; ein Abenteuer.

Es war bereits ein unglaublich bereicherndes und erfüllendes Jahr gewesen. Die Kinder hatten sich über alles Bekannte hinaus entwickelt: neue Sprachen gelernt, Freundschaften geschlossen, den Rhythmus der Jahreszeiten aufgesogen und wertvolle Zeit mit ihren Grosseltern verbracht. Wir hatten unzählige Erinnerungen gesammelt, und unsere gemeinsame Zeit neigte sich dem Ende zu. Doch nicht alles lässt sich planen, manchmal hat das Leben seine eigenen Pläne.

In diesem Jahr wurde uns schmerzlich bewusst, dass Papas Gesundheit angeschlagener war, als wir alle wahrhaben wollten. Sein unbedingter Wille, das Unternehmen allein zu führen, ohne Hilfe, ohne Nachfolgeplanung, begann zu bröckeln. Nach seiner Hüftoperation ignorierte er die Anweisungen des Arztes und bestand darauf, im Krankenhaus am Schreibtisch zu arbeiten, nur um sich das neue Gelenk wieder auszurenken. Die Ärzte schafften es zwar, es wieder einzurenken, aber kaum war er wieder zu Hause, passierte es erneut. Und dann wieder. Jede Operation schwächte ihn ein wenig mehr, machte ihn aber nicht weniger stur.

Ich setzte mich mit meiner Familie zusammen.

„Ich habe ein ungutes Gefühl dabei", sagte ich. „Wenn Papa so weitermacht, wird das kein gutes Ende nehmen. Ich glaube, das ist erst der Anfang. Und falls etwas passiert, möchte ich hier sein."

Jeder konnte die Logik dahinter verstehen, auch wenn es ihnen innerlich schwerfiel. Besonders schwer war es für meine Tochter. Sie hatte all ihren Freunden in Australien versprochen, dass wir nach einem Jahr zurückkommen würden. Der Gedanke, dieses Versprechen zu brechen, war für sie schwer zu akzeptieren. Also trafen wir eine Vereinbarung: Wir würden für einen Besuch zurückkommen, uns richtig verabschieden und dann für unbestimmte Zeit in die Schweiz zurückkehren.

Doch mit dieser Entscheidung änderte sich alles.

Die Fernbetreuung meiner australischen Kunden, eine clevere, kurzfristige Lösung, war nicht mehr tragbar. Ich schloss laufende Projekte ab, stellte die Betreuung meiner Kunden sicher und verkaufte schliesslich meine Anteile an der Firma. Gleichzeitig legte ich den Grundstein für ein neues Unternehmen in der Schweiz, das unseren Lebensunterhalt dauerhaft sichern sollte.

Alles lief nach Plan. Die Dinge nahmen Gestalt an. Der Markt reagierte positiv. Wir bauten solide Beziehungen auf. Die Kunden waren nicht nur zufrieden, sondern investierten und engagierten sich langfristig. Und dann, neun Monate nach dem Aufbau des Unternehmens, änderte sich wieder alles - für mich.

Die Aorta meines Vaters riss, und er kam auf die Intensivstation. Wir mussten den Mitarbeitern Sicherheit und eine klare Perspektive geben, um das Unternehmen zu stabilisieren, das er über Jahrzehnte aufgebaut hatte. Dass er die Leitung wieder übernehmen würde, war einfach keine Option mehr. Also übernahm ich die volle Verantwortung. Nicht als Lösung für die Nachfolgefrage, sondern als Verwalter mit einem Auftrag das Unternehmen darauf vorzubereiten. Ich bot an, das Tagesgeschäft mit dem Team zu leiten, das Unternehmen zu erhalten und Schlüsselmitarbeitern beim Übergang in den Ruhestand zu helfen, während ich gleichzeitig einen tragfähigen, langfristigen Nachfolgeplan entwickelte. Aus meiner Erfahrung mit Kunden in Australien wusste ich, dass dieser Prozess drei bis sieben Jahre dauern würde. Unser Zeithorizont in der Schweiz hatte sich gerade erneut verlängert.

In den folgenden fünf Jahren setzten wir genau das

um. Wir restrukturierten das Unternehmen so, dass ein Verkauf möglich wurde. Wir fanden würdige und sinnvolle Lösungen für fast jedes Teammitglied. Einige wechselten zu anderen Firmen, mehrere gingen in Rente, und manche blieben bei dem strategischen Partner, der das Unternehmen übernommen hatte.

Jahrelang hatte mein Vater bezweifelt, dass wir jemals so weit kommen würden. Doch schliesslich konnte er Abschiedsbriefe an seine Kunden und Partner schreiben, mit denen er fast ein halbes Jahrhundert zusammengearbeitet hatte, und er ging nach seinen eigenen Vorstellungen, stolz und dankbar, dass ich ihm bei diesem Übergang geholfen hatte.

Und meine Mutter? Sie bekam ein Stück von ihm zurück. Sie wusste es zu schätzen, dass ich ihm geholfen hatte, sein Unternehmen loszulassen, etwas, das ihm so viele Jahre lang schwergefallen war. Mit der Last des Unternehmens von seinen Schultern genommen, wurde er etwas milder - nur ein wenig. Nicht ganz. Aber genug. Es gab noch andere geschäftliche Angelegenheiten zu regeln, aber keine davon betraf Mitarbeiter, für die er sich verantwortlich fühlte.

Diese fünf Jahre schenkten mir auch etwas Kostbares: Zeit. Nicht nur räumliche Nähe, sondern wertvolle, regelmässige Zeit mit meinen Eltern. Nach den Vormittagen im Büro sassen wir oft beim Mittagessen zusammen und tauschten uns über berufliche Neuigkeiten und Reiseberichte,

Gedanken über meine Erlebnisse in der Welt und Ideen für ein gutes Leben aus. Meine Mutter sehnte sich immer nach solchen Gesprächen. „Ich wünschte, ich hätte diese Dinge so erkunden können wie du", sagte sie dann, „östliche Medizin, Energiearbeit, die Philosophien dahinter ..." Sie hatte sich jahrelang intensiv mit Akupunktur beschäftigt und war sogar für ein tieferes Studium nach China gereist, fühlte sich aber oft gehetzt, von Papas Reiseplan von Ort zu Ort geschleift, anstatt zur Ruhe zu kommen und die Eindrücke aufzunehmen. „Ich glaube, deine Art zu reisen hätte mir besser gelegen."

In gewisser Weise, so glaube ich, reiste meine Mutter durch mich. Jede Geschichte, die ich erzählte, öffnete ihr ein Fenster in das Leben, das sie selbst nie ganz leben durfte. Besonders fasziniert war sie davon, wie ich die Welt sah: wie ich dachte, was ich glaubte, wie ich zu dem geworden war, der ich bin.

„Es ist, als würde ich dich erst jetzt richtig kennenlernen", sagte sie eines Nachmittags zu mir, als hätten sie ihre Worte selbst überrascht.

Und vielleicht hatten sie das auch.

Vielleicht ging es mir genauso.

Denn manchmal sind die Umwege im Leben die wahren Ziele. Und manchmal wird genau das, was man nie geplant hat, das, was einen nach Hause bringt - nicht zu einem Ort, sondern zu einem Menschen.

•••••

Am Abend hatten das Brennen und die Übelkeit nachgelassen, wahrscheinlich dank der Morphiumtropfen. Das brachte mich dazu, die Dosierung auf die ursprünglich vom Arzt empfohlene Häufigkeit zu erhöhen.

Vor dem Schlafengehen erzählte mir Mama, dass sie im Laufe des Tages mehrmals kurz das Gefühl hatte, ihr Herz würde aussetzen. Sie fügte hinzu, dass sie glaube, bald „einschlafen" zu dürfen. Mit „einschlafen" meinte sie den tiefen Schlaf, aus dem man nicht mehr erwacht. Ich war fasziniert. Wer würde ihr erlauben, einzuschlafen? Vielleicht erkannte sie die Unberechenbarkeit des Todes an. Es ist nicht wie beim Sterbehilfeverfahren, wo man Datum und Uhrzeit des Todes festlegt. Ich erinnerte mich an die Geschichte eines Mannes, der seinen Tod über das Sterbehilfeverfahren für Mittag vereinbart hatte. Die Krankenschwester kam aber wegen des Verkehrs zwei Stunden zu spät. Bis dahin war er allerdings zum vereinbarten Termin mittags bereits auf natürliche Weise verstorben.

Meine Mutter hatte sich immer für Spiritualität interessiert, war aber nie religiös. Sie hatte von Menschen mit starkem Glauben gehört, dass nur Gott über den Zeitpunkt des Todes entscheidet, nicht der Einzelne. Vielleicht bezog sie sich darauf. Ungeachtet der genauen Bedeutung ihrer Worte war klar, dass meine Mutter sich auf ihren Abschied vorbereitete. Sie hatte aufgehört, gegen die körperliche und seelische Belastung ihrer Beschwerden anzukämpfen und fand Freiheit darin, alte Gewohnheiten loszulassen, darunter auch die Medikamente, die einen Grossteil ihres Lebens bestimmt hatten. Ihre Akzeptanz der natürlichen Rhythmen ihres Körpers, unregelmässiger Herzschlag, Brennen und schwankender Blutdruck, zeugte von einem bemerkenswerten inneren Frieden. Während sie sich auf ihre letzte Ruhe vorbereitete, war deutlich zu spüren, dass sie sowohl geerdet als auch befreit war. In ihren Worten und Taten war keine Furcht zu erkennen, nur eine ruhige Bereitschaft, mit Anmut alles Kommende anzunehmen.

TAG 17

ENDGÜLTIGER ABSCHIED?

Um 4 Uhr morgens war ich schon zwei Stunden wach. Das Haus war still, und ich fühlte mich unruhig. Ich hatte angestrengt versucht, auch nur das leiseste Geräusch aus Mamas Zimmer zu hören, aber da war nichts. Kein Mucks. Besorgt ging ich zweimal nach unten, um nach ihr zu sehen. Beide Male fand ich sie in genau derselben Position vor - sie atmete ganz flach. Sie sah aus, als würde sie schlafen. Ich flüsterte ihr etwas zu, nur für den Fall, dass sie wach war, aber es kam keine Antwort. Sie schläft bestimmt, dachte ich, und ging wieder nach oben. Aber ihr Atem war so leise, dass ich ihn nur ab und zu hören konnte. Ihre Worte vom Vorabend - dass sie bald schlafen dürfe - hallten in meinem Kopf wider. Ich wälzte mich hin und her und überlegte, ob ich die Nacht bei ihr bleiben oder ihr etwas Ruhe gönnen und am Morgen noch einmal nachsehen sollte. Was würde ich vorfinden? Schliesslich überkam mich der Schlaf wieder.

Am Morgen fand ich sie wach vor. Sie erzählte mir, sie hätte kaum geschlafen und, erstaunlicherweise, dass sie zweimal auf der Toilette gewesen war - ohne den Stuhl zu benutzen -, weil sie mich nicht wecken wollte. Ich war fassungslos. Ich hatte zweimal nach ihr gesehen und war überzeugt, dass sie tief und fest schlief. Ich hatte nichts gehört. Wie war das möglich?

Sie spürte meine Ungläubigkeit und demonstrierte mir ruhig, wie sie es geschafft hatte: Sie hatte sich aufgesetzt, war seitwärts zur Badezimmertür gerutscht, hatte sich zwischen den Türrahmen abgestützt und war hindurchgeschlurft. Ich war verblüfft. Obwohl sie so schwach und wackelig gewesen war, hatte sie den Willen und die Kraft aufgebracht, es allein zu tun. Unbeugsamer Wille, bis zum Schluss unabhängig zu sein.

„Die Macht ist immer noch stark in meiner Mutter", schrieb ich Lee.

„Ja", antwortete er. „Ich kann sie jetzt spüren - ihr letztes Aufbäumen in leiblicher Gestalt. Sie wird sich noch ein bisschen anstrengen und dann endlich loslassen."

Lee erinnerte mich auch daran, ausreichend zu schlafen. Ich würde all meine Energie für die letzten Phasen brauchen, und meine Kraft war unerlässlich.

•••••

Nur wenige Monate nach Papas Tod fegte Covid-19 über die Welt. Die Welt geriet aus den Fugen, doch für Mama fühlte sich der Umbruch seltsam vertraut an - ein weiteres Kapitel in einem Leben, das von Kriegen, Krankheit, Genesung und Widerstandskraft geprägt war.

Mama war unermüdlich neugierig, bestens informiert und las unaufhörlich über Medizin, Biologie, Ernährung und die sich ständig weiterentwickelnde Gesundheitswissenschaft. Sie wandte ihr Wissen nicht nur auf ihren eigenen Körper an, sondern auch auf uns, die sie liebte. Als die Nachricht von Covid-19 die Runde machte, war sie sofort gefesselt. Die Wissenschaft, die weltweiten Reaktionen, die Unbekannten - all das zog sie in ihren Bann. Doch als der Mediensturm zunahm und der Ton der öffentlichen Debatte von Angst und Spaltung geprägt war, wurde sie zunehmend beunruhigt, insbesondere über die Reaktionen der Menschen. Sie konnte die panikgetriebene Berichterstattung nicht mit den Daten in Einklang bringen, die sie las. Für sie war der öffentliche Diskurs alarmistisch, oft einseitig und beunruhigend autoritär. Manche der ergriffenen Massnahmen ergaben für sie überhaupt keinen Sinn und erinnerten sie an ihre Erfahrungen nach dem Zweiten Weltkrieg. Sie sprach oft darüber, schockiert darüber, wie schnell sich die Gesellschaft in Lager gespalten hatte, wie sozialer Druck und Schuldgefühle viele zu stillen Teilnehmern eines Massenexperiments gemacht hatten.

Eine Geschichte ging ihr besonders nahe. Eine enge Freundin der Familie - meine Patentante - lebte in einem Pflegeheim. Mit 95 Jahren, halbblind und teilweise gelähmt, war sie fest entschlossen, wieder zu Kräften zu kommen. Sie ging durch die Flure, stieg Treppen und tat alles, um aktiv zu bleiben und am Leben teilzuhaben. Und dennoch wurde sie in ihrem Zimmer eingesperrt. Familienbesuche waren verboten. Sie bekam kein zusätzliches Vitamin D, C oder Zink, obwohl sie danach fragte - einfache Nahrungsergänzungsmittel, die ihr Immunsystem hätten stärken können. Die meisten Bewohner wurden frühzeitig geimpft. Viele infizierten sich trotzdem mit Covid-19, und einige starben in den darauffolgenden Wochen. Meine Patentante lehnte die Impfung ab, infizierte sich aber schliesslich, nachdem die meisten anderen im Heim bereits geimpft worden waren. Sie war krank, aber trotz ihrer Vorerkrankungen und ihres hohen Alters erholte sie sich und lebte weiter.

Meine Mutter war nicht nur von dieser Geschichte schockiert, sondern auch von der Behandlung älterer Menschen im Allgemeinen. Sie konnte nicht verstehen, wie die Gesellschaft, in ihrer vermeintlichen Fürsorge, ihre Älteren mit solch einer Herablassung und Vernachlässigung behandeln konnte. Sie spürte es selbst: in den Geschäften, bei ihren Spaziergängen, in den Blicken und Stimmen von Fremden. Man sprach herablassend mit ihr, sagte ihr, sie habe nichts draussen zu suchen, sie solle nach Hause gehen. Es schmerzte sie, diese plötzliche Wandlung von einer weisen Alten zu einer vermeintlichen Belastung. Sie fühlte sich wie eine Bürgerin zweiter Klasse, bevormundet, gedemütigt und respektlos behandelt.

Und doch, trotz ihres Alters und ihrer Krankengeschichte, hatte sie keine Angst. „Jeder wird eines Tages sterben", sagte sie gelassen. Sie nahm die Risiken ernst, aber mit klarem Blick. Sie beschränkte ihre Kontakte, traf Menschen nur zufällig im Freien, trug eine Maske, wenn nötig, und ging nur früh morgens einkaufen. Vor allem aber vertraute sie ihrem Immunsystem. Ihr Leben lang hatte sie es gestärkt und wie einen wunderschönen Garten gehegt und gepflegt.

Meine Mutter glaubte an die Grundlagen: gesunde Ernährung, nur das, was der Körper wirklich braucht; körperliche Aktivität und ein gesundes Gewicht; frische Luft und Sonnenlicht; ausreichend Schlaf; Stress vermeiden; Alkohol, Drogen und Rauchen meiden; und bei Erschöpfung das Immunsystem mit Nahrungsergänzungsmitteln stärken, insbesondere mit hochdosiertem Vitamin D, C und Zink.

Selbst während der Lockdowns ging meine Mutter regelmässig spazieren - manchmal ein bis zwei Stunden am Tag - und arbeitete im Garten, einfach aus Freude daran, draussen zu sein: sich zu bewegen, frische Luft zu atmen und die Morgensonne zu geniessen. Die für sie so selbstverständlichen Rituale waren ihr stiller Protest gegen eine Welt, die sich ängstlich und in sich gekehrt hatte.

Für mich stand nie zur Debatte, ob wir sie besuchen würden. Kein Gesetz, keine Regel konnte uns davon abhalten, bei Mama zu sein. Sie hatte gerade Papa verloren; die Welt war aus den Fugen geraten. Im Gegenteil, sie brauchte mehr Gesellschaft, nicht weniger. Ich besuchte sie zwei- bis dreimal die Woche. Ich arbeitete von ihrer Wohnung aus, und wir assen gemeinsam, erzählten uns Geschichten und tauschten uns über die neuesten medizinischen Forschungsergebnisse aus. Wenn ich mich unwohl fühlte, hielten wir Abstand. Als meine Familie und ich uns schliesslich mit dem Virus infizierten, blieben wir zu Hause, bis wir wieder gesund waren - aber wir blieben jeden Tag in Kontakt.

Und Mama? Sie infizierte sich nie. Nicht während der ersten Welle, nicht in den darauffolgenden Monaten, nicht einmal, als es schien, als hätte es alle erreicht. Es war nicht nur Glück - sie war diszipliniert und überlegt gewesen. Ihre Entscheidungen waren nicht von Angst getrieben, sondern von Wissen und Respekt vor der Fähigkeit des Körpers, sich selbst zu heilen und zu verteidigen. Sie wusste, wie sie ihr Immunsystem stärken konnte, und sie vertraute ihm, selbst als die Welt versuchte, dieses Vertrauen zu erschüttern. Und vielleicht war es genau dieses Vertrauen - beständig, geübt, tief verwurzelt -, das sie gesund hielt. In einer Zeit, in der sich so viele machtlos fühlten, hielt sie an der Freiheit fest, selbst zu entscheiden und nach ihren eigenen Vorstellungen zu leben - und vielleicht machte genau das den entscheidenden Unterschied.

•••••

Später am Morgen kam die Krankenschwester. Neben der üblichen Körperpflege half sie Mama erneut beim Haarewaschen und setzte sie dabei an den Badewannenrand. Mama genoss die Erfrischung, auch wenn es anstrengend war. Nach dem Waschen und Föhnen fühlte sie sich immer wie neugeboren. „Nur für den Fall, dass ich einschlafe", sagte sie lächelnd.

Mama sagte der Krankenschwester, sie sei bereit zu sterben und warte nur noch darauf. Sie gab zu, gehofft zu haben, der Prozess würde schneller vorangehen. Sie erzählte auch, wie dankbar sie dafür war, die ganze Woche über jeden Tag dieselbe Krankenschwester gehabt zu haben und so eine gewisse Kontinuität zu erleben. Wenn man sich verletzlich fühlt, ist der Trost eines vertrauten Gesichts nicht zu unterschätzen. Diese Krankenschwester war sanft, einfühlsam und verstand meine Mutter wirklich. Und meine Mutter bedankte sich immer herzlich bei ihr für ihre Unterstützung. Wenn man anderen mit Freundlichkeit begegnet, bekommt man viel zurück.

Mamas Disziplin bei der Flüssigkeitszufuhr war unerschütterlich. Nur acht kleine Eiswürfel den ganzen

Tag und vier Morphiumtropfen. Eine ihrer grössten Sorgen war die Möglichkeit, ihre geistige Klarheit zu verlieren, insbesondere weil sie die Kontrolle über ihre Flüssigkeitszufuhr behalten wollte. Es erforderte grosse Disziplin, mit dem Durst umzugehen, und sie fürchtete, dass es viel schwieriger werden würde - für alle -, wenn ihre geistige Schärfe nachliesse.

Erstaunlicherweise war sie, obwohl es bereits Tag 17 war, immer noch sehr klar im Kopf - besonders im Liegen. Manchmal hielt sie inne, um das richtige Wort zu finden, aber sie war dennoch ganz bei der Sache, beteiligte sich an Gesprächen, hörte aufmerksam zu und antwortete überlegt. Sicher, wenn sie sich aufsetzte, sank ihre Leistungsfähigkeit - das Blut verlagerte sich vom Gehirn weg, um die lebenswichtigen Organe zu versorgen -, aber insgesamt blieb sie klar im Kopf und sich ihrer Situation vollkommen bewusst.

An diesem Abend wollte sie noch einmal einen Sonnenuntergang sehen. Ich schob sie auf dem Bürostuhl ins Wohnzimmer, damit sie die beste Sicht hatte. Was für ein atemberaubender Sonnenuntergang! Die Sonne sank tief am Horizont und warf einen goldenen Pfad über Bäume und Dächer wie einen letzten Segen. Der Himmel erstrahlte in leuchtenden Farben: Tiefes Orange verschmolz mit Purpurrot, durchzogen von magentafarbenen und lavendelfarbenen Streifen. Es war ein Licht, das die Zeit stillstehen liess, sanft und ehrfürchtig, als ob die Welt innegehalten hätte, um mit einem zu atmen. Die Wolken mit ihren feurigen Rändern schwebten träge dahin und glühten wie in Zeitlupe schwebende Glut. Direkt über der untergehenden Sonne verblasste der Himmel zu einem sanften Violett, wie ein leises Flüstern nach einem langen Lied. Es war zugleich lebendig und sanft, wild und ruhig - wie der letzte trotzige Schrei des Tages, bevor er der Nacht erlag.

Mama sass schweigend da und beobachtete das Schauspiel. Ihre Augen spiegelten das Licht wider, ihr Atem ging langsam und gleichmässig. Sie sog es mit jeder Faser ihres Seins in sich auf, nahm jedes Detail in sich auf - die wechselnden Farben, das letzte Aufleuchten der Helligkeit -, als ob dieser Sonnenuntergang nur für sie bestimmt wäre. Doch selbst ein paar Minuten aufrecht sitzen zehrten sehr an ihren Kräften, und auf dem Rückweg geriet sie ins gefährliche Schwanken. Ich befürchtete, sie könnte ohnmächtig werden, aber sie schaffte es zurück ins Bett. Nach der Fahrt war sie völlig desorientiert, ihr Puls raste, und sie rang nach Luft. Ich wischte ihr mit einem kühlen Tuch übers Gesicht, in der Hoffnung, sie zu beruhigen und ihr Halt zu geben. Sobald sie lag, beruhigte sich ihr Puls, und ihre Desorientierung verschwand innerhalb von fünfzehn Minuten. Es zeigte, wie gebrechlich sie geworden war. Selbst das Sitzen auf einem Stuhl war nun eine Belastung.

„Was für eine lange, aber wirklich schöne Reise", schrieb Lee aus dem Krankenhaus, wo er behandelt wurde. „All diese zusätzliche Erschöpfung hilft ihr, sich noch mehr zu ergeben."

Es war eine lange Reise gewesen. Unsere Recherchen hatten von sieben bis einundzwanzig Tagen gesprochen. Wir hatten mit vierzehn gerechnet. Heute war Tag 17. Vielleicht hätten wir ihre Flüssigkeitszufuhr früher reduzieren können, aber es brauchte Zeit, um die wirksamste Methode gegen ihren trockenen Mund zu finden.

Lee bemerkte, dass seiner Erfahrung nach Seelen, die schneller gingen, meist resignierter waren - weniger hartnäckig. Manche entspannten sich im Prozess, je mehr sie sich ergaben und alle weltlichen Absichten und Wünsche losliessen. Manche leisteten nur zwei Tage Widerstand und verschwanden dann einfach in Euphorie. Meine Mutter war noch immer entschlossen. Ihre Stärke, ihre Liebe zu uns und der friedliche Ort, den wir gemeinsam geschaffen hatten, mögen diesen Prozess auf einer tiefen Ebene verlängert haben.

„Karma ist für jede Seele einzigartig", schrieb Lee. „Deine sanfte, leichte und gütige Gegenwart - und ihre tiefe Liebe zu dir - mag diesen Prozess unbewusst verlängern."

Nach ihrer üblichen Abendroutine - Zähneputzen, Mund ausspülen, Gesicht waschen, Gesichtscreme und Lippenbalsam auftragen, Morphiumtropfen,

Beruhigungsmittel und einen kleinen Eiswürfel einnehmen - wandte sie sich mir zu und sagte leise: „Ich spüre, dass das Ende naht."

Sie dankte mir noch einmal für alles - über die letzten Jahre und besonders in den letzten Monaten. Es fühlte sich an wie ihr endgültiger Abschied. Ich erinnere mich nicht mehr an alle ihre Worte - es fühlte sich unwirklich an, aber gleichzeitig ganz natürlich. Auch ich dankte ihr für alles, was sie mir und unserer Familie gegeben hatte. Es flossen keine Tränen. Nur Liebe. Nur Frieden. Nur gegenseitige Dankbarkeit. Die Anerkennung des gemeinsamen Weges und dessen bevorstehendes Ende.

Wir umarmten uns, gaben uns einen Gute-Nacht-Kuss, und ich sagte ihr, wie stolz ich auf sie war. Ich gratulierte ihr zu ihrem Weg, versicherte ihr noch einmal, dass wir uns alle freuten, dass sie bald frei und unbeschwert sein würde, und wünschte ihr einen friedvollen Übergang.

„Sei geduldig gegenüber allem, was in deinem Herzen ungelöst ist.“

RAINER MARIA RILKE

TAG 18

NOCH IMMER HIER, IM TRAUM VOM LICHT

Ich hörte ungewöhnliche Geräusche aus Mamas Schlafzimmer. Sie war noch bei uns. Aber was war das für ein Geräusch? Weinte sie? Als ich eintrat, fand ich sie schluchzend und hemmungslos weinend vor. Ich versuchte, sie zu trösten, aber ich konnte nichts tun. Diese Gefühle brauchten Raum. Ich konnte nur da sein, schweigend dasitzen, ihre Hand halten und ihren Prozess miterleben.

Später erzählte sie mir, was diese Gefühlswelle ausgelöst hatte. Sie war sich in der Nacht zuvor so sicher gewesen, dass ihre Zeit gekommen war. Sie glaubte fest daran, nicht wieder aufzuwachen. Und dann ... wachte sie doch auf. An Tag 18 war sie immer noch da. Die Enttäuschung, die Traurigkeit - all das überwältigte sie.

Es erinnerte mich an meine eigene Erfahrung nach

dem Besuch meiner Familie einige Tage zuvor. Meine Reaktion war zwar nicht so heftig, aber das Kerngefühl war dasselbe. Dank dieser Erfahrung konnte ich ihr einen Rat geben. Wenn wir uns Vorstellungen von dem machen, was passieren wird, entwickeln wir auch Erwartungen. Und wenn diese Erwartungen nicht erfüllt werden, empfinden wir Enttäuschung. Je stärker die Sehnsucht nach Erlösung, desto stärker die Bindung an diese Erwartungen und desto intensiver die Enttäuschung, wenn der Körper nicht mitspielt. Die Schlussfolgerung war klar: Jede Erwartungshaltung bezüglich des Todeszeitpunkts führt zu Enttäuschung. Ich erklärte ihr, dass Enttäuschung ein Gefühl niedriger Schwingung sei und ich glaubte, dass sie, um in Frieden zu ruhen (hohe Schwingung), ihre letzten Momente in Frieden verbringen müsse, dass sie wissen musste, dass sie auf dem richtigen Weg war und sich nur dem Zeitpunkt vollkommen hingeben musste. Alle Erwartungen loslassen, die Kontrolle abgeben, darauf vertrauen, dass sich der Prozess genau so entfaltete, wie er sollte.

Wir sprachen auch darüber, wie schön der Weg bis dahin gewesen war - etwas, das nicht von Enttäuschung, Traurigkeit oder Frustration überschattet werden sollte. Eine der Herausforderungen ihres Sterbeprozesses bestand darin, dass ihr Körper, obwohl bestimmte Gebrechen ihr die Unabhängigkeit und das Leben, das sie sich gewünscht hatte, geraubt hatten, in vielerlei Hinsicht unglaublich stark geblieben war. Sie hatte ein erfülltes, aktives Leben geführt: Wandern in den Bergen, Langlaufmarathons, Mountainbiken bis ins hohe Alter, Spaziergänge im Wald, tägliche Gartenarbeit bis vor sechs Monaten. In vielerlei Hinsicht war sie wahrscheinlich fitter als die meisten 85-Jährigen heute. Ihr Körper hatte ihr so gute Dienste geleistet. Und vielleicht tat er das immer noch - trug sie auf seine Weise bis zum Ende.

Als die Krankenschwester später kam, erzählten wir ihr von den Ereignissen des Morgens. Die Krankenschwester ermutigte meine Mutter liebevoll, sich dem Gefühl hinzugeben, anstatt daran festzuhalten oder es zu kontrollieren.

Was für ein eindrucksvolles Bild!

Es erinnerte mich an eine Übung zur Persönlichkeitsentwicklung vor einigen Jahren, bei der wir aufgefordert wurden, Schicht für Schicht ein schwieriges Gefühl zu durchdringen, um das darunterliegende zu finden. Manchmal war es Traurigkeit, manchmal Angst - aber letztendlich, ganz unten, unter allem war immer Liebe, Frieden oder Freude.

Und es erinnerte mich an etwas anderes - meinen ersten und einzigen Fallschirmsprung. Nach einer schmerzhaften Trennung hatte ich Schwierigkeiten, diese Beziehung loszulassen. Ich versuchte verschiedene Dinge, um dem Ursprung meiner Anhänglichkeit auf den Grund zu gehen.

Dann dachte ich eines Tages: Was ist die extremste Metapher fürs Loslassen, die ich finden kann? Und so kam es, dass ich mich für einen Fallschirmsprung anmeldete. Ich entschied mich für einen Fallschirmsprung mit statischer Leine, bei dem man sich mit baumelnden Füssen and die Tragflächenstrebe des Flugzeugs hängt und dann loslässt. Kein Ausbilder, der einen festhält. Kein Festhalten mehr. Nur Vertrauen.

Bei meinem ersten Versuch hatte der Himmel andere Pläne. Nach einem halben Tag Training und gepacktem Fallschirm waren wir an der Reihe. Dann passierte es. Eine starke Windböe traf das kleine Flugzeug der Schule kurz vor dem Start, schleuderte es zur Seite und liess es auf dem Rollfeld "abstürzen". Niemand wurde verletzt, aber das Flugzeug musste am Boden bleiben, die Tragfläche war zu stark beschädigt. Vielleicht war ich noch nicht bereit loszulassen.

Aber ich kam zurück. Entschlossen. Und ich tat es. Ich liess los. Das Loslassen war berauschend und beängstigend zugleich. Es gab einen Moment der Leere. Unkontrolliert stürzte ich gefühlt ewig dem Boden entgegen. Mein Gehirn schien stillzustehen - eine totale Reizüberflutung. Dann, mit einem Schnappen und Flattern, entfaltete sich der Fallschirm vor meinem Gesicht, und ich schwebte in der Luft, scheinbar vom Himmel getragen, der Erde entgegen. Und es war alles in Ordnung. Erst als ich mich der Landezone näherte, merkte ich, wie schnell ich noch sank, aber mit Hilfe der Handzeichen des Bodenpersonals gelang mir eine sanfte Landung. Was für ein Erlebnis! Man kann loslassen, die Kontrolle verlieren und trotzdem sicher landen.

Die Lektion hallte nach. Loslassen bedeutete nicht, zusammenzubrechen. Es bedeutete, dem Prozess zu vertrauen - dem Leben.

Ich teilte diese Erinnerung später am Tag mit Mama, in der Hoffnung, dass sie ihr helfen würde, wenn es so weit war. Die Krankenschwester erzählte uns auch etwas: einen Traum, den sie in der Nacht zuvor gehabt hatte. Darin lag Mama entspannt auf einem Liegestuhl und genoss eine Gartenparty mit ihrem Vater. Mama brach erneut in Tränen aus. „Ich hoffe, das bedeutet nicht, dass ich noch lange hierbleiben muss." Die Krankenschwester versicherte ihr, dass es nicht unbedingt um Verzögerung ginge. Es könnte auch um Erleichterung gehen. Ich warf ein: „Vielleicht bedeutet der Liegestuhl, dass du entspannt bist, dem Licht zugewandt, die Wärme aufnimmst. Vielleicht bedeutet er, dass du bereit bist, selbst zum Licht zu werden."

Lee stimmte zu und erzählte später von einer Erfahrung aus seiner eigenen Meditation an diesem Morgen, noch im Krankenhaus:

Sie sass heute neben mir bei der Meditation. Drei Nachtschwestern kamen zu mir in mein Zimmer, und ich führte sie durch einen Meditation über die Linderung des Leidens von Menschen in Übergangsphasen. In dem Moment, als ich diese Worte sprach, spürte ich etwas - als ob jemand sanft seine Hand auf mein Knie legte. Es war deine Mutter. Sie lächelte. Ihr Blick verriet Dankbarkeit ... und Bereitschaft.

Diese Bereitschaft spiegelte sich in Mamas Handlungen den ganzen Tag über wider. Irgendwann bat sie mich, jemandem ihr Wichtigem eine Nachricht zu schicken - eine Entschuldigung dafür, dass sie nicht öfter geschrieben hatte, und ein herzliches Dankeschön für deren Freundlichkeit und Anwesenheit in ihrem Leben. Ich gab die Nachricht weiter. Die Antwort kam kurz darauf zurück, voller Wärme und Dankbarkeit. Eine weitere lose Verbindung wurde auf wunderbare Weise verknüpft.

So begann der Tag zwar mit Tränen der Enttäuschung, endete aber als einer der bedeutungsvollsten und aufschlussreichsten Tage bisher. Und es gab keinen Zweifel mehr - sie war bereit. Nun galt es nur noch, sich vollständig zu lösen, alle Erwartungen loszulassen und darauf zu vertrauen, dass der Rest nun in Gottes Hand lag.

TAG 19

DIE KLEINEN FREUDEN DES LEBENS

Gestern hatten wir die Morphiumtropfen auf alle zwei Stunden erhöht, und zum ersten Mal seit Langem schlief Mama die ganze Nacht durch. Nachdem ich ihr ins Badezimmer geholfen und sie ihre Morgentropfen genommen hatte, sagte sie: „Mir geht es gut. Ich mache Fortschritte." Ihr Gesicht wirkte ruhig und friedlich. Welch ein Kontrast zu der Aufregung vom Vortag! Was für ein Unterschied ein einziger Tag doch ausmachen kann!

Mama schlief fast den ganzen Tag und rührte sich nur, als die Krankenschwester kam oder ich ihr die Tropfen und einen der kleinen Eiswürfel anbot, was ich alle zwei Stunden tat. Sie schien kein Interesse mehr an ihrem üblichen Nachmittagsprogramm im Fernsehen zu haben. Es war, als hätte sie einen weiteren Teil ihrer Routine losgelassen. Ihre zunehmende Müdigkeit war ein deutliches Zeichen. Jede Aktivität zehrte an ihr, ihr Körper konzentrierte all seine verbliebene Energie darauf, einfach nur am Leben zu bleiben.

Die Krankenschwester bemerkte die ersten Anzeichen eines Druckgeschwürs an ihrem Steissbein, das sie mit Bepanthen behandelte. Sie erwähnte auch, dass Mama sichtlich Mühe hatte, sich beim Mundspülen während der Mundpflege den Mund auszuspülen. Kleine, aber bedeutsame Anzeichen.

Diese Krankenschwester war eine Woche lang jeden Tag bei uns gewesen. Sie war uns zu einer vertrauten Person geworden. Da dies ihr letzter Tag vor der Rückkehr ins Büro war, bedankte sich meine Mutter bei ihr herzlich für die liebevolle Pflege und dafür, dass sie sie so gut wahrgenommen und verstanden hatte. Die Krankenschwester umarmte sie zum Abschied herzlich.

Beim Hinausgehen erzählte mir die Krankenschwester, dass Mama oft von ihrem Mann gesprochen hatte, wie sehr sie ihn vermisste und sich auf das Wiedersehen freute, und auch von uns - ihren Kindern und Enkelkindern -, wie stolz sie auf uns war und wie dankbar sie war, friedlich und in Liebe zu Hause gehen zu dürfen. Tränen standen ihr in den Augen, als sie sprach - teils Traurigkeit, weil sie ahnte, dass sie Mama wahrscheinlich nicht wiedersehen würde, teils tiefe Dankbarkeit für den Frieden und die Würde, die sie in diesem Prozess miterlebt hatte. „Ich wünschte, mehr Menschen würden sich für einen solchen Abschied entscheiden“, sagte sie. Ich umarmte sie und dankte ihr. Sie war eine äusserst liebevolle und verlässliche Stütze gewesen.

Als ich Lee davon erzählte, antwortete er: „Das hast du wirklich sehr gut gemacht. Man sieht ja, wie sehr es andere berührt, wenn man das richtig macht. Das ist sicherlich der grösste Dienst, den wir erweisen können - den Wünschen eines geliebten Menschen und einem erfüllten Leben gerecht zu werden.“ Seine Worte erfüllten mich mit stiller Bestätigung.

Später am Tag tauschte ich die Blumen, die Mamas Nachbarn in der Woche zuvor gebracht hatten, gegen einen frischen Strauss in leuchtenden Farben aus. Mama hatte Blumen schon immer geliebt: leuchtend, wild, lebendig. Am liebsten mochte sie sie in der Natur, wenn sie an Rosen roch, die kleinen Alpenblüten auf Wanderungen bewunderte oder durch Tulpenfelder in Amsterdam oder die weiten Blumenfelder entlang des Jakobswegs spazierte. Ich wollte, dass sie diese Freude wieder in ihrem Zimmer spürte, auch wenn sie jetzt meistens schlief. Sie bemerkte die Blumen immer noch und lächelte.

•••••

Gärtnern war eine der grössten Freuden Mamas, und ihr Garten war ihr bleibendster Liebesbrief an die Natur. Es war ihr Zufluchtsort, ihre Oase der Ruhe und ein Ort der Besinnung, der ihr Herz mit Freude erfüllte. Sie schien Pflanzen intuitiv zu verstehen: was sie brauchten, wann sie es brauchten und wie man sie wieder zum Leben erwecken konnte. Sie wusste, welche Blumen auf Hühnermist gediehen und welche Pferdemist bevorzugten. Auf ihren Spaziergängen trug sie immer einen Beutel bei sich falls sie frischem Dünger auf dem Weg finden sollte. Pferdemist war ihr Geheimnis, um die Farben ihrer Blumen noch leuchtender und strahlender erstrahlen zu lassen. Sie kompostierte auch alles - Essensreste, Laub, Schnittgut - und verwandelte es in nährstoffreichen, erdigen Kompost.

Meine Mutter führte ein Verzeichnis der Pflanzen in ihrem Garten und hatte einen Plan, wie sie diese am besten pflegen konnte. Wenn eine Pflanze nicht gedieh, gab sie nicht eher Ruhe, bis sie den Grund dafür herausgefunden hatte. All die Liebe und Sorgfalt, die sie in ihren Garten investierte, war sichtbar. Er war in jeder Jahreszeit lebendig - voller Farben, sorgfältig gepflegt. Eine lebendige Leinwand voller Freude. Freunde und Nachbarn lobten ihn oft, aber die grösste Belohnung war, wie er sie selbst berührte. Sie durfte ihre Schönheit jeden Tag erleben, und sie erfüllte sie.

•••••

Vor dem Schlafengehen wirkte Mama etwas verwirrt und hatte vergessen, wie man das Gesicht wäscht und abtrocknet. Kommentarlos übernahm ich ihre Routine, wusch und trocknete ihr Gesicht und trug dann ihre Lieblingscreme auf. Ihre Haut, durch den Flüssigkeitsmangel trocken, war stellenweise empfindlich und juckte. Ich gab noch etwas Creme dazu, um die Beschwerden zu lindern und ihre zarte Haut zu schützen, und strich ihr anschliessend Lippenbalsam auf, damit ihre Lippen nicht rissig wurden. Nach ihren abendlichen Morphiumtropfen, dem kleinen Eiswürfel und dem Beruhigungsmittel sass ich noch eine Weile still mit ihr in Meditation, während sie einschlief.

Ich spürte, dass es an der Zeit war, meine Meditationen zu intensivieren, die Ruhe im Raum zu vertiefen und diesen Raum für sie zu bewahren. Eine stille Atmosphäre, erfüllt von Licht und sanfter Energie, erschien mir jetzt wichtiger denn je.

Später dankte ich Lee noch einmal dafür, dass er mich auf diesem Weg begleitet hatte - für den Raum, in dem ich mich austauschen, reflektieren und aus seinem reichen Erfahrungsschatz schöpfen konnte. Seine Einsichten halfen mir nicht nur, jeden Tag zu verarbeiten, sondern gaben mir auch Zuversicht, Halt und Ermutigung.

„Wie alles, was wirklich zählt“, sagte er, „ist diese Reise anstrengend und erfordert viel Aufmerksamkeit - aber sie lohnt sich so sehr.“

Ich stimmte ihm zu. Und doch fühlte ich mich von der Anstrengung nicht erschöpft. Das meiste, was wir täglich unternahmen, war klein, ja sogar alltäglich. Aber es waren die kleinen Dinge, die die Zeit für uns beide so erfüllend und bereichernd machten. Ich filmte ihren Lieblingsspaziergang, damit sie in Gedanken mit mir „gehen“ konnte. Ich zeigte ihr Fotos von unserer Katze zu Hause. Ich brachte ihr etwas von ihrer Lieblingssuppe, den Duft von Kaffee oder einen Spritzer Prosecco. Ich liess sie den Sonnenuntergang noch einmal erleben. Wir sahen uns gemeinsam ein Skirennen an. Ich las ihr eine Kurzgeschichte oder ein Gedicht vor. Ich teilte ihr liebevolle Botschaften von Freunden und Familie mit. Ich war einfach da und ging liebevoll auf ihre Bedürfnisse ein. Diese gemeinsame Zeit war von so viel Liebe, so viel Verbundenheit erfüllt. Wie konnte sich das wie eine Last anfühlen? Wie konnte sich das wie Anstrengung anfühlen?

„Ja“, schrieb Lee, „es ist Anstrengung wie Atmen - oder Gedichte schreiben. Es wird durch die Aufmerksamkeit belohnt, die man ihm entgegenbringt.“

Und er hat Recht. Jede kleine, liebevolle Geste wird zu weit mehr als blosser Fürsorge. Sie wird zu einer Anerkennung, zu einem Ausdruck von: Ich sehe dich. Ich ehre dich. Ich bin für dich da.

TAG 20

TANZ MIT DEM LICHT

Mama hatte fast den ganzen Tag geschlafen. Sie hatte darauf bestanden, dass ich sie für das Skirennen wecke - eines der wenigen Dinge, auf die sie sich noch freute. Als ich sie dann weckte, konnte sie die Augen kaum noch offen halten. Ich musste ihr erklären, wo wir im Rennen standen, wer in Führung lag und wer noch kommen würde. Sie hörte zu und mühte sich ab, dem Gesagten zu folgen. Es könnte gut sein, dass dies das letzte Rennen war, das sie sich ansehen konnte.

Auch das Nachrichtenschauen gehörte, solange ich mich erinnern konnte, zu ihrem täglichen Rhythmus. Obwohl sie vieles davon traurig stimmte, verpasste sie keine Sendung und hoffte inmitten des Chaos immer auf eine gute Nachricht. Im vergangenen Jahr hatte der Krieg in der Ukraine sie tief erschüttert. Er spiegelte ihre eigene Kindheit wider: die Flucht vor dem Krieg, zweimal der Verlust des Zuhauses, das Miterleben von Terror und die quälende Erinnerung daran, wie ihr Vater vor den Augen seiner Familie mit vorgehaltener Waffe bedroht wurde. Die Bilder aus der Ukraine liessen all das wieder hochkommen. Manchmal sass sie weinend da, Vergangenheit und Gegenwart verschmolzen miteinander.

•••••

In den 1970er Jahren erschütterte die Ölkrise Europa. Nichts im Vergleich zu den Kriegserfahrungen meiner Mutter, aber in der Schweiz, deren Wirtschaft stark vom Öl abhängig war, stiegen die Energiepreise und Lebenshaltungskosten sprunghaft an. Die Inflation vervierfachte sich innerhalb von fünf Jahren. Die Zinsen schnellten in die Höhe und die Wirtschaft schrumpfte. Es war ein harter Schlag, und kaum jemand war darauf vorbereitet.

Wie viele andere wurden auch meine Eltern von der Krise getroffen. Das Geschäft lief schlechter, während die Kosten explodierten. Trotz der schwierigen wirtschaftlichen Lage versuchte mein Vater, so viele Mitarbeiter wie möglich zu halten und weigerte sich, Personal zu entlassen, obwohl die Firma Jahr für Jahr hinter den Erwartungen zurückblieb. Gleichzeitig hatte er gerade Schulden aufgenommen, um Land zu kaufen und unser Haus zu bauen. Erschwerend kam hinzu, dass er sich weiter verschuldet hatte, um seinen Halbbruder und später seinen Schwager aus dem Familienunternehmen auszuzahlen. Der finanzielle Druck wuchs, lange bevor die volle Wucht der Ölkrise zum Tragen kam.

Es war eine belastende Zeit für meine Eltern. Doch für meine Mutter weckten diese Jahre zusätzlich tiefe, vertraute Ängste. Ihre Kindheit war von den Entbehrungen der Kriegszeit geprägt. Die Angst, nichts zu besitzen, alles zu verlieren, sogar das Haus, war ihr tief ins Herz gebrannt. Ich wusste damals nichts davon, denn sie liess es sich nie anmerken. Sie meisterte diese Jahre mit einer Anmut, die alles stabil erscheinen liess, selbst wenn es das nicht war, und tat alles, um ein Gefühl von Fülle zu erzeugen.

Meine Mutter fand immer Wege zu sparen. Sie half im Geschäft meines Vaters mit: Sie putzte die Büros, wusch und flickte die Handtücher und kümmerte sich um den Garten. Als mein Vater sie darum bat, versuchte sie sich sogar in der Buchhaltung. Nichts war ihr zu gering; alles war einen Versuch wert, wenn es helfen konnte. Zuhause strickte sie Socken, Pullover und Decken für uns alle. Sie strickte Fingerpuppen zum Spielen. Sie flickte Kleidung immer wieder, bis sie nicht mehr zu retten war. Sie kaufte nur das Nötigste und vermied Verschwendung und Luxus. Sie suchte nach Schnäppchen und Rabatten und war richtig stolz darauf, zu verkünden, wie viel sie gespart oder welche kleinen Extras sie als Belohnung für cleveres Einkaufen bekommen hatte.

Aber es ging nicht nur ums Sparen. Es war etwas Tieferes. Mama bewältigte nicht nur den Mangel, sie schuf Überfluss. Vielleicht inspiriert von ihrer eigenen Kindheit, machte sie sich daran, so viel wie möglich von unseren Lebensmitteln selbst anzubauen. Sie hatte einen grünen Daumen und eine unbändige Entschlossenheit. Über die Jahre schuf sie sich ein kleines Paradies: einen hoch aufragenden Pflaumenbaum, einen Feigenbaum und ein paar Apfelbäume; und ein Beerenbeet, das überquoll von Erdbeeren, Himbeeren, Stachelbeeren, roten, weissen und schwarzen Johannisbeeren. Sogar Heidelbeeren gediehen unter ihrer Pflege prächtig. Ihr Gemüsegarten schenkte uns Rhabarber, Bohnen, Salate, Tomaten, Kohlrabi, Karotten, Rote Bete, Kartoffeln, Schnittlauch und Kräuter aller Art. Sie strahlte vor Stolz, wenn sie ein komplettes Essen aus ihrem Garten zubereiten konnte.

Wir verbrachten unvergessliche Tage auf den Erdbeerfeldern oder hoch oben in den Kirschbäumen, lachten, probierten und pflückten, bis unsere Hände ganz rot waren und unsere Bäuche und Eimer voll. Später tauchten diese Früchte wieder in Gläsern selbstgemachter Marmelade auf, sorgsam und liebevoll verschlossen.

Nichts bereitete Mama mehr Freude, als die Familie um einen reich gedeckten Tisch versammelt zu sehen. Je mehr, desto besser. Ihre Mahlzeiten waren einfach, herzhaft und üppig. Oft hatte man das Gefühl, sie koche für eine ganze Armee. Meine Kinder erinnern sich an grosse, festliche Mittagessen: goldbraune Kartoffelpuffer, hoch aufgetürmt, Schicht für Schicht, und Spaghetti-Tage mit endlosen

Schüsseln frischer Pasta und verschiedenen Sossen. Nichts wurde verschwendet. Reste wurden zu neuen Gerichten verarbeitet, die irgendwie noch besser schmeckten.

Und natürlich gab es immer Desserts. Was wäre ein Festmahl ohne Süsses? Mama war eine Meisterin der Kuchen und Puddings. Die Kinder sprechen noch heute voller Bewunderung von ihren Eierkuchen, Linzer Torten und Schokoladen-, Karotten- und Früchtekuchen. Ihr Dresdner Weihnachtsstollen war mit einer dicken, schneeweissen Zuckerschicht überzogen. Sie verwöhnte uns mit Crème brûlée, Schokoladenmousse, Tiramisu und dem besten Bircher Müsli, voller Früchte und Beeren aus dem Garten.

Mama wollte nie, dass wir Hunger litten. Nicht nur wegen des Essens, sondern auch wegen der Freude, der Leichtigkeit und des Gefühls von Sicherheit und Geborgenheit. Sie hatte selbst erfahren, was es heisst, Mangel zu leiden. Und so machte sie es sich zur unausgesprochenen, lebenslangen Aufgabe, dass uns das nie passieren sollte. Das war ihr Reichtum - die Art von Fülle, die man nicht kaufen kann und die einen noch lange nach dem Essen nährt - das Gefühl, dass immer genug da sein würde.

•••••

Am Abend bat Mama zum ersten Mal nicht darum, die Nachrichten sehen zu dürfen. Vielleicht war es ein weiteres

Zeichen dafür, dass Papa Mama von der anderen Seite abholen konnte? Ich hatte die Gefahren der Erwartung kennengelernt. Stattdessen blieb ich im Hier und Jetzt und liess jeden Moment auf mich zukommen. Vor dem Schlafengehen zündete ich eine Kerze in ihrem Zimmer an, deren goldenes Licht ein sanftes Leuchten verbreitete. Ich sass eine Weile schweigend bei ihr - einfach nur präsent, einfach nur die Stille haltend.

—— ••••• ——

„Aufmerksamkeit ist die seltenste und reinste Form der Grosszügigkeit."

SIMONE WEIL

TAG 21
DEM ÜBERGANG ENTGEGEN GLEITEN

Es war Mamas längster, ununterbrochener Schlaf seit Tagen. Gegen 6:30 Uhr rührte sie sich kurz, dann schlief sie wieder ein und schlief bis fast 9:00 Uhr. Als sie schliesslich die Augen öffnete, blinzelte sie ins Licht und sagte: „Ich bin spät dran zum Frühstück." Es war, als hätte sich ihr Körper auf einen anderen Rhythmus eingestellt, einen aus längst vergangenen Zeiten.

Sie schlief sogar während des Skirennens - unter normalen Umständen undenkbar. Ihr Lieblingsskifahrer war nicht nur dabei, sondern auch Weltmeister geworden. Trotzdem wachte sie nicht auf, rührte sich nicht, fragte nicht einmal, ob das Rennen schon lief. Das zeigte mir mehr als alles andere, wie weit sie schon gekommen war. Ein weiterer Faden in dieser Welt, den sie fast unbemerkt losgelassen hatte.

Ich weckte sie nicht auf. Ihr Schlaf war zu friedlich, zu still, wie die Stille eines Waldes vor dem ersten Schnee. Und wenn Papa heute tatsächlich mit ihr eine Verabredung hatte, wollte ich sie nicht stören.

Es war der dritte Todestag meines Vaters. Drei Jahre lang hatte meine Mutter einen kleinen Altar im Wohnzimmer aufgestellt: ein Foto von ihnen beiden in inniger Umarmung, Keramikkatzen und -vögel, immer eine Kerze, immer frische Blumen. Heute habe ich den Altar in ihr Schlafzimmer gestellt, so dass sie ihn von ihrem Bett aus gut sehen konnte. Ich zündete die Kerze an und liess ihren sanften Schein wachen: eine warme Erinnerung an Liebe, an seine Gegenwart, an ihn. Vielleicht würde es ihr helfen, während sie, wie Lee es ausdrückte, immer näher zu ihm "glitt".

Im Schlaf atmete meine Mutter manchmal kaum. Ihr Atem war so flach, dass er fast unmerklich war. Es fühlte sich an, als wären wir auf der Zielgeraden ihrer Reise.

Am schwersten war es auch jetzt noch, sie flüstern zu hören, dass sie Durst hat. Es war ein trockenes, heiseres Geständnis, und ich konnte ihr so wenig geben - nur einen Eiswürfel, hie und da einen Tropfen. Ihr Körper mag sich angepasst haben, aber ihre Seele sehnte sich noch immer nach Komfort. Zum Glück sagte sie es nicht mehr so oft wie am Anfang. Vielleicht hatte sie sich damit abgefunden. Vielleicht war sie einfach zu müde zum Reden.

Ihr Wille jedoch war ungebrochen. Sie versuchte immer

noch, allein auf die Toilette zu gehen und überschätzte dabei ihre Kraft gewaltig. Diese unbändige Unabhängigkeit - dieselbe, die sie bis ins hohe Alter von über achtzig Jahren zum Wandern und Langlaufen gebracht hat - liess sie einfach nicht los.

•••••

Nach meiner ersten Knieoperation, die ich kurz vor meiner Rückkehr in die Schweiz hatte, machte mir mein australischer Chirurg Mut mit den Worten: „Sie können in sechs Wochen wieder problemlos Ski fahren, wenn Sie diese eine Übung machen. Zweimal täglich. Zwei Minuten.“ Dieses Versprechen sollte mein Kompass werden.

Ich hatte zwei Jahre gebraucht, um mich zu der Operation zu durchringen: zwei Jahre voller Frustration, gescheiterter Versuche und Rückschläge. Für jemanden wie mich - der wie meine Mutter immer körperlich aktiv gewesen war - war das demoralisierend. Selbst ein einfacher Spaziergang war zur Herausforderung geworden.

Nach meiner Rückkehr in die Schweiz begann ich, die Übungen gewissenhaft durchzuführen. Abfahrtslauf war mein Ziel, aber ich sehnte mich nach etwas Neuem - einer neuen Herausforderung. Freunde schlugen mir vor, am Engadin Skimarathon teilzunehmen, einem 42 Kilometer langen Langlaufrennen, das sich durch das obere Engadin schlängelt. Es ist der zweitgrösste Volkslauf der Welt und führt über zugefrorene Seen, durch schneebedeckte Wälder und vorbei an malerischen Alpendörfern. Das Ganze vor der majestätischen Kulisse der Alpen.

Ich hatte drei Monate Zeit zur Vorbereitung. Ausdauertraining hatte ich noch nie zuvor gemacht. In meinen Sportarten bestand das Training aus kurzen intensiven Intervallen, Sprints und Spielen im Team. Ich war noch nie auf Skating-Skiern gestanden. Aber die Idee hatte mich sofort begeistert. Meine Mutter und meine Schwester waren schon mehrmals mitgefahren und als ich mich anmeldete, war meine Mutter überglücklich. Sie liebte die mitreissende Energie am Start: Tausende von Langläufern, die sich frühmorgens in leuchtenden Farben einhüllten und deren Atem in der Kälte beschlug. Eine aufgeregte, nervöse Stimmung liegt in der Luft: Stöcke klappern, Skier gleiten auf der Stelle, letzte Dehnübungen und Gelächter unter Freunden. Über die Lautsprecher ertönt eine schwungvolle Aufwärmübung, oft von einem charismatischen Trainer oder Sprecher, die die Menge mit mitreissender Musik in Bewegung bringt. So wird der Startbereich zum Fest, die Langläufer verlieren ihre Nervosität und fühlen sich als Teil von etwas Grossem, Dynamischem und Lebendigem. Durchsagen hallen durch das Tal, und Hubschrauber kreisen über dem Spektakel und fangen die Atmosphäre ein. Es ist eine Mischung aus Adrenalin, Kameradschaft und Vorfreude, wenn sich Eliteathleten neben Amateuren aufstellen, alle vereint durch dasselbe Ziel. Und kurz vor dem Countdown erklingt Vangelis› „Conquest of Paradise", um alle auf die bevorstehende Herausforderung einzustimmen.

Als der Renntag endlich da war, setzte ich Mamas Sonnenbrille auf, damit sie das Gefühl haben konnte, ein Teil von ihr laufe mit mir mit. Die Bedingungen waren perfekt: Sonnenlicht glitzerte auf dem Schnee, der Himmel war kristallblau. Die Schönheit des Tals überwältigte mich, als der Countdown begann. Es fühlte sich an, als würde ich zu meiner eigenen Eroberung dieses Paradieses aufbrechen.

Es war mein erstes Mal auf dieser Strecke, und ich versuchte, mir die Tipps der anderen zu merken. Doch der Start verlief holprig: Nur wenige Meter nach dem Start stürzte ich, weil sich meine Skier mit denen eines anderen Läufers verhakt hatten. Nach zehn Kilometern verlor ich den Korb meiner Skistöcke, weil jemand versehentlich darauf getreten war. Die nächsten zwanzig Kilometer kämpfte ich mich mit nur einem Korb weiter, bis mir jemand sagte, ich könne einen Ersatz bekommen.

Die letzten Anstiege waren extrem anstrengend, der Schnee war von Tausenden vor mir aufgewühlt worden. Als ich endlich die Ziellinie überquerte, erwartete mich meine Familie mit Umarmungen. Mein ganzer Körper schmerzte, aber ich war stolz, dankbar und überwältigt von diesem Moment. Mein Knie hatte die Belastungsprobe bestanden.

Nur drei Monate nach der Operation hatte ich es geschafft.

Einmal reichte nicht. Jedes Jahr kehrte ich zurück, verfeinerte meine Technik, verbesserte meine Zeiten und kletterte in den Startgruppen nach oben. Ich trainierte zielstrebig. Als ich die Qualifikation für die Elitegruppe um wenige Minuten verpasste, war ich fest entschlossen, dass mir das nicht noch einmal passieren würde. Ich passte meinen Trainingsplan an und trainierte die gesamte Vorbereitungszeit hart und konsequent.

Dann, einen Monat vor dem nächsten Rennen, starb mein Vater.

Meine Mutter war erschöpft - seelisch und körperlich. Sie hatte so lange so viel mit sich herumgetragen. Ich wollte ihr eine Auszeit gönnen, einen Hauch von Bergluft, und lud sie ein, sich unserer kleinen Gruppe am Rennwochenende anzuschliessen. Ich erinnerte sie an all die Starts, bei denen sie gestanden hatte, an die Energie, die sie so geliebt hatte. Sie zögerte, besorgt wegen ihres Blutdrucks in der Höhe, aber ich versprach ihr, dass ich da sein würde. Sie sagte zu.

Eine Woche vor dem Rennen geschah das Unfassbare: Es wurde wegen Covid-19 abgesagt. Nach all dem Training, all der Vorbereitung war das ein schwerer Schlag. Aber meine Freunde und ich beschlossen, trotzdem zu fahren - wegen der Berge, für einander, wegen der Tradition.

Am Abend vor unserem „inoffiziellen" Rennen trafen wir uns an einem unserer Stammlokale: langer Tisch, herzhaftes

Essen, laute Geschichten. Mama war mittendrin und strahlte. Die Gespräche flossen: alte Renngeschichten, Träume von persönlichen Bestzeiten, gemeinsame Erinnerungen. Sie sog alles auf. Es erinnerte sie an alles, was sie an diesem Sport liebte, an die Zeit in den Bergen mit Papa.

Am nächsten Morgen versammelte sich eine kleine Gruppe von uns am üblichen Startpunkt in Langlaufkleidung. Wir wärmten uns auf, schnallten die Skier an und bildeten einen kleinen Kreis. Mama, mit ihren 82 Jahren, war mittendrin und genoss es sichtlich. Ich spielte „Conquest of Paradise" von Vangelis auf meinem Mobiltelefon. Wir zählten herunter. Und dann ging es los.

Es war kein Rennen an diesem Tag. Es gab keine Startnummern, keine Zeitmessung. Es ging nicht um persönliche Bestzeiten, sondern darum, die frisch präparierten Loipen an einem perfekten Tag mit Freunden zu geniessen. Meine Freunde und ich fuhren fast bis zur Hälfte der Strecke, machten Mittagspause und glitten wieder zurück. Mama fuhr zehn Kilometer über den See zum nächsten Dorf und zurück. Sie strahlte: dankbar für ihren Körper, für die klare Luft, für die Rückkehr in ihre geliebten Berge - ein Ort voller Erinnerungen und Bedeutung.

An diesem Nachmittag genossen wir eine Engadiner Nusstorte und erzählten uns Geschichten von vergangenen Rennen. Mama lächelte und sagte, es fühle sich wie ein würdiger Abschluss ihrer Langlaufkarriere an: kein grosser

Abschied, nur ein stilles, befriedigendes Gefühl des Abschliessens. Und so liess sie diesen Teil ihrer Identität los - mit Anmut, Stolz und Frieden.

In gewisser Weise spiegelte dieses Wochenende Mamas innere Stärke wider. Nach Monaten der Pflege und Trauer fand sie zu sich selbst zurück, glitt über vertrauten Schnee, umgeben von Menschen, die ihre Liebe zu den Bergen teilten. Sie brauchte keine Ziellinie, um sich vollständig zu fühlen. Bei dieser letzten Fahrt ging es nicht darum, etwas zu beweisen; es ging um Präsenz, Verbundenheit und Erinnerung. Es war ihr ganz persönlicher Sieg und ein sanfter, würdevoller Abschied von einem Lebensabschnitt, den sie sehr schätzte.

•••••

Obwohl es schon der 21. Tag war, waren Mamas Wille und Entschlossenheit ungebrochen, doch die Sorge vor einem Sturz, vor einer unnötigen Verletzung, machte mich nervös. So sehr, dass ich mich zum ersten Mal überhaupt nicht mehr getraute, die Wohnung zu verlassen. Mamas Schlafrhythmus war so unregelmässig geworden, dass jederzeit alles passieren konnte. Ihre Routine war stark eingeschränkt und ihr Interesse erlosch: auf die Fernsehsendung um 15 Uhr, auf die Welt, sogar auf die Nachrichten. Und damit verschwand auch die Stunde, die ich sonst immer hatte, um kurz rauszugehen, frische Luft zu schnappen und etwas zur Ruhe zu kommen.

Ich erinnere mich, wie Mama sich immer Sorgen machte, wenn sie Papa in den letzten Jahren allein liess. Sie ging zwar immer spazieren, aber nie ohne ein Gefühl der Anspannung. Sie fragte sich ständig, was sie wohl in der Wohnung erwarten würde. Zum Glück passierte nie etwas, aber die Ungewissheit hinter der Tür war unerträglich. Ich ging dann immer hin und gab ihr etwas Zeit für sich. „Geh", sagte ich. „Ich bleibe hier und passe auf Papa auf." Und das tat sie auch. Diese Momente waren ihr unendlich wertvoll.

Am späten Nachmittag wachte Mama auf und musste auf die Toilette. Gott sei Dank war ich bei ihr. Wir waren ein eingespieltes Team geworden: Ich hob sie hoch, half ihr auf den Bürostuhl und führte sie vorsichtig. Anfangs lief alles reibungslos, doch dann, mitten im Transfer, änderte sich etwas. Ihr Körper versteifte sich plötzlich und unerwartet. Sie erstarrte mitten in der Bewegung, der Blick fixiert ins Leere, unbeweglich. Starr.

Meine Gedanken rasten. War es das jetzt? Würde sie in meinen Armen sterben? Was sollte ich jetzt tun?

Ich erinnerte mich an die Sorge der Krankenschwester von letzter Woche: ihre Befürchtung, dass Mamas Kreislauf auf dem Weg zur Badezimmer zusammenbrechen könnte. Zum Glück hatte ich den Arzt gefragt, was in so einem Fall zu tun sei. „Legen Sie sie einfach wieder hin", hatte er gesagt. Er hatte erklärt, dass die Durchblutung kritisch sei; aufrechtes

Sitzen könne die Versorgung des Gehirn beeinträchtigen und zu Ohnmacht führen. Sie müsse waagerecht liegen. Leichter gesagt als getan, wenn man jemanden im Arm hält, der vielleicht im Sterben liegt.

Irgendwie - ich weiss gar nicht mehr wie - schaffte ich es, sie hochzuheben, zurückzutragen und vorsichtig aufs Bett zu legen. Kaum lag sie wieder, war der Bann gebrochen. Ihr Blick wurde weicher. Sie kam zurück.

Die Erfahrung war heftig und ich wollte es nicht noch einmal versuchen. Ich rief die Pflegekräfte an und erzählte ihnen davon. Sie schlugen vor, dass sie loslassen und Windeln für Erwachsene benutzen sollte; eine Krankenschwester würde später zum Wechseln kommen. Als ich es meiner Mutter erzählte, war sie einverstanden, und ich vereinbarte einen Besuch einer Krankenschwester für ein paar Stunden später.

Draussen dämmerte es bereits, als der Krankenpfleger eintraf: ein Mann, den wir noch nie zuvor gesehen hatten. Er kam laut und abrupt herein, völlig ahnungslos, wie heikel die Situation war. Er hätte keine Zeit gehabt, die Akte zu lesen. Wollte den Kontext nicht verstehen. Stürmte einfach herein. Es war das erste Mal, dass ein männlicher Krankenpfleger zugeteilt wurde und das erschreckte meine Mutter. Sie war verängstigt und desorientiert. Aber ich war direkt hinter ihm, und mit ein paar Worten und meiner ruhigen Ausstrahlung konnte ich die angespannte Situation etwas entschärfen.

Ich glaubte, sie hätte sich erleichtert; zumindest interpretierte ich ihre Signale so. Doch nachdem der Krankenpfleger sie gewickelt hatte, teilte er mir mit, dass die Windel völlig trocken gewesen sei. Einerseits bedeutete das, dass der Krankenpfleger schneller gehen konnte. Andererseits hiess es, dass sie noch nicht auf die Toilette gegangen war. Sie hatte ja seit Tagen nichts gegessen oder getrunken. Vielleicht gab es nichts mehr, was sie loslassen konnte. Zumindest schien es nicht mehr dringend oder notwendig zu sein.

Nach dem Zubettgehen zuckte ihr Körper - kleine Krämpfe in Beinen und Armen. Instinktiv legte ich meine Hände nacheinander auf die betroffenen Stellen und atmete beruhigend in die Zuckungen hinein. Langsam liessen sie nach. Sie schlief wieder ein, ihr Atem langsam, leise und rhythmisch.

Sie war noch da. Aber nur noch knapp.

„Egal, wie schwer die Vergangenheit war,
du kannst immer wieder neu anfangen."

JACK KORNFIELD

TAG 22
DIE ENDLOSSCHLEIFE

Ich wachte mit einer Nachricht von Lee auf: Fünfzig Yogis hatten sich uns zur Meditation angeschlossen und hielten in konzentrierter Stille einen Raum, bis Mama sterben würde. Ich verspürte eine Welle der Dankbarkeit, nicht nur für sie, sondern auch für die Verstärkung von Frieden, Liebe und Licht, die wir in unseren morgendlichen Meditationen als Familie genährt hatten. Ich ahnte damals noch nicht, wie sehr auch ich ihre Unterstützung brauchen würde. Dies sollte der schwierigste und herausforderndste Tag des gesamten Wegs werden.

Vom Moment an, als Mama aufwachte, begann sie zu wimmern. Sie sagte immer wieder, sie müsse dringend auf die Toilette. Es schien unmöglich - sie trank kaum etwas -, doch die Windel war trocken, was bedeutete, dass sie den Drang wohl schon eine Weile zurückgehalten hatte. Vielleicht war sie am Abend zuvor eingeschlafen und hatte es vergessen.

Jetzt wirkte sie verzweifelt.

Ich deutete ihr Wimmern als zunehmendes Unbehagen. Wir alle kennen das Gefühl: zu lange zurückhalten zu müssen, wenn man dringend auf die Toilette müsste, aber keine findet. Nach dem gestrigen, gescheiterten Versuch, zur Toilette zu kommen, als ihr Körper mitten im Transfer versteifte, fehlte mir der Mut für einen weiteren Versuch. Es war einfach zu belastend gewesen. Ich hoffte weiterhin, dass sie sich, wie die Krankenschwester empfohlen hatte, irgendwann mit der Windel abfinden würde.

Aber der Kreislauf liess sich nicht durchbrechen. Ihr Wimmern war unaufhörlich. Alle paar Minuten: „Ich muss aufs Klo." Dann die stumme Bitte: Sie hob die Arme und bat mich um Hilfe. Ich versuchte, ihr beim Aufsetzen zu helfen. Meistens erschlaffte ihr Körper, bevor ihr Oberkörper aufrecht war. Wenn sie es schaffte, sich aufzusetzen, sackte sie innerhalb von fünf bis zehn Sekunden wieder zusammen. Ich wollte ihr helfen, aber wie? Ich versuchte, sie daran zu erinnern, dass sie nicht genug Kraft hatte, länger als zehn Sekunden zu sitzen. Dass sie gestern zusammengebrochen war. Dass es nicht mehr sicher war. Dass die Krankenschwester ihr empfohlen hatte, es aufzugeben und die Erwachsenenwindel zu benutzen. Sie nickte, als ob sie es verstünde. Doch Minuten später begann alles von Neuem. Wimmern. Bitten. Zusammenbrechen. Wir drehten uns im Kreis. Stundenlang.

„Benutz doch einfach die Windel" zu sagen, ist leichter gesagt als getan. Es fühlte sich wie eine enorme psychologische Hürde an. Als Kleinkind lernen wir, es zurückzuhalten und es so lange auszuhalten bis wir den richtigen Ort und Zeitpunkt gefunden haben. Kontrolle wird zur zweiten Natur. Und nun all das plötzlich umzukehren - etwas so Grundlegendes loszulassen - muss sich wie ein unerträglicher Verlust der Würde angefühlt haben. Ich sah, wie Mama kämpfte, nicht nur körperlich, sondern auch innerlich. Das Ego gibt nicht so leicht auf. Mit jeder Stunde wurden die Wimmerlaute häufiger, dringlicher. Sie fühlte sich sichtlich unwohl, gefangen in einem unangenehmen Zwischenzustand: Sie war unfähig zur Toilette zu gehen, aber sie konnte - oder wollte - nicht loslassen.

So schmerzhaft es auch war, mit anzusehen, ich versuchte es immer wieder - hob sie hoch und hoffte jedes Mal, es wäre das letzte Mal. Aber es war nie das letzte Mal. Und langsam dämmerte mir die Erkenntnis: Ich konnte ihr nicht helfen. Ich wusste keinen Ausweg. Ich fühlte mich machtlos. Allein. Gefangen in einer Endlosschleife, die ich weder lösen noch lindern konnte, suchte ich verzweifelt nach Tipps, wie ich diesen Kreislauf durchbrechen könnte.

Lee hatte mir gesagt, dass die Kommunikation in diesem Stadium am besten über Nase oder Ohren erfolgen könnte - um die Schleife komplett zu umgehen. Ich versuchte es mit Lavendelöl auf einem Taschentuch, in der Hoffnung, der Duft würde sie ablenken und ihr helfen, die Kontrolle loszulassen. Ich spielte die beruhigende Wassermeditation, die wir schon einmal benutzt hatten. Ich spielte sogar ihre Lieblingsmusik: Bachs Brandenburgische Konzerte. All das brachte kurzzeitige Linderung und Ablenkung, aber nichts davon hielt an oder veränderte die Situation grundlegend.

Wir hatten bereits die maximale Morphiumdosis erreicht. Eine Erhöhung war nicht möglich. Ich rief die Ärztin des Hospizes um Rat an. Sie sagte mir, dass sie dasselbe tun würden wie ich. Sie schlug einen tragbaren Toilettenstuhl oder einen Katheter vor. Der Stuhl könnte die Anstrengung verringern, sagten sie. Lee erinnerte mich daran, dass ein Katheter zwar körperlich praktischer sein könnte, aber selbst wenn wir es schafften, den Körper zu entlasten, war die Schleife nun psychischer Natur. „Es ist ihr Geist, der sich von ihrem Körper trennt", sagte er.

Er hatte Recht. Es ging nicht mehr nur um ihren Körper. Es ging um Identität, Stolz, Würde. Ein Leben voller Kontrolle zerbrach. Ich musste diese immer gleichen Bitten einfach ertragen, bis sie nachgab.

Aber ich kam mit dem ständigen Wimmern nicht gut zurecht. Auch ich zerbrach innerlich. Nach fast acht Stunden dieser endlosen Schleife war ich am Ende meiner Kräfte. Ich war am Tag zuvor nicht in der Natur spazieren gegangen - hatte mich nicht erholt - und jetzt war ich völlig erschöpft. Die Schleife zermürbte mich. Verzweifelt spielte ich erneut mit dem Gedanken, sie den ganzen Weg zu tragen. Ihr Badezimmer war nicht weit. Ich könnte sie einfach direkt tragen, den Stuhl umgehen. Vielleicht würden wir es schaffen. Aber was, wenn nicht? Ich war hin- und hergerissen. Wenn wir es schaffen würden, wäre die endlose Schleife wenigstens durchbrochen.

Ich nahm all meinen Mut und meine Kraft zusammen, hob sie hoch und trug sie ins Badezimmer. Sie erleichterte sich. Endlich. Und dann … wurde sie völlig schlaff.

Anders als am Vortag, als sie noch steif war, bot ihr Körper nun keinerlei Widerstand mehr, fühlte sich schwer an. Es war schwer, sie zu fassen und hochzuheben. Ich mühte mich ab. Sie rutschte immer wieder weg. Schliesslich schaffte ich es aber, sie zurück ins Bett zu tragen und zuzudecken. Ich zitterte am ganzen Körper. Ich war an meinen Grenzen angelangt.

Mama schloss die Augen und schlief sofort ein, am Ende Ihrer Kräfte.

Lees Worte trafen mich wie ein Rettungsanker:

Es wird eine Zeit kommen, da ist ihre mentale Verfassung völlig am Ende und niemand kann und wird ihr Komfort spenden können. Du musst auf dich selbst aufpassen. Hör Musik. Meditiere mit Kopfhörern. Dein Wohlbefinden und deine innere Verfassung sind in dem Moment das Wichtigste. Solche Ereignisse erfordern Distanzierung - es ist eine tiefere Lektion in bedingungsloser Liebe.

Er hatte wieder einmal Recht. Ich wusste, ich musste aus der Wohnung raus. Ich ging, erschüttert von dem, was gerade geschehen war, aber auch erstaunt, dass ich es geschafft hatte. Gleichzeitig dachte ich, ich könnte das nicht mehr lange durchhalten. Ich war den Tränen nahe. Ich war am Ende meiner Kräfte. Ich musste durchatmen. Neue Kraft tanken.

•••••

Während unseres Urlaubs in Norddeutschland schrieb meine Mutter an meine Grossmutter:

> *Es ist wunderschön hier, nicht unbedingt das Wetter (sehr wechselhaft, meist regnerisch, windig und kalt), aber die Insel ist eine weite Marschlandschaft mit reifenden Kornfeldern, grossen Rinderherden und Rosenhecken, Blumenwiesen mit Fasanen, Lerchen, Kiebitzen, Wildhasen und Rehen und dazwischen Schwärmen von Möwen und Austernfischern. Bei Ebbe kommen die Wattflächen zum Vorschein - ein flacher, feiner, welliger Sandboden mit kleinen Wasserpfützen, in denen Krebse kriechen und wo Quallen, Muscheln, Wattwürmer, Schnecken, kleine Fische und andere Lebewesen zu finden sind.*

Es war eine typisch lebhafte Beschreibung. Meine Mutter sah die Natur nicht nur; sie fühlte sie, erlebte sie, erinnerte sich an sie. Vielleicht lag es an ihrer Kindheit im Erzgebirge, umgeben von Wäldern und Bauernhöfen, die diese tiefe Liebe zur Natur in ihr weckte. Woher sie auch immer kam, sie wurde ein wesentlicher Bestandteil ihres Wesens - und etwas, das sie an uns weitergab.

Draussen zu sein war nicht optional, sondern unerlässlich. Mama glaubte, die Natur habe uns jeden Tag etwas zu bieten, und es sei unsere Aufgabe, dies wahrzunehmen. Ob Regen oder Sonnenschein, ob Graupel oder Schnee, wir unternahmen lange Spaziergänge im Wald. Wenn wir uns beschwerten, lächelte sie und sagte: „Es gibt kein schlechtes Wetter - nur die falsche Kleidung." Und sie hatte Recht. Es hat etwas für sich, den Elementen ausgesetzt zu sein, wenn der Wind durch den Wald heult, die Bäume gefährlich hin und her schwanken, die Blätter rascheln und vielleicht ab und zu ein toter Ast abbricht. Selbst bei einem Wolkenbruch roch die Luft reiner, als hätte der Regen die Welt wieder roh und ehrlich gewaschen. Nach stundenlangen Spaziergängen im Freien, mit geröteten Wangen und tropfnassen Kleidern, kamen wir wie neugeboren nach Hause: voller Energie, Dankbarkeit und Lebensfreude.

Kein Spaziergang glich dem anderen. Manchmal brachten wir kleine Strässe Wildblumen mit, die sie über alles liebte. Sie schien jede Pflanzenart zu kennen: Blumen, Bäume, Kräuter. Wenn wir in der Schule die Namen der Pflanzen lernten und stolz darauf zeigten, kannte sie sie schon. Und dann brachte sie uns noch fünf weitere bei. Sie liebte Sonnenblumenfelder genauso sehr wie Himmels-Schlüsselblumen, Maiglöckchen, Hahnenfuss oder Vergissmeinnicht. Löwenzahn wurde zum Wunsch, Brennnesseln zur Lektion in Heilmitteln, und selbst giftige Beeren hatten ihren Platz - als etwas, das man respektieren, nicht fürchten sollte.

Mama lehrte uns, die Welt mit ihren Augen zu sehen. Innezuhalten und die kleinen Dinge zu geniessen. Staunend über eine winzige Blume, die unseren Weg schmückte, einen sonnenbeschienenen Teich, ein Eichhörnchen, das einen Baum hinaufhuschte, oder den Gesang eines Vogels im Wind. Die Natur war eine Quelle purer Freude und sie empfing sie mit offenen Armen.

Sie hörte nie auf, nach kleinen Wundern zu suchen. Vierblättrige Kleeblätter waren ihre liebsten Funde. Sie wusste genau, wo sie suchen musste. Sie presste sie und legte sie später in Geburtstagskarten oder Glückwünsche - ihre Art, ein wenig Glück zu teilen. Und vielleicht sammelte sie in all den Jahren, in denen sie Glück verschenkte, auch ein bisschen für sich selbst.

Als sie älter und langsamer wurde, sass sie immer öfter - zum Beispiel neben einem ihrer Lieblingsbäume - und bewunderte seine Stärke, seine Verwurzelung, seine Widerstandsfähigkeit. Bäume, sagte sie einmal, erinnerten sie an Menschen: wie sie nach etwas griffen, sich festhielten und Stürme überstanden.

Die Natur war für meine Mutter nichts, was sie aus der Ferne bewunderte; sie war ihr Zuhause. Ihre Verbindung zur Natur war so intuitiv, so still und tiefgründig, dass auch die Tiere sie zu spüren schienen. Wo immer sie auch hinkam, fanden Katzen sie. Von Gassen bis zu Gartenwegen tauchten sie aus dem Schatten auf, schmiegten sich um ihre Beine und liessen sich von ihrer sanften Berührung verwöhnen, als würden sie sie schon ewig kennen. Oft trug sie etwas Katzenfutter in ihrer Manteltasche - nur für alle Fälle. Sie belohnte diese Begegnungen gern, als wollte sie sagen: „Ich sehe dich auch."

Zu Hause auf dem Hügel hatte sie eine kleine Gruppe Blaumeisen, die ihr so sehr vertrauten, dass sie ihr aus der Hand frassen. Sie stand still und sprach leise, hielt Samen in der Hand, ihre Anwesenheit so ruhig, dass sie den Wind zum Schweigen brachte. Sie hatte den Gesang der Vögel mit Sorgfalt und Neugier studiert und konnte die meisten Vögel, die wir auf unseren Spaziergängen hörten, benennen, noch bevor wir sie sahen. Sie las Tierspuren im Schnee wie eine zweite Sprache. „Fuchs", sagte sie dann, oder „Hier ist heute Morgen ein Reh vorbeigekommen." Es war eine Mischung aus Wissen, Aufmerksamkeit und Liebe.

Von all den Orten, die sie bereist hatte, liebte sie es nirgendwo so sehr wie in ihren heimischen Wäldern und den Schweizer Bergen, besonders im Engadin. Sie zogen sie Jahr für Jahr zurück. Die Jahreszeit spielte keine Rolle - ob die

Berge schneebedeckt waren, im Frühsommer von blühenden Alpenrosen gekrönt oder im Herbst in leuchtenden Farben erstrahlten. Selbst die niedrigen Heidelbeersträucher färbten sich im Herbst rot, und die goldenen Lärchen erhellten die Hänge wie Laternen. Mama entging nichts. Sie machte Fotos, nicht um anzugeben, sondern aus Dankbarkeit.

In ihrem Garten waren Eichhörnchen regelmässige und gern gesehene Gäste. Sie bewunderte ihre Energie und Wendigkeit und lachte herzlich, wenn eines die Katze überlistete. Auch auf Wanderungen hatte sie ein scharfes Auge und entdeckte Murmeltiere, die sich auf Felsen sonnten, Steinböcke, die sich an Felswänden festklammerten, und Rehe, die über eine Lichtung huschten. Sie zeigte uns Bussarde, die hoch oben kreisten, oder informierte uns, wenn ein seltener Eisvogel oder Falke unseren Weg kreuzte.

Mama liebte die Musik rauschender Bäche, besonders die kalten, klaren, die den Berg hinabstürzten und aus denen man trinken konnte. Bei Sommerwanderungen kühlte sie sich darin die Füsse und seufzte genüsslich. Sie liebte auch langsam fliessende Flüsse, wie sie sich durch die Täler schlängelten, als gäbe es keinen besseren Ort. Und sie liebte es, im Meer und in Seen zu schwimmen. Nach Papas Tod schwammen wir gemeinsam in vielen Seen. Sie genoss die Kühle auf ihrer Haut, die Schwerelosigkeit, die stillen Momente, in denen der Schmerz verschwand und sie einfach treiben, atmen, sein konnte.

Das waren Momente reiner Präsenz, in denen nichts repariert, bewiesen oder verbessert werden musste. Nur sie, die Natur und die schlichte Gnade, zur Welt zu gehören.

•••••

Die Natur zeigte sich von ihrer schönsten, strahlendsten Seite, als ich in den goldenen Nachmittag hinaustrat. Seine Schönheit erfüllte mich mit Liebe und Dankbarkeit. Ich ging zu einigen von Mamas Lieblingsbäumen und lehnte mich an ihre Stämme, um sie um Kraft zu bitten. Ich dankte ihnen für die Unterstützung, die sie ihr auf ihren unzähligen Spaziergängen durch den Park gegeben hatten. Und dann geschah etwas Unglaubliches. Wie von einem göttlichen Ruf herbeigerufen, tauchte plötzlich ihre Lieblingskatze auf.

Der rotgetigerte Kater - ihr Begleiter auf so vielen ihrer täglichen Spaziergänge - hatte sich während meiner Zeit dort nur selten gezeigt. Doch nun, völlig unerwartet, war er da, als hätte er auf mich gewartet. Er rannte auf mich zu, schlang sich um meine Füsse, sprang auf meinen Schoss und schnurrte laut, als kenne er mich schon ewig. Seine Zuneigung war überwältigend. Er rieb seinen Kopf an meinen Beinen und strahlte Liebe aus. Dann, wie schon so oft bei Mama, sprang er auf den Zaun, der den See säumte, und ging ein Stück des Weges neben mir her. Es war magisch. Unerwartet. Balsam für die Seele.

Ich filmte ihn, um es Mama zu zeigen

Als ich erholt und etwas ruhiger zurückkam, war Mama wieder wach. Und zu meinem Entsetzen begann die Schleife erneut, trotz des vorherigen Toilettengangs. Ich zeigte ihr zur Ablenkung das Video ihrer Lieblingskatze. Sie musste es zweimal ansehen, bis sie ihn erkannte. Aber dann lächelte sie. Ihr erstes Lächeln an diesem Tag.

Und dann ... begann die Schleife von Neuem.

Diesmal wusste ich, dass ich nicht mehr helfen konnte. Nicht heute Abend. Ich dachte, ich müsste einfach noch ein bisschen durchhalten - bis es Zeit für ihr Beruhigungsmittel und ihre Tropfen war. Und langsam, zum Glück, schlief sie ein.

Ich zündete eine Kerze an und meditierte an ihrem Bett, während sie in den Schlaf glitt. Ihre Atmung hatte sich verändert: unregelmässig, immer wieder stockend, manchmal bis zu zwanzig Sekunden lang, bevor sie wieder tief durchatmete.

Ihr Ziel war nah.

TAG 23
DAS ENDGÜLTIGE LOSLASSEN

Ich erwachte mit einer Nachricht einer Freundin: „Ich habe letzte Nacht von deiner Mutter geträumt. Sie war friedlich."

Ich glaubte ihr. Zumindest Mamas Seele schien Frieden gefunden zu haben. Aber ihr Körper hatte noch nicht ganz losgelassen.

Wenn sie wach war, sprach Mama nicht mehr - nur noch leise Laute oder ein Nicken. Das Wimmern hatte grösstenteils nachgelassen. Sie schlief nun häufiger ein, und mit ihr ein leises Glucksen - kein richtiges Schnarchen, eher wie das sanfte Rasseln der Luft über einem ausgetrockneten Hals. Ich hatte davon gelesen: das „Todesrasseln", ein Zeichen dafür, dass das Schlucken schwerfällt und der Körper langsam seine Funktionen einstellt.

An diesem Morgen kam die Krankenschwester früher als erwartet. Als es klingelte, wurde Mama plötzlich unruhig, als ob es zu früh gewesen wäre, als ob sie noch etwas erledigen müsste. Vielleicht wollte sie noch schnell auf die Toilette, bevor die Krankenschwester sie sah. Ich verliess ihr Zimmer, um die Krankenschwester zu begrüssen und ihr von den letzten 24 Stunden zu berichten.

Als wir zu Mamas Bett zurückkehrten, hatte ihr Körper nach zwei langen Tagen des Kampfes endlich aufgegeben und die gesamte verbliebene Flüssigkeit ausgeschieden - eine erstaunliche Menge, wenn man bedenkt, wie wenig sie in den letzten Wochen getrunken hatte. In den letzten Tagen kein Wasser, keine Eiswürfel, nur der bittere Geschmack der stündlichen Morphiumtropfen. Und trotzdem hatte sie irgendwie durchgehalten.

Gemeinsam wechselten wir die Bettwäsche. Die Krankenschwester wusch Mama und sprach dabei mit sanfter, respektvoller Stimme. Sie schlug vor, das Bett zu drehen, um das Wechseln der Bettwäsche zu erleichtern, aber ich lehnte ab. Ich wollte nicht, dass sich Mamas letzte Orientierung in der Welt veränderte. Ich wollte, dass sie so schlief, wie sie es immer getan hatte: in dieselbe Richtung blickend, dasselbe Licht sehend - die kleinen Regenbogenreflexionen des Kristalls, den wir aufgehängt hatten. Vertrautheit ist am Ende eine eigene Art von Medizin. Es war etwas umständlich für uns. Aber es machte mir nichts aus. Ich wollte es ihr leichter machen.

Mama war noch so weit bei Bewusstsein, dass sie wahrnahm, was geschah. Obwohl sie sich nicht mehr bewegen konnte, nickte sie sanft anerkennend und stiess leise, dankbare Laute aus. Es war der letzte Akt der Kontrolle, den sie losgelassen hatte: Die letzte Verbindung zwischen Geist und Körper war gerissen.

Mama hatte lange Angst vor Dekubitus - Wundliegen durch langes Liegen in derselben Position - gehabt und diese Sorge schon früher geäussert. Doch die Krankenschwester fand ausser einer leichten Rötung an ihren Fersen keine Anzeichen. Wir behoben die Druckstelle mit einem Kissen unter ihren Waden und erhöhten auch das Kopfende des Bettes etwas, um ihr das Atmen zu erleichtern.

Dieses Loslassen der Körperfunktionen war ein grosser Schritt. Es war nicht nur körperlich, sondern auch seelisch. Ein letztes Nachlassen. Eine grosse Erleichterung. Nun, da alle Anspannung des Festhaltens nachgelassen hatte und sie in einem sauberen Bett lag, glitt sie wieder in den Schlaf, immer noch mit diesem gurgelnden Atem, aber jetzt mit weniger Anspannung. Ihr Atemrhythmus begann sich zu verändern: zehn Sekunden Stille, dann ein Keuchen. Fünfzehn Sekunden. Zwanzig. Jede Pause schien so lang, dass ich mich fragte, ob es ihre letzte sein könnte. Später erfuhr ich, dass man dies "Atmung wie ein Fisch-auf-dem-Trockenen" nennt - ein Reflex des Hirnstamms, keine bewusste Handlung. Die Seele ist bereit überzutreten. Der Körper atmet weiter, kurz, unbewusst, als Reflex des sterbenden Gehirns.

Dieses unregelmässige Atmen war ziemlich beunruhigend, weil ich nicht wusste, was es bedeutete oder was ich tun sollte. War dies das Ende und würde sie dann ganz aufhören zu atmen, oder würde es noch Tage so weitergehen? Ich hatte gelernt, auf diesem Weg keine Erwartungen zu haben und einfach das zu akzeptieren, was im Moment geschah, aber das unregelmässige Atmen machte es mir schwer, neben ihr zu meditieren. Jeder scharfe Atemzug riss mich aus der Stille.

Mamas Bauch fühlte sich fester an als sonst. Ich legte meine Hand darauf und begann leise zu summen, so wie ich es früher für meine Kinder getan hatte, wenn sie nicht schlafen konnten. Meine Hand ruhte dort und sandte Wärme und Liebe. Das Summen wirkte beruhigend. Aus dem Summen wurde ein Gesang. Om. Die heilige Silbe des Seins. Ich bin. Ihr Atem wurde ruhiger. Ihr Körper entspannte sich.

Ich fand eine dreistündige Aufnahme mit Om-Gesang und spielte sie am Eingang ihres Zimmers ab. Es half ihr, zur Ruhe zu kommen. Es beruhigte die Atmosphäre im Zimmer, überdeckte die unruhigen Atemgeräusche und erlaubte mir einen kurzen Moment in der Natur.

Als meine Kinder jünger waren, las ich ihnen oft ein Buch von Dr. Seuss vor, „Oh, the Places You'll Go!", in dem die Zeile „Alle warten nur" immer wieder vorkam. Und genau so fühlte es sich an, als wären wir in einer Art Warteschleife, wo alle nur warteten. Ich schrieb meiner Familie: „Ich frage mich, was sie noch hier hält?“

Ich dachte an Mamas jüngsten Bruder. Sie hatten seit Jahren nicht mehr miteinander gesprochen. Ich überlegte, ob ich Kontakt aufnehmen sollte - ihm sagen, dass seine Schwester im Sterben lag, dass Mama ihn sehr liebte und dass sie sich immer gefragt hatte, warum sie sich so entfremdet hatten. Ich könnte ihn fragen, ob er eine Nachricht schicken wollte.

Lee fand die Idee zunächst gut: „Er mag ablehnen, aber das ist sein Karma, nicht deins. Jede Gelegenheit zur Klärung ist wertvoll.“

Doch dann erinnerte ich mich: Mama hatte bereits gesagt, dass sie sich damit abgefunden hatte, es nicht zu wissen. Und so liess ich den Impuls los und entschied mich einfach, für sie da zu sein.

„Jetzt sind nur noch wir da“, antwortete Lee. „Wir warten. Wir lassen ihr genau die Zeit, die sie braucht. Ihre Seele ist vollkommen frei. Sie hat wirklich Frieden gefunden.“

Und tatsächlich wirkte sie jetzt fern. Aber ihr Körper funktionierte noch. Am Abend war sie fast völlig still. Nur ihr Brustkorb hob und senkte sich: langsam und flach. Sie hatte den ganzen Tag ihre Position nicht verändert. Es fühlte sich an, als ob nur noch Herz und Lunge funktionierten. Alles andere war verstummt.

Ich schrieb Lee und meiner Familie: „Es muss bald soweit sein.“ Lee antwortete mit einer seiner wunderschönen, ermutigenden Nachrichten - Balsam für die Seele nach einem langen Tag:

> *Ich bin so beeindruckt von deiner Widerstandsfähigkeit, deinem Mitgefühl und deiner Demut. Ich wusste immer, dass du dazu fähig bist, aber dass du es im entscheidenden Moment abrufen konntest, macht mich stolz - und dankbar, einen so spirituellen Begleiter auf dieser heiligen Reise zu haben.*

Dankbar setzte ich mich noch einmal neben sie zur Meditation, mit der geführten Meditation, die wir seit Tag 9 nutzten:

> *Mama, danke.*
> *Danke für die Feier deines Lebens,*
> *deine Persönlichkeit,*
> *die Liebe,*
> *das Gefühl der Zugehörigkeit.*
> *Mama. Wir empfinden nur Dankbarkeit.*
> *Danke.*
> *Aber nun lassen wir dich los.*
> *Wir sagen Danke und lassen dich gehen.*
> *Du gehst,*
> *du lässt deine Persönlichkeit los.*
> *Und alles, was bleibt,*
> *ist die Schwingung der Zugehörigkeit,*
> *der Rückkehr zum grossen Licht, zum Ganzen.*

Während ich sitze,
lasse ich meine Füsse und Beine los. Ich lasse dieses Gefährt, dieses Gefäss, den Körper los.
Wie du lasse ich die Welt, die Erde, den Körper los,
die Beine, das Gesäss, die Brust - alles löst sich in Leichtigkeit auf.
Ich lasse meinen Rücken und den oberen Rücken, die Lunge los.
Ich lasse Hände, Arme, Schultern und Nacken los.
Harte Muskeln lösen sich in Licht auf, die Stirn, die Schläfen, die Wangen und die Lippen.
Nichts bleibt übrig
ausser dem Leben, dem Licht,
während ich mich vom Körper löse und emporsteige.
Über das Haus, über das Land,
hoch über die Erde.
Und die Seelen dort unten spielen ihre Rollen,
weiter hinein in die schwarze, samtene Stille des Weltraums,
wo alles Licht, alle Leichtigkeit und alle Energie eins werden.
Eine Welt goldener Stille
Wo du nicht länger „Mama" bist,
Sondern zu deiner ursprünglichen Natur zurückgekehrt bist, friedvolles Licht und Leichtigkeit
Wo wir Lichtwesen uns versammeln, um dir in dieser Dimension zu begegnen,
Jedes von uns ein einzigartiges und unteilbares Wesen, und doch eins:

ein Leben,
friedlich.
Und wir gehen gemeinsam zu dem Ort,
dem Ort, wo wir seine Asche beigesetzt haben.
Wir aber, als Wesen, als Lichtwesen, versammeln uns am Ufer
dieses wunderschönen Ortes des Lichts und der Leichtigkeit,
wo die physische Asche ihre Ruhestätte findet.
An diesem Ort des Lichts, der Leichtigkeit und der
Atmosphäre der Liebe und Zugehörigkeit,
nichts zu sagen, nichts zu tun, nur Licht, Leichtigkeit und Liebe,
eine Versammlung der Liebe
an diesem Ort wieder vereint.
Alle sind eins,
friedvoll,
still.
Wir sind alle angekommen.
Und wann immer wir uns treffen wollen,
müssen wir nur da sein.
Zusammen sein am Ort des Lichts der Leichtigkeit.
Danke, Mama,
für deine Rolle und unsere zukünftigen Treffen
an diesem Ort der Liebe.

Ihr Atem ging.
Ihr Atem kam wieder.

TAG 24

LETZTER ATEMZUG

Und Mama lebte noch. Keine Anzeichen von Schmerzen, kein Zucken, kein Wälzen, keine Wundliegen. Ihre Fersen, die Tage zuvor noch rot gewesen waren, waren jetzt, da wir sie von der Matratze gehoben hatten, weniger entzündet. Drei Tage lang hatte sie nicht über Durst gesprochen. Ihre einzige Flüssigkeitszufuhr bestand aus ihren stündlichen Morphiumtropfen - bitter, aber inzwischen vertraut. Sie hatte nicht nach Eiswürfeln gefragt. Ihr Körper hatte sich langsam ergeben.

Sie lag vollkommen still da, die Hände gefaltet, die Augen halb geöffnet, den Blick in die Ferne gerichtet. Ihr Atem kam mit diesem tiefen, gurgelnden Rasseln. Manchmal klang es wie Schnarchen. Manchmal war er beunruhigend unregelmässig, mit immer länger werdenden Stillephasen, bevor ein leises Keuchen sie zurück in den Rhythmus des Lebens riss.

Ich konzentrierte mich nicht auf ihren Körper, sondern auf ihr Sein - als Licht. In der Meditation zeigte ich ihr das Licht, das Ziel. Ich stellte sie mir frei vor, die Ausdehnung und die Befreiung. Obwohl Lee selbst mit seinen gesundheitlichen Problemen im Krankenhaus war, war er in stiller Anwesenheit bei mir. Seine Ärzte waren instruiert: keine weltlichen Sorgen, es sei denn, es wäre absolut notwendig. „Wir machen beide genau das Richtige für diese Zeit“, schrieb er mir. „Deine Aufgabe ist anspruchsvoller - du bist mit den körperlichen und emotionalen Geräuschen konfrontiert -, aber du machst das wunderbar und bewahrst deine reine Intention und die Atmosphäre der Liebe.“

Das Todesröcheln, die langen Pausen, das leise Keuchen - all das machte es schwer, still zu sitzen. Also fand ich einen Kompromiss: Ich spielte die beruhigende Meditationsmusik, die wir oft zusammen gehört hatten, laut genug, dass sie sie hören konnte, aber leise genug, um die beunruhigenden Geräusche für mich im Nebenzimmer zu dämpfen. So konnte ich zu meiner stillen Arbeit zurückkehren, schweigend sitzen und mich darauf konzentrieren, die richtige Atmosphäre für sie zu schaffen.

Sie blieb in einem Zustand, den ich Trance nennen würde. Nicht schlafend, aber auch nicht wirklich anwesend. Ihr Körper ruhig. Ihr Geist woanders. Gegen Mittag, als sich nichts geändert hatte, ging ich hinaus. Ein Freund holte mich ab, und wir fuhren zu Mamas Lieblingsrestaurant auf einem

Hügel in der Nähe. Von dort aus genossen wir die herrliche Aussicht auf Wälder, Wiesen und die Ruinen einer alten Burg. Es war ein klarer, sonniger Tag, ungewöhnlich warm für diese Jahreszeit. Wir sassen an einem Tisch, an dem Mama und ich schon so oft zusammen gegessen hatten. Ich bestellte ihr Lieblingsgericht: hausgemachte Pasta mit Hühnchen, Zucchini und Kirschtomaten. Zum Nachtisch gab es Schokoladenmousse nach Omas Art - genau wie sie sie immer zubereitet hatte. Ich stellte mir vor, wie sie lächelnd neben uns sass. Es hätte ihr bestimmt geschmeckt.

Ich ging allein durch den Wald zurück. Die Bäume summten im Frühlingslicht, und ich sog es in mich auf. Es fühlte sich heilsam an, wie ein Segen. Als ich in die Wohnung zurückkam, lag sie immer noch da, genau wie zuvor. Atmete noch. Immer noch im Zwischenreich.

Ich fühlte mich satt, vom Mittagessen, aber auch erfüllt von der Liebe der Natur. Und ich war erschöpft, als hätte mich die Last der letzten dreiundzwanzig Tage mit einem Schlag getroffen. Also legte ich mich oben hin, um ein kurzes Nickerchen zu machen.

Kurz vor 15 Uhr spürte ich eine sanfte, warme, expansive und liebevolle Präsenz - wie ein zartes Licht, das in meiner Brust aufblühte. Ich konnte es nicht erklären, aber ich wusste, ich musste nach unten gehen. Ich hörte Mama atmen, aber der Klang hatte sich verändert. Das Schnarchen war verschwunden. Kein Rasseln mehr, kein Keuchen, nur noch sanfte Luft, die sich bewegte - leicht, flach und gleichmässig. Sie lag still da, die Augen halb geöffnet, das Gesicht blass und gelassen. Ihr Körper hatte sich seit der Nacht zuvor nicht bewegt. Anders als am Vortag und am Morgen hob und senkte sich ihr Brustkorb kaum. Ich setzte mich neben sie, streichelte ihre Hand, ihr Haar. Ich flüsterte in Gedanken: Gut gemacht, du hast es fast geschafft. Ich meditierte noch einmal und zeigte ihr das Licht, wie ich es schon so viele Tage zuvor getan hatte.

In den folgenden fünfzehn Minuten wurde ihr Atem langsamer, sanfter, setzte immer länger aus, wie an den beiden Tagen zuvor, aber diesmal friedlicher. Kein lautes Keuchen mehr wie zuvor. Nur noch ein sanfter Atemzug. Zehn Sekunden. Fünfzehn.

Dann zwanzig.

Und dann - nichts.

Nur Stille.

Ich wartete. Fühlte nach ihrem Puls. Er war nicht da. Ich glaube, das war ihr letzter Atemzug. Sie starb genau drei Jahre und drei Tage nach dem Tod meines Vaters. Ich schloss ihr sanft die Augen und den Kiefer. Dann rief ich meine Familie an, dann Lee und dann den Arzt.

Zwei Stunden später bestätigte der Arzt, was ich bereits wusste. Als er die Sterbeurkunde unterschrieb, erinnerte er mich daran, dass er, wenn meine Mutter „Exit“ gewählt hätte, ein anderes Kästchen hätte ankreuzen müssen - Selbstmord

- nicht „natürliche Todesursache“. Dieses eine Häkchen machte die nächsten Schritte viel einfacher. Ich konnte nun das Bestattungsinstitut kontaktieren. Ich hielt inne.

Warum die Eile?

Eine Krankenschwester kam später am selben Tag vorbei, um nach mir zu sehen. Sie erzählte mir von einem buddhistischen Brauch: den Körper einige Tage lang ungestört zu lassen, damit die Seele Zeit hat, sich vollständig zu trennen. Sie riet mir auch, das Fenster zu öffnen. Man glaubt, dass sich die Ahnen versammeln, um den Verstorbenen heimzuleiten - und das offene Fenster hilft der Seele, leichter den Weg zu finden.

Also öffnete ich das Fenster und bestellte den Bestatter für zwei Morgen später - früh -, bevor die Nachbarn aufwachten. Ich hielt das Zimmer kühl und abgedunkelt, zündete eine Kerze neben ihren Blumen an und liess die Tür offen, damit die Familie sich verabschieden konnte.

Meine Familie kam noch am selben Abend. Meine Schwester kam am nächsten Tag. Wir sassen alle ein letztes Mal bei Mama.

Sie starb friedlich. Kein Drama. Keine letzten Worte. Kein Feuerwerk. Nur ein leiser Atemzug. Und die Stille, die folgte.

Ein erfülltes Leben.

Ein würdevoller Abschied.

Eine Seele … frei.

„In den Herzen weiterzuleben, die wir zurücklassen, heisst nicht zu sterben.“

THOMAS CAMPBELL

EPILOG

Nach vielen offenen Gesprächen und intensiver Recherche entschieden meine Mutter und ich uns bewusst dafür, diesen letzten Lebensabschnitt gemeinsam zu gestalten. Ich hatte keinerlei Vorkenntnisse in der Sterbebegleitung. Was ich mitbrachte, war der Glaube an die Liebe, Bruchstücke östlicher Philosophie, jahrelange Meditation und die Bereitschaft, jeden Moment so anzunehmen, wie er kam. Ich vertraute meiner Intuition, meinem Herzen und dem Wissen, dass ich um Hilfe bitten konnte, wenn ich sie brauchte.

Es war ein langer und verschlungener Weg - viel länger als erwartet -, aber so kostbar. Jeder Tag barg etwas: ein Lachen, eine Erkenntnis, einen Durchbruch, ein stilles Wunder, ein Loslassen. Selbst an den Tagen, die sich statisch anfühlten, bewegte sich etwas Wesentliches unter der Oberfläche. Mamas Weg entfaltete sich in seinem eigenen, perfekten Tempo, jede Wendung bedeutungsvoll, jede Stille erfüllt. Sie vollendete ihr Leben so, wie sie es gelebt hatte: voll und ganz, nach ihren eigenen Vorstellungen, mit Würde.

Lee schrieb mir zum Schluss: „Du hast alles nach ihren Wünschen getan und sogar die endgültige Trennung vollzogen - in Meditation im Nebenzimmer -, damit die Seele ihre Angelegenheiten abschliessen und weiterziehen konnte."

Mama hatte ihren Wunsch: diese Welt mit Liebe und Dankbarkeit zu verlassen, bevor ihre Unabhängigkeit zu weit schwand. Sie verzichtete auf die Medikamente, die sich wie Gift anfühlten, lehnte Untersuchungen ab, die ihr nur Zeit ohne die gewünschte Lebensqualität boten, und starb friedlich in ihrem Zuhause. Ohne Schmerzen. Ohne Reue. Nur Liebe.

Ich blieb noch zwei Tage bei ihr in der Wohnung. Ihr Leichnam wurde dann in den frühen Morgenstunden abgeholt. Lee bemerkte eine Veränderung in meiner Stimme und fragte mich, wie ich mich fühlte.

Ich war nicht traurig. Ich empfand keinen Kummer. Ich fühlte mich ganz. Ich hatte den vollen Kreislauf des Lebens miterlebt - von der Geburt meiner Kinder bis zum Tod derjenigen, die mich geboren hatte. Mama trug mich neun Monate lang und schenkte mir das Leben; ich begleitete sie durch ihre letzten Tage und half ihr, zur Seelenenergie zurückzukehren. Zum Licht.

Mein Herz war erfüllt. Es gab nichts Ungesagtes. Keine Reue. Ich fühlte mich leicht. Erhaben. Nicht nur wegen ihres Todes, sondern weil wir diese letzten Tage so intensiv gemeinsam erlebt hatten. Ich war glücklich - über ihre

Erlösung, ihre Würde, ihren Frieden. Glücklich, dass sie mit einem Herzen voller Liebe von uns gegangen war. Sie war nun frei von ihren Einschränkungen, zurück in ihrer unbegrenzten Energie, und ich konnte diese Reise nun mit meiner Schwester, meiner Familie und allen teilen, die einen bewussteren Umgang mit dem Tod suchen.

Ich empfand tiefe Dankbarkeit: für meine Familie, die mich in meiner Abwesenheit unterstützte und jeden Tag mit mir meditierte, für Freunde, die sich nach meinem Befinden erkundigten und mich zum Essen und Spazierengehen trafen, für Klienten, die mir Raum gaben, ganz im Hier und Jetzt zu sein, und für Lee, der mich trotz seiner eigenen gesundheitlichen Probleme energetisch unterstützte. Seine ermutigenden und anerkennenden Worte waren beruhigend, seine Einsichten - aus eigener Erfahrung - tröstlich.

Was für ein seltenes und kostbares Privileg, meine Mutter auf ihrem Weg zu begleiten und ihren Ruf zu spüren, in den letzten fünfzehn Minuten ihres Lebens bei ihr zu sein.

„Wer sonst würde so empfinden, wenn ein geliebter Mensch stirbt?“, fragte sich Lee.

Unsere Krankenschwester hatte gesagt, sie wünschte, mehr Menschen könnten so sterben wie meine Mutter - würdevoll, zu Hause und nach ihren eigenen Vorstellungen. Sie sagte, das sei selten. Nicht jeder habe einen Angehörigen, der bereit und fähig sei, Tag und Nacht da zu sein, jeden Moment mitzuerleben und sich selbst genug zu vertrauen, um den letzten Weg an der Seite des anderen zu gehen. Das machte es würdevoll. Das machte es so besonders. Nicht jeder hat diese Möglichkeit. Sie wünschte, mehr Menschen könnten es.

Und ich auch.

——— ••••• ———

„Wenn du dich selbst gibst,
erhältst du mehr, als du gibst."

KHALIL GIBRAN

AUTOR

Oliver Christen wuchs in einem kleinen Schweizer Vorort von Basel auf. Nach dem Abschluss seines Wirtschaftsstudiums und seinem Dienst als Offizier der Schweizer Armee verliess er die Schweiz, um neue Wege zu gehen, seinen Horizont zu erweitern und die Welt zu erkunden. In den folgenden zwei Jahrzehnten reiste er ausgiebig, lernte unterschiedliche Kulturen kennen, baute Unternehmen auf vier Kontinenten auf und tauchte tief in die meditative Praxis ein. Mehrere Jahre trat er mit einer spirituellen Theatergruppe an renommierten Theatern und Festivals (z.B. beim Edinburgh Fringe Festival) in Asien und Europa auf.

Schliesslich kehrte er als schweizerisch-australischer Doppelbürger in die Schweiz zurück und brachte seine internationale Familie mit nach Hause, um näher bei seinen Eltern zu sein. Auf diesem Weg lernte er, inmitten von Unsicherheit Vertrauen zu haben, gelassen zu bleiben, wenn Ergebnisse ausserhalb seiner Kontrolle lagen und sich in Stille und Ungewissheit zu Hause zu fühlen. Ohne jegliche Vorerfahrung mit begleitendem Sterben vertraute er auf Intuition, Präsenz sowie einige sorgfältige Gespräche und Recherchen, um seine Mutter bei ihrem bewussten Lebensende zu unterstützen und ihr beizustehen.

Freunde, die von der letzten Reise seiner Mutter zutiefst bewegt waren, ermutigten ihn, *As She Chose* zu schreiben, in der Überzeugung, dass mehr Menschen erfahren sollten, dass es möglich ist, zu Hause mit Würde, Selbstbestimmung und Präsenz zu sterben. In einer Zeit, in der der Tod oft medizinisch dominiert, vor den Blicken verborgen und der persönlichen Entscheidung beraubt wird, teilt er diese Geschichte in dem Geist, in dem sie gelebt wurde: als Zeugnis für Mut, Klarheit und Liebe am Ende des Lebens. Es ist eine Einladung, den Tod wieder in den Bereich der Beziehungen, der Bedeutung und der gemeinschaftlichen Gnade zurückzuführen - um daran zu erinnern, dass das letzte Kapitel des Lebens nicht nur klinisch, sondern zutiefst menschlich und spirituell ist. Wenn es auch nur einer einzigen Person hilft, den Mut zu finden, ihr Lebensende mit Klarheit und Frieden zu wählen, dann ist diese Geschichte es wert, erzählt zu werden.

Heute lebt Oliver Christen in der Nähe von Zürich, wo er Möglichkeiten erkundet, eine nachhaltigere und bewusstere Welt mitzugestalten. Wenn er nicht gerade schreibt oder an neuen Projekten arbeitet, fühlt er sich in der Natur am lebendigsten - beim Spazierengehen im Wald, beim Wandern in den Bergen oder in der Nähe des Meeres. *As She Chose* ist sein erstes Buch.

APPENDIX

Research – Sources – References

Chapple, C 1993, *Nonviolence to Animals, Earth, and Self in Asian Traditions*, State University of New York Press, Albany.

Dundas, P 2002 [1992], The Jains, 2nd edition, Routledge, London and NY.

Hawkins, DR 2013, *Letting Go: The Pathway of Surrender,* Hay House, N Y.

Jain, VK (Trans, Ed) 2012, *Acharya Amritchandra's Purushartha Siddhyupaya: Realization of the Pure Self,* Vikalp Printers, Dehradun, India.

Kakar, S 2014, 'A Jain Tradition of Liberating the Soul by Fasting Oneself', Death and Dying, Penguin, UK.

Noll, P 2005, *Diktate über Sterben und Tod,* Suhrkamp Verlag, Frankfurt am Main.

Settar, S 1989, *Inviting Death: Indian Attitude Towards the Ritual Death*, Brill, Leiden.

Silverstein, S 1964, *The Giving Tree*, Harper & Row, NY.

zur Nieden, C & zur Nieden, H-C 2019, *Umgang mit Sterbefasten: Fälle aus der Praxis*, Vandenhoeck & Ruprecht, Göttingen.

Für weitere Ressourcen **www.choosingtogo.com/ressourcen**

www.ingramcontent.com/pod-product-compliance
Lightning Source LLC
Chambersburg PA
CBHW030537130726
48054CB00020B/73
* 9 7 8 1 7 6 4 0 6 7 8 4 3 *